Lucien Sève et Lev Vygotski

Exploration

Vygotskij: œuvres et études

La pluralité des disciplines et des perspectives en sciences de l'éducation définit la vocation de la collection Exploration, celle de carrefour des multiples dimensions de la recherche et de l'action éducative. Sans exclure l'essai, Exploration privilégie les travaux investissant des terrains nouveaux ou développant des méthodologies et des problématiques prometteuses.

Collection de la Société Suisse pour la Recherche en Education, publiée sous la direction de Rita Hofstetter, Gaëlle Molinari, Zoé Moody et Bernard Schneuwly.

Secrétariat scientifique: Viviane Rouiller.

Michel Brossard, Yves Clot et Bernard Schneuwly (éds.)

Lucien Sève et Lev Vygotski

Un dialogue à poursuivre

PETER LANG

Bruxelles · Berlin · Chennai · Lausanne · New York · Oxford

Information bibliographique publiée par « Die Deutsche Nationalbibliothek »
« Die Deutsche Nationalbibliothek » répertorie cette publication dans la « Deutsche Nationalbibliografie » ; les données bibliographiques détaillées sont disponibles sur Internet sous ‹http://dnb.d-nb.de›.

Publié avec le soutien du Fonds Spitzer.

La collection Exploration est publiée avec le soutien financier de l'Académie Suisse des Sciences Humaines et Sociales (ASSH).

ISSN 0721-3700
ISBN 978-3-0343-5771-5
ISBN 978-3-0343-5772-2 eBook
ISBN 978-3-0343-5773-9 ePUB
D/2025/5678/15
DOI 10.3726/b22785

© 2025 Peter Lang Group AG, Lausanne, Switzerland

Publié par Peter Lang Éditions Scientifiques Internationales P.I.E., Bruxelles, Belgique

info@peterlang.com   www.peterlang.com

Table des matières

Lucien Sève au tout début de sa carrière aux Éditions sociales (Photo de Sève empruntée à la revue *Contretemps* avec l'autorisation de Jean Sève)

Avant-propos

Vygotskij[1] est l'un des auteurs les plus cités en sciences de l'éducation. Il explique le développement humain, et plus généralement le développement de la personnalité, comme effet d'une double médiation, celle par les autres qui, à travers l'éducation, donnent accès aux œuvres humaines et celle par ces œuvres qui forment par leur appropriation les extraordinaires capacités humaines. Ces dernières sont donc des constructions doublement sociales. L'œuvre du penseur soviétique est ainsi dans son essence même éducative et propose des outils conceptuels puissants pour penser la place et la fonction de l'éducation dans le développement humain.

Lucien Sève, auquel le présent livre rend hommage, était l'un des interprètes les plus informés de l'œuvre de Vygotskij, montrant, dans de nombreux textes, les soubassements philosophiques de ce grand penseur. Les contributions qui lui sont dédiées dans le présent volume sont à double détente : elles permettent à la fois de connaître certains aspects de l'œuvre de Sève, plus particulièrement ceux ayant trait à la question de la personnalité et de la dialectique, et, à travers eux, de lire Vygotskij autrement, grâce à des catégories philosophiques puissantes.

Le livre propose un dispositif qui permet une lecture qu'on pourrait appeler « traverse » de l'œuvre de Vygotskij : six auteurs, reconnus dans le champ des études vygotskiennes, dialoguent avec le philosophe Sève, pour qui l'œuvre du pédologue et psychologue soviétique constitue une révolution dans la pensée sur l'être humain. L'initiative de ce dispositif revient à deux élèves de Sève qui ont souvent collaboré avec lui. Le choix des six contributeurs est évidemment loin d'être dû au hasard. Tous se sont distingués par leurs publications à propos de l'œuvre de Vygotskij qu'ils ont souvent commentée et dont ils s'inspirent dans leurs recherches sur l'éducation et le développement. Ils ont tous collaboré à l'édition de textes de Vygotskij disponibles en français. Ils ont également mis sur pied l'un ou l'autre des colloques du Séminaire International Vygotskij auxquels plusieurs fois Sève a participé en personne ou par des textes. Le dialogue des contributeurs est donc ancré dans une solide connaissance de l'œuvre vygotskienne et une longue

---

1   Le lecteur sera sans doute étonné de trouver cette manière d'écrire le nom du penseur russe, différente de celle du titre du présent ouvrage. Les éditeurs ont fait le choix de laisser aux auteurs la liberté de translittération : soit celle introduite par Françoise Sève lors de la publication de sa traduction de *Pensée et langage*, à savoir « Vygotski » ; soit celle qui suit la norme ISO 9 et qui permet un passage direct des caractères cyrilliques aux caractères latins et inversement, à savoir « Vygotskij ».

collaboration, sous des formes variées, avec Sève. Les auteurs représentent par ailleurs des disciplines scientifiques diverses comme la psychologie, l'ergonomie, la sociologie, la didactique, la linguistique ou encore la philosophie, les différentes approches se complétant, apportant des points de vue qui approfondissent la compréhension de Sève lecteur de Vygotskij.

Ce dispositif produit une riche moisson de textes, hétérogènes à première vue – c'est un peu le propre d'un hommage –, mais dont la lecture permet d'aborder avec un point de vue original des questions essentielles de l'œuvre de Vygotskij. Sans viser l'exhaustivité, mentionnons, à titre d'exemples, quelques thèmes traversants. La question du développement de l'être humain, développement artificiel dépendant de l'intervention éducative, est traitée dès ses toutes premières formes chez le tout jeune enfant, lors de la phase transitoire de l'adolescence, mais également à l'âge adulte. Les conditions du déploiement de l'activité humaine et du développement de la personnalité constituent un problème auquel aussi bien Vygotski que Sève ont consacré de nombreux textes : le milieu familial pour le développement de l'enfant, les conditions de travail pour les adultes, plus généralement l'effet de l'appartenance à une classe sociale sont ainsi discutés. Finalement la dialectique que Vygotskij pratique sans cesse pour penser le développement humain, par essence non linéaire, est une question au cœur de l'œuvre de Sève, discutée par plusieurs contributions, ce qui donne aussi accès à une compréhension approfondie du travail du psychologue russe. À chaque fois est mis en évidence à la fois la puissance des figures de la dialectique et la nécessité de les développer toujours à partir de la spécificité de l'objet de connaissance. La lecture des contributions permet également de mieux comprendre les fondements d'une lecture originale de Vygotskij, élaborée notamment dans les pays latins – francophones, italophones, lusophones notamment – différente de celle des pays anglo-saxons, lecture à laquelle Lucien Sève a contribué de manière décisive, en montrant, entre autres, l'importance de la dialectique et de la pensée marxienne qui sous-tend les élaborations théoriques et empiriques de Vygotskij.

Voici la construction de l'ouvrage. Il comprend d'abord un bref texte dans lequel ses deux élèves, initiateurs du présent ouvrage, évoquent quelques éléments du parcours de Sève, montrant notamment combien la rencontre avec la théorie de Vygotskij lui a permis de repenser sa pensée antérieure sur la personnalité, ce qui, inversement, lui a donné de puissantes nouvelles clés de lectures pour appréhender l'œuvre de Vygotskij.

Dans un ouvrage en hommage, il a paru indiqué de donner la parole à la personne honorée elle-même en mettant à la disposition d'un large public deux textes difficilement accessibles qui soulignent les contributions essentielles de Sève à la réflexion sur Vygotskij. Il s'agit de textes qui caractérisent particulièrement bien les apports de Sève à la réflexion sur l'œuvre de Vygotskij : d'une part sa conception rigoureuse de la dialectique, revivifiée par rapport à la doxa habituelle ; d'autre part sa démonstration selon laquelle il y a chez Vygotskij une pensée profondément marxienne, toujours en œuvre de manière dynamique, non ostentatoire, loin des applications simplistes d'une pensée dogmatique. Ces textes sont introduits par une brève présentation qui en décrit l'origine et souligne les points essentiels. Cette partie constitue en quelque sorte un cadrage pour toutes les contributions qui suivent et qui se réfèrent directement ou indirectement aux concepts et thèses contenus dans les deux contributions de Sève.

Puis suivent cinq textes qui discutent, de manière parfois critique aussi, les textes de Sève sur Vygotskij et la théorie de la personnalité, ce qui permet la « lecture traverse » dont nous parlions plus haut.

Les trois premiers ont trait à la question la plus chère à Vygotskij, celle du développement humain, lui-même se considérant comme « pédologue », chercheur en « science du développement de l'enfant ». Le premier texte aborde d'emblée la question générale du développement de la personnalité, pointant ensuite, sur un fond théorique partagé et des finalités communes, certaines critiques de Sève, notamment quant au concept de fonctions psychiques supérieures. Ces critiques sont à leur tour soumises à la critique par l'auteur, continuant ainsi le dialogue avec le philosophe. Dans le deuxième texte, la question du développement est abordée de manière concrète à travers l'analyse du développement préverbal pour lequel la culture matérielle, gorgée de significations, dans laquelle agit l'enfant, produit des transformations profondes. Les catégories de la dialectique décrites par Sève permettent de mieux comprendre ces transformations. Centré sur le développement lors de la transition à l'âge adulte, décrit par Vygotskij dans sa *Pédologie de l'adolescent*, le troisième texte présente plusieurs figures dialectiques, en référence aux systématisations qu'en fournit Sève. Il montre plus particulièrement la place centrale dans l'œuvre de Vygotskij de la formation du concept comme nouveau système psychique, comme néoformation, et que les figures dialectiques permettent de saisir plus profondément.

Les deux textes suivants se situent à un niveau plus général, psychologique, philosophique et politique. Exposant le travail majeur de Sève *Marxisme et théorie de la personnalité* et sa thèse d'excentration de l'*humanitas* comme condition de la construction de la personnalité et en montrant les apports essentiels de Vygotskij dans l'approfondissement de ce travail initial dans l'ouvrage de Sève « *L'homme* » ?, le quatrième texte note chez Sève une tendance à paralléliser les structures de la société et du psychisme en minimisant les activités langagières, signifiantes par rapport aux activités laborieuses, productives. Ceci ne correspond guère, pense l'auteur, à l'approche de Vygotskij pour qui au contraire l'histoire du travail et celle du langage s'impliquent mutuellement. Le cinquième texte part quant à lui d'une critique que Sève adresse à Vygotskij, à savoir celle de ne pas avoir opéré une distinction suffisante, dans la 6e thèse de Feuerbach, entre relation (intersubjective) et rapport (social objectif). L'auteur montre que Vygotskij, contrairement à Freud, réussit à montrer qu'il y a un constant mouvement entre l'expérience historique et intersubjective articulant rapport et relation. Le problème de l'aliénation peut alors être saisi à travers la distinction entre affects passifs et actifs au sens de Spinoza que Vygotskij tentait d'aborder plus intensément dans l'ultime partie de son œuvre, en posant avec insistance la question de la liberté, avec pour focus la dialectique affect-intellect.

À ce large panorama de discussions des apports et critiques de Sève à la compréhension de la théorie de Vygotskij s'ajoute en clôture du volume une contribution qui permet de découvrir une autre facette de l'œuvre de Sève : son intérêt constant pour les sciences de la nature dont les développements actuels mettent en évidence la nécessité d'une pensée dialectique revivifiée. En montrant la spécificité du langage humain à travers l'apport de Saussure, l'auteur discute la possibilité de ressaisir la dialectique dans le cadre du concept de « pensée non linéaire » proposé par Sève, la détermination de cette spécificité étant aussi un présupposé pour mieux définir les conditions de possibilité d'une pensée consciente humaine telle qu'analysée par Vygotskij. Cette dernière contribution ouvre ainsi d'autres possibilités de dialogue avec Sève.

Nul doute que les contributions au présent hommage « revivifieront » la lecture de Vygotskij, penseur indispensable pour tout chercheur en éducation, et plus généralement en sciences humaines. Elles ouvrent de nouvelles perspectives de recherche : tous les textes mentionnent à un endroit ou à un autre la place centrale qu'occupent les émotions ou les affects dans l'œuvre de Vygotskij qui pourtant n'a pas pu mener à bien son projet d'une théorie plus aboutie des émotions. Cette question est aujourd'hui puissamment investie par de nombreux chercheurs qui nécessairement se réfèrent pour ce faire à l'autre grande figure de référence de Vygotskij à côté de Marx, à savoir Spinoza. Un dialogue à poursuivre.

Bernard Schneuwly
Pour la série « Vygotskij : œuvres et études » de la Collection Exploration

Michel Brossard et Yves Clot

Hommage à Lucien Sève

Lucien nous a quittés le 23 mars 2020, emporté par la pandémie du Covid 19. Nous souhaitons ici lui rendre hommage.

Nous avons pris l'initiative de cet ouvrage à plusieurs titres : le premier d'entre eux est sans doute aussi le plus personnel car nous fûmes tous deux au lycée, à des moments différents, des élèves de Sève. Nous l'avons fait aussi en tant qu'amis de Lucien depuis de très nombreuses années et, enfin, comme chercheurs travaillant dans le cadre du Séminaire International Vygotski depuis sa création.

Lorsque nous l'avons connu, Lucien était alors tout jeune professeur. Il sut, par la rigueur et la clarté de sa pensée, nous transmettre la passion de la philosophie. Il sut aussi nous faire comprendre que cette « discipline scolaire » entretenait un lien direct avec les problèmes les plus actuels : sociaux, politiques, personnels. Comme c'est le cas pour tout élève qui rentre en classe de philosophie, les contenus abordés étaient pour nous tout à fait nouveaux, mais dans notre cas les problématiques auxquelles Lucien nous permettait d'accéder, revêtaient une totale nouveauté. S'appuyant sur l'histoire de la philosophie et sur l'histoire des sciences auxquelles il nous introduisait, il sut nous donner des clés que les manuels de philosophie tiennent en général bien cachées. Il sut aussi nous faire comprendre que la philosophie n'était pas étrangère à l'action. Cette passion de la philosophie ainsi comprise, pour laquelle il avait été préalablement durement sanctionné[1], n'est sûrement pas pour rien dans ce qui nous a conduits nous-mêmes sur le chemin philosophique puis plus tard à devenir professeurs de psychologie dans des domaines de la psychologie qui ont un lien étroit avec des interventions pratiques : psychologie de l'éducation et psychologie du travail.

D'autres ouvrages déjà publiés ou en cours de publication ont retracé ou retraceront ce que fut la trajectoire de Lucien philosophe et indissociablement militant et donneront idée de l'ampleur de l'œuvre qu'il nous laisse. Pour ce qui nous concerne, après avoir évoqué à grands traits ce que fut son itinéraire, nous souhaitons évoquer plus spécifiquement la part qu'il prit dans notre groupe de travail

---

[1] Il a expliqué comment, jeune agrégé, affecté au Lycée français de Bruxelles, il fut écarté de cet établissement sur intervention de l'Ambassade en 1950, pour être nommé dans une petite ville de province française, après des conférences où il revendiquait les raisons qui le faisaient passer de Sartre à Marx (Sève, 2015, p. 18).

dont l'objectif était et demeure l'introduction et l'intégration des perspectives vygotskiennes dans le champ culturel francophone[2].

Comme il nous en fait récit dans le même petit ouvrage de 2015, dès ses années d'études à la rue d'Ulm et ensuite jeune agrégé, Lucien, devenu communiste, s'était donné pour projet de comprendre comment les acquis civilisationnels dont hérite l'individu se transmuent au travers d'une appropriation individuelle en personnalité développée. En étroite parenté avec le projet qu'avait formulé Vygotski quelques décennies plus tôt, Lucien s'interrogeait sur la possibilité de rendre compte « sans reste » de la « personnalité vivante », celle-ci étant conçue non pas comme provenant d'un donné natif, mais tout au contraire comme provenant du « dehors social à l'individu ». Ainsi qu'il l'avait écrit dès 1952 dans un numéro de *La Raison* la conception de la personnalité telle qu'il l'envisageait était incompatible avec ce qui en était proposé à titre de « psychologie marxiste » (1954). La possibilité de construire une théorie de la personnalité à partir des analyses de Marx fut dès sa sortie de l'École Normale Supérieure, au cœur de sa pensée. Cette réflexion devait aboutir à la publication en 1969 de *Marxisme et théorie de la personnalité* (Sève, 1969), ouvrage important, synthèse d'une réflexion de plusieurs années, qui marquait une étape sur le plan de sa réflexion et ouvrait de nombreuses hypothèses de recherches[3]. À la lumière des critiques qui lui furent adressées, il réévaluera par la suite ses hypothèses (le concept d'emploi du temps par exemple)[4]. Cet ouvrage se trouva placé au cœur d'un large débat[5] qui, s'il a perdu aujourd'hui de son acuité, n'a rien perdu de son actualité[6].

Lucien était conscient de l'immensité de la tâche. L'essentiel restait à faire : comment greffer sur le matérialisme historique une théorie de la personnalité ? Il y fallait une critique marxienne du marxisme dominant qui l'occupa toute sa vie durant.

Dès la fin des années 70, Françoise, son épouse, avait entrepris la traduction en français de *Pensée et Langage*, l'un des principaux ouvrages du psychologue russe

---

2   Cette perspective demeure lointaine. Si par exemple dans certains domaines – le domaine de l'éducation et des recherches en didactiques comme celui de la psychologie du travail – l'œuvre de Vygotski est aujourd'hui connue et ses hypothèses prises en compte, c'est loin d'être le cas dans de nombreux autres domaines. Par exemple *Psychologie de l'art* reste une mine à ciel ouvert pour tous ceux qui s'intéressent à ce domaine.

3   L'ouvrage fut plusieurs fois réédité et traduit dans plusieurs langues.

4   Il formulera de nouvelles hypothèses dans « L'homme » ? (2008).

5   Il s'agissait d'un débat sur la question de l'humanisme.

6   Voir à ce sujet Althusser et Sève (2018).

L. S. Vygotski à partir de l'exemplaire personnel prêté par Alexandre Léontiev à Moscou en 1974[7]. Ce fut le premier ouvrage de Vygotski traduit en français. Il parut d'abord aux Éditions sociales en 1985 puis à La Dispute. La même année, nos collègues genevois Bernard Schneuwly et Jean-Paul Bronckart publiaient des textes choisis de ce même psychologue. Ces deux publications furent à l'origine d'une première rencontre qui eut lieu à l'Université Paris 5 en 1987 à laquelle Lucien participa[8]. Il intervint sur *La signification historique de la crise en psychologie*. Cette rencontre fut à l'origine d'un séminaire dit « Séminaire International Vygotski » qui depuis cette date se réunit à intervalle régulier et qui a pour objet d'approfondir, de faire connaître et de poursuivre dans nos propres travaux de nombreuses lignes de recherches suggérées par Vygotski. Tout au cours de cette période qui s'étend de 1985 à 2020, Lucien prit une part active à nos travaux, son apport fut toujours d'importance. Il mit la dernière main à la traduction de l'ouvrage que Françoise décédée en mai 2011 n'avait pas eu le temps d'achever : *Histoire du développement des fonctions psychiques supérieures*, ouvrage pour lequel il écrivit une préface dans laquelle il apportait des éclaircissements décisifs sur l'histoire éditoriale très compliquée de cet ouvrage laissé inachevé par Vygotski. Dans plusieurs des interventions qu'il fit dans le cadre du séminaire, Lucien nous fit bénéficier de sa connaissance approfondie de l'œuvre de Marx. Par sa lecture philosophique il nous permit d'enrichir nos lectures antérieures. C'est le cas pour deux questions essentielles : le rapport de Vygotski à Marx (juin 2018), toujours sous-estimé outre-Atlantique, et la place de la dialectique dans l'œuvre de Vygotski (juin 2015). Bien que l'un des derniers ouvrages de Lucien, « La *Philosophie* » ? (2014), ne porte pas directement sur Vygotski, le texte qu'il a écrit sur la pensée dialectique de Marx dans les *Grundrisse* apporte un éclairage saisissant sur le mode de penser « spontanément dialectique »[9] mis en œuvre par Vygotski dans tous ses écrits.

L'intérêt que Lucien porta à Vygotski n'eut rien d'accidentel. Son lointain projet d'édifier une théorie de la personnalité s'en est trouvée conforté et enrichi.

---

7   Françoise Sève traduisit par la suite trois autres ouvrages de Vygotski : *Conscience, inconscient, émotions* (2003), *Psychologie de l'art* (2005), *Histoire du développement des fonctions psychiques supérieures* (2014) ainsi que de nombreux articles. Nous lui avons rendu hommage ensemble lors de son décès survenu en mai 2011, à l'occasion de la quatrième réédition de *Pensée et Langage*.

8   La revue *Enfance* en publia les Actes présentés par René Zazzo dans son numéro 1/2 de 1989.

9   Formule qui nécessiterait des recherches en particulier sur la biographie de Vygotski.

Par son œuvre et par ses contributions au sein de notre communauté plurielle[10], dans laquelle le marxisme n'a jamais été un « bureau des labels » — pour parler comme Vygotski — Lucien a fortement contribué à notre projet commun. Nous lui en sommes profondément reconnaissants.

Dans l'un de ses derniers écrits, les dernières pages de « *L'homme* » ?, Lucien évoquait les périls que la démesure capitaliste fait courir à l'humanité. Aujourd'hui, on ne peut pas lire ces dernières pages sans y voir le pressentiment qu'il eût de l'advenue d'un drame. Nous ne pouvions imaginer alors qu'il prendrait la forme d'un virus dont il allait être l'une des toutes premières victimes.

Références bibliographiques

Althusser, L. & Sève, L. (2018). *Correspondance 1949-1987*. Éditions sociales.

Sève, L. (1954). Pavlov, Lénine et la psychologie. *La Raison, 9-10*, 29-31.

Sève, L. (1969). *Marxisme et théorie de la personnalité*. Éditions sociales.

Sève, L. (2008). « *L'homme* » ? La Dispute.

Sève, L. (2014). « *La philosophie* » ? La Dispute.

Sève, L. (2015). *Pour une science de la biographie*. Éditions sociales.

---

10 Dont la diversité est, par exemple, bien visible dans *Vygotski maintenant*, l'ouvrage collectif publié en 2012 sous la direction de l'un d'entre nous aux Éditions La Dispute.

Michel Brossard et Yves Clot

Introduction à deux textes de Sève sur Vygotski

Les deux textes de Lucien Sève qui suivent n'ont jamais été publiés dans des ouvrages commerciaux et sont donc difficilement accessibles. Ils ont été proposés dans le cadre des « Séminaires internationaux Vygotski » auxquels Lucien Sève prit une part active. Ces séminaires, initiés par Michel Brossard, Christiane Moro et Bernard Schneuwly en 2006, se sont tenus neuf fois depuis lors, autrement dit environ tous les deux ans[1]. Tous les auteurs des présentes publications en ont organisé un ou deux et ont collaboré dans ce cadre notamment avec Lucien Sève.

Interventions, traductions avec Françoise, travail de clarification historique : le travail de Lucien Sève sur Vygotski fut riche et varié. Mentionnons notamment l'ouvrage intitulé *Histoire du développement des fonctions psychiques supérieures* (1928-1930/2014)[2] dont il acheva la traduction et auquel il consacra une longue

---

1   Après un premier séminaire sur Vygotskij qui a eu lieu en 1987 à l'Université Sorbonne de Paris, en présence de Lucien Sève, organisé suite à la parution de la traduction intégrale de *Pensée et langage*, la série des colloques organisés sous le sigle « Séminaire international Vygotskij » se présente comme suit :
   1.   Lausanne (2006) – Relecture de Vygotski du point de vue théorico-méthodologique et développements empiriques
   2.   Albi (2007) – Vygotski et les recherches en éducation et en didactiques des disciplines
   3.   Genève (2008) – Une science du développement est-elle possible ?
   4.   Paris (2010) – La signification historique de la crise en psychologie (1926-2010) : apports et limites de la perspective vygotskienne
   5.   Bordeaux (2011) – Vygotskij et l'école
   6.   Paris (2015) – Histoire, culture, développement : questions théoriques, recherches empiriques
   7.   Genève (2018) – Le développement du concept de développement chez Vygotskij
   8.   Lausanne (2021) – L'imagination dans l'œuvre de Vygotskij
   9.   Turin (2024) – Beyond inclusion towards transformative education
   10. Florianópolis (2026, à venir) – Arte e Educação Estética: a técnica social das emoções no horizonte político das transformações
2   Certains auteurs du présent recueil réfèrent aux œuvres de Vygotski en donnant à la fois la date de première publication ou, pour les manuscrits, de rédaction, puis la date de publication de la traduction. Ils estiment en effet que, étant donné l'évolution rapide et profonde des conceptions de Vygotskij, connaître leur date d'origine aide à les interpréter dans le contexte de l'œuvre.

présentation faisant le clair sur un livre « disputé ». Dans les lignes qui suivent, nous nous attacherons essentiellement à dire l'apport que furent pour nous les interventions de Lucien Sève. Cet apport sera illustré par les deux conférences qu'il prononça dans le cadre de notre séminaire.

Sève et Vygotski partent l'un et l'autre d'une base philosophique commune : en particulier ils ont en partage une lecture critique des écrits de Marx dans lesquels ils voient le passage d'une anthropologie spéculative à une compréhension matérialiste historique des faits humains. Mais alors que cet arrière-plan philosophique demeure rarement évoqué par Vygotski, il constitue une part essentielle de l'œuvre de Sève. Cette lecture critique de Marx à laquelle Sève s'était consacré au cours de nombreuses années (prenons à titre de repère 1969, date de parution de *Marxisme et théorie de la personnalité*) se trouva être en étroite consonance avec les conceptions philosophiques de Vygotski. La possibilité de poursuivre l'œuvre de Marx dans une direction anthropologique, voire psychologique, est clairement indiquée par Vygotski dans certains écrits, peu nombreux il est vrai. En effet, Vygotski entièrement absorbé par ses recherches en psychologie n'a que rarement explicité les cadres philosophiques de sa pensée. Le monde étant divisé en deux blocs, la référence à Marx faisait alors l'objet d'une controverse : si certains trouvaient que Vygotski ne faisait pas suffisamment référence à Marx, d'autres trouvaient qu'il s'y référait trop souvent. On trouvera ci-après la réponse de Sève. Ce dernier, loin de se contenter de décompter le nombre de citations de Marx, se livre au contraire à une analyse de la signification profonde de l'œuvre elle-même (« *Où est Marx dans l'œuvre de Vygotski ?* »).

Il existe cependant une exception de taille concernant le silence relatif de Vygotski concernant la philosophie qui l'anime. Nous faisons ici allusion à l'un de ses premiers ouvrages *La signification historique de la crise en psychologie* (1927/2010), ouvrage qui ne fut pas publié en raison du climat de terreur de l'époque. Il s'agit d'une réflexion qu'il qualifie de méthodologique (entendre épistémologique) sur le travail conceptuel auquel doit se livrer un chercheur entreprenant d'explorer un nouveau domaine. Dans cet ouvrage, Vygotski se livre à un examen de la crise que traversent les différents courants de recherches psychologiques de son temps. Il fait le diagnostic de leur absence de fondement et de l'existence d'une contradiction majeure qui les traverse intérieurement et en freine le développement. Il y démontre que si certains courants se satisfont d'un matérialisme réductionniste qui les rend incapables de rendre compte des conduites humaines dans toute leur complexité, les autres courants prennent certes bien en compte la complexité du psychisme humain mais se trouvent dès lors dans l'incapacité d'en proposer une explication scientifique. Comment étudier cet objet complexe en développement qu'est le psychisme humain ? Vygotski lecteur de

Marx voit dans les formes de pensée mises en œuvre par Marx un « modèle » de travail de pensée matérialiste et dialectique. Il ne s'agit pas d'imiter ce modèle mais de ré-effectuer un travail de pensée homologue à celui effectué par Marx pour le Capital. Ce travail de pensée ne peut être autre chose que « la dialectique de la psychologie ». Mais si dans toutes ses recherches Vygotski met en œuvre une forme de pensée dialectique, à aucun moment il ne suspend sa démarche pour étudier pour elle-même la forme de pensée qu'il met en œuvre. Pensons par exemple aux rapports « mot/signification » qui se modifient tout au cours du développement de l'enfant en fonction de son âge, de la situation, de la tâche dans laquelle il se trouve engagé.

Par contre, il en va différemment dans l'œuvre de Sève qui consacre de nombreux ouvrages à la logique dialectique : à son histoire philosophique, à sa caricature dogmatique, à sa méconnaissance, à son rejet sectaire, et surtout à son utilisation nécessaire en relation étroite avec la richesse des contenus scientifiques abordés. Dans l'un de ses derniers ouvrages, Sève nous livre la présentation la plus complète et la plus riche de l'histoire et des catégories de la pensée dialectique compte tenu de l'état présent de nos connaissances (chapitre 1 et 2 de « La philosophie » ?, 2014). Dans la deuxième conférence que nous proposons ici au lecteur (Où est Marx dans l'œuvre et la pensée de Vygotski ?), Sève prend comme exemple la catégorie dialectique du « tout ». Cette catégorie occupe une place centrale dans les recherches de Vygotski, en particulier dans les critiques qu'il adresse à la Gestalt-Théorie. Ce travail d'explicitation devrait nous permettre d'aiguiser notre attention lorsque nous lisons certains textes de Vygotski où abondent les mouvements dialectiques tel par exemple le chapitre consacré au remaniement profond qui se produit à l'adolescence (1931/2018).

Ainsi, la lecture de l'œuvre de Vygotski que Sève nous propose nous permet d'accéder à l'arrière-plan philosophique de l'œuvre de Vygotski. Nous pouvons dès lors tenter de replacer les différents domaines de recherche abordés en psychologie dans le cadre de préoccupations philosophiques subjacentes ; ce qui en élargit considérablement la signification. Il existe certes des différences d'orientation, il n'en reste pas moins que nous avons affaire à une étonnante coïncidence entre deux œuvres produites à près d'un demi-siècle de distance.

Cette brève introduction serait incomplète s'il n'était pas fait mention d'une autre source d'inspiration de l'œuvre de Vygotski. Ainsi que le signale Sève au terme de la première conférence publiée ici, la philosophie de Spinoza occupe une place centrale dans les réflexions qui guident Vygotski tout au cours de ses recherches. En effet, de nombreuses problématiques centrales dans l'œuvre de Vygotski (par exemple les rapports mot/signification, les rapports affect/intellect, la pensée par concept comme puissance d'agir…) sont étroitement inspirées par l'œuvre de Spinoza.

Lire Vygotski à la lumière de Marx et de Spinoza permet à un lecteur d'appréhender l'ensemble des recherches de Vygotski dans leur pleine dimension. Dans le cadre de cet hommage, nous nous sommes volontairement limités ici à l'un de ces deux éclairages.

Références bibliographiques

Sève, L. (1969). *Marxisme et théorie de la personnalité.* Éditions sociales.

Sève, L. (2014). « *La philosophie* » ? La Dispute.

Vygotski, L. S. (1927/2010). *La signification historique de la crise en psychologie.* La Dispute.

Vygotski, L. S. (1928-1930/2014). *Histoire du développement des fonctions psychiques supérieures.* La Dispute.

Vygotski, L. S. (1931/2018). La phase négative à l'âge de développement. In L. S. Vygotski, *La science du développement de l'enfant* (textes édités par I. Leopoldof Martin et B. Schneuwly ; pp. 319-335). Peter Lang.

Vygotski, L. S. (1934/1985). *Pensée et langage.* Éditions sociales.

Lucien Sève

Vygotski :
une démarche dialectique en psychologie

En prenant pour thème de cette conférence « Vygotski : une démarche dialectique en psychologie », il m'a semblé choisir à la fois – et voici déjà du dialectique – la facilité et la difficulté.

Facilité, puisque pour ce lecteur notoire de Hegel et de Marx la dialectique est la logique de toute vraie pensée, le choix méthodologique explicite dont il fait dès 1926, dans *La Signification historique de la crise en psychologie*, la condition de toute sortie possible de cette crise – c'est de fait le fil rouge de sa propre démarche scientifique. À choisir pareil thème on risque donc la banalité. Et en même temps, si du moins on veut faire preuve d'exigence théorique et historique, c'est s'exposer à de bien sévères difficultés. Je dirais même une triple épaisseur de difficultés. Celles d'abord qui tiennent au sens à donner au mot dialectique dans l'expression « démarche dialectique » – « la méthode dialectique est loin d'être unifiée », notait-il à juste titre dans *La signification historique de la crise en psychologie* (1927/2010, p. 271) –, et donc au sens qu'il convient de reconnaître à ce choix : que veut Vygotski en optant expressément pour une démarche dialectique en psychologie, et pourquoi la veut-il ? En deuxième lieu, les difficultés du repérage et de l'analyse des procédures dialectiques concrètes dans l'œuvre psychologique vygotskienne. Dans tout le livre *Histoire du développement des fonctions psychiques supérieures* (1928-1930/2014), je ne relève qu'une dizaine d'occurrences du mot dialectique, dans *Pensée et langage* qu'une huitaine, et dans la plupart des cas nous avons affaire non point au substantif pris en son sens plein mais à l'adjectif en position subalterne ; où sont-elles alors, et en quoi consistent-elles au juste, les analyses dialectiques qui passent pour caractériser la psychologie historico-culturelle vygotskienne ? À quoi vient se surajouter – troisième couche de difficultés, non la moindre – la méconnaissance actuelle si répandue de la pensée dialectique, résultat d'un refoulement politico-culturel engagé, en France plus qu'ailleurs, dès les années 70 du siècle dernier et qui a abouti à ce résultat extravagant : alors qu'il est impossible de lire les grands psychologues du XXe siècle, de Wallon à Piaget, en passant par Freud même, sans rencontrer partout le thème dialectique, c'est ce thème lui-même qu'il est bien difficile de rencontrer quand on lit ceux qui sont ou passent pour être les grands psychologues d'aujourd'hui. Vouloir parler présentement de démarche dialectique en psychologie exige ainsi un supplément d'efforts clarificateurs. C'est cette voie peu aisée d'exigence élucidatrice que je m'essaierai à suivre ici.

Sens et motifs du choix dialectique vygotskien

Commençons par cette question d'allure simple : pourquoi en somme Vygotski a-t-il, dans l'Union soviétique des années 20, fait le choix d'une démarche dialectique en psychologie ? À cette question, la réponse semble relever de la lapalissade : parce que bien sûr, comme tous les psychologues de l'Institut de psychologie de Moscou le sont – ou sont censés l'être – depuis 1924, Vygotski est marxiste, et qu'étant marxiste il applique naturellement à tout domaine de pensée la méthode dialectique. Question facile, réponse débile. Plus même que débile : contresens fondamental.

Car justement Vygotski, dont la culture marxienne est profonde, n'est en rien, pour cette raison même, un adepte du « marxisme » au sens que le terme est en train de prendre chez plus d'un à l'approche des années 30, celui d'une *doctrine à appliquer*. Il faut lire ou relire de près les dernières pages du chapitre XIII de *La Signification historique de la crise en psychologie* pour bien prendre la mesure de ce point essentiel : Vygotski y mène bataille *contre* ce doctrinarisme, ce déductivisme dit marxiste qui va désastreusement tout envahir dans la décennie suivante, et qu'avec grande clairvoyance il détecte déjà chez beaucoup, chez le directeur même de son Institut, Konstantin Kornilov, et contre lequel avec un courage trop peu remarqué il engage la lutte. Non, on ne construira pas une psychologie authentiquement scientifique en *appliquant* la méthode dialectique. Car d'abord *où est-elle* cette méthode dialectique dont on parle, chez qui va-t-on en trouver l'exposé de référence – chez Hegel, chez Engels, chez Plékhanov ? Vous n'êtes pas capables de le dire. Mais surtout l'idée d'*appliquer* une dialectique passe-partout à la concrétude des problèmes psychologiques à résoudre est – il ose cette formule – une « absurdité monstrueuse » (p. 273). Toute tentative d'introduire « du dehors » des principes dialectiques en psychologie « conduira inévitablement à des constructions scolastiques et verbales », et même en fin de compte « à une déformation grossière du marxisme aussi bien que de la psychologie » (1927/2010, p. 272). Et ici, étendant son propos critique avec intrépidité à ce qui occupe le devant de la scène idéologique en 1926, il risque cette phrase d'allure aujourd'hui anodine mais explosive en son contexte d'époque :

> Appliquer directement le matérialisme dialectique aux sciences biologiques et à la psychologie, *comme cela se fait aujourd'hui* [c'est moi qui souligne ; L.S.], ce n'est rien de plus que subsumer au sens de la logique formelle, de façon scolastique et verbale, des phénomènes particuliers dont on ignore le sens intime et les rapports sous des catégories générales, abstraitement passe-partout. (p 274 ; traduction revue par moi)

Qui donc est visé par ce sévère « comme cela se fait aujourd'hui » ? C'est, de façon immédiatement identifiable pour le lecteur soviétique des années 20, un puissant personnage, le rédacteur en chef de l'officielle revue théorique communiste *Sous la bannière du marxisme*, c'est Déborine soi-même, dont tout le souci est en effet d'organiser l'« introduction » de la philosophie marxiste dans toutes les sciences de la nature. Voilà qui aide à comprendre pourquoi *La Signification historique de la crise en psychologie* n'a pas obtenu l'imprimatur du « bureau des labels » moscovite. Et voilà aussi qui fait mesurer la puissante perspicacité philosophique de Vygotski – une dimension de sa personnalité intellectuelle qui me semble encore sous-estimée. Si c'était le lieu, j'aimerais montrer comment dans *La Crise* il esquisse une critique véritablement fondamentale de Husserl, et comment en même temps il tire au clair de façon magistrale la question aujourd'hui encore si rarement maîtrisée de savoir si la conscience doit être tenue pour objectivement existante ou non, question insoluble en la forme dès lors que la distinction n'est pas faite entre le sens ontologique et le sens gnoséologique du mot conscience, ce qui nous enferme dans une aporie logique de même structure que le fameux paradoxe du barbier dissipé par Russell – si l'on divise une compagnie en deux selon que les soldats sont rasés par le barbier ou qu'ils se rasent eux-mêmes, de quel côté faut-il ranger le soldat qui sert de barbier ? De même, si est objectif ce qui existe indépendamment de la conscience subjective qu'on en a, de quel côté faut-il ranger cette conscience subjective elle-même ? Vygotski est à mon sens la tête la plus philosophique des grands psychologues. Et je suis tenté de penser que ceci n'est vraiment pas pour rien dans cela.

Voilà donc écartée une première sotte réponse facile : non, Vygotski n'a pas adopté une démarche dialectique en psychologie « parce qu'il était marxiste ». En vérité il ne l'a même aucunement *adoptée* pour la simple raison que ce dont avait besoin en la matière la psychologie *n'existait pas*. Ce qui existait, c'étaient d'abord diverses versions de *logique dialectique générale* – chez Hegel, chez Engels, chez Lénine… –, acquis logico-philosophiques hautement précieux mais comme tels inutilisables de manière directe dans une science particulière, et c'était aussi la façon exemplaire à ses yeux dont Marx avait élaboré dans *Le Capital* une *dialectique de l'économie politique*. Là est tout le sens de la formule bien connue de *La Crise* disant que la psychologie a besoin de son *Capital*, formule où le mot–clef est le pronom « son » : il ne s'agit pas du tout non plus d'« appliquer » en psychologie la démarche de Marx dans *Le Capital*, mais d'inventer la dialectique spécifique qu'appelle la psychologie. Car cette dialectique concrète-là n'existe tout simplement pas encore. Aujourd'hui, écrit sans ambages Vygotski en 1927, « nous ne pouvons pas encore écrire de manuels de psychologie dialectique » (p. 274). Et pourquoi alors ce ferme propos de produire la dialectique sur mesure du matérialisme psychologique dont tous cherchent la formule en ces années 20 ? Question non facile à laquelle on ne peut trouver réponse qu'à condition de bien comprendre ce qu'est la dialectique.

Essayons de nous en tenir à une brève définition. C'est quoi en somme *la dialectique* ? C'est *la maîtrise logique des contradictions*, c'est-à-dire, soyons précis, non pas seulement de l'unité des contraires logiques mais bel et bien de leur *identité*. Ainsi, la différence est le contraire de l'identité, et pourtant elle est interne à l'identité même, elle lui est identique puisque l'identité diffère en soi de la différence. Manière hégélienne, très spéculative, de présenter la contradiction dialectique. Considérons ici la manière très concrète de Vygotski, en revenant une fois encore à *La Crise*, par exemple à la question de la conscience : elle est par essence subjectivité, et pourtant la tâche d'une psychologie scientifique est d'en donner à comprendre l'objectivité. Ou encore : pour qui donne sens pleinement matérialiste au mot science, il est clair que « la psychologie marxiste ne peut être qu'une science naturelle » (p. 269) ; mais l'objet spécifique d'une psychologie de l'être humain n'est pas naturel, il est social ; ce qu'il s'agit donc d'inventer, c'est cette chose complètement inédite, parce que contradictoire : une science naturelle du psychisme social. Conclusion méthodologique de Vygotski : « Aucune science autre que la nôtre ne présente une telle diversité et une telle ampleur […] de contradictions insolubles » (p. 270). Voilà pourquoi s'y impose le choix d'une démarche *dialectique*. Ce choix, je pense l'avoir rendu clair, Vygotski ne l'a pas fait parce qu'il était marxiste, il l'a fait parce qu'il voulait être psychologue – mais psychologue logico-philosophiquement instruit par une culture marxiste d'un niveau exceptionnel en cette première moitié du XXe siècle – et, je le crains, peu fréquent aujourd'hui encore.

Le dialectique et l'historique

Cette question générale étant, je l'espère, élucidée, les vraies difficultés commencent. Vivement conscient des contradictions à affronter pour édifier une psychologie scientifique dans l'acception matérialiste du terme, Vygotski a fait explicitement le choix de principe d'une démarche dialectique. Bien. Mais quelles traductions concrètes peut-on relever de ce choix principiel dans son œuvre psychologique ultérieure ? C'est là bien sûr ce qui nous importe au premier chef. Or, je l'ai dit en commençant : si nous nous mettons à parcourir cette vaste œuvre en y cherchant le mot « dialectique » comme le petit drapeau supposé signaler à notre attention les passages présentant ce caractère, nous allons être bien déçus. Car Vygotski n'est décidément pas un marxiste conforme : non seulement il se tient systématiquement à distance de la démarche labellisée marxiste, mais il se

montre fort économe du vocabulaire même qui sert en général de signe de ralliement à la confrérie. Pour repérer les analyses proprement dialectiques chez
Vygotski – par exemple, qu'ici je privilégierai, dans *Histoire du développement
des fonctions psychiques supérieures* –, il n'y a donc pas de voie courte : il nous
faut entrer dans l'épaisseur du texte. Et qu'allons-nous y retenir au bénéfice d'une
démarche dialectique ? La voilà, la difficulté majeure, surtout en notre époque
où s'est perdue gravement la culture dialectique. Pour répondre à la question
posée, il faut remettre au jour, entreprise complexe, les thèmes authentiquement
dialectiques dans une démarche de pensée qui chez Vygotski ne nous fait que
parcimonieusement la faveur de se déclarer telle.

Je prends un exemple. Ceux mêmes qui n'ont qu'un souvenir assez lointain de
ce que dialectique veut dire croient en général se rappeler qu'elle a intimement
à voir avec l'évolution, avec la transformation, qu'elle prétend en somme à être
une *logique du développement*, une *logique de l'histoire*. Pouvons-nous alors virer
d'un bloc au compte du dialectique le souci majeur de la dimension développementale et historique du psychique chez Vygotski ? Question non facile. Car ne
perdons pas de vue cette solide bien que rapide définition de la dialectique qui
doit à chaque instant nous servir de repère : c'est la maîtrise des contradictions
logiques. Question, donc : une démarche historique est-elle toujours porteuse
de contradiction, et par là en elle-même dialectique ? À cette question était donnée dans le marxisme de jadis une réponse catégoriquement affirmative. C'est ce
que disait en clair le vade-mecum pédagogique de Staline, où la dialectique était
résumée en quatre traits. Premier trait : tout se tient, rien n'est isolable ; deuxième
trait : tout évolue, rien n'est invariable. En somme le point de vue historique était
donné en lui-même dès le départ pour élément définitionnel de la dialectique – ce
qui impliquait l'inexistence par principe d'une dialectique de l'invariant, sottise
désastreuse dont nous allons nous occuper plus loin. Mais à nous en tenir ici à
la question de l'historique compris comme réductible à un « tout change », un
esprit curieux va bien sûr poser la question : et où sont ici les *contradictions ?* Pas
de réponse – si ce n'est bien sûr pour invoquer la lutte des classes, comme si notre
question sur l'essence de l'historique ne concernait que le monde social. Et pas
de réponse pour la raison qu'il peut parfaitement y avoir, qu'il y a couramment
une conception non dialectique du changement. L'historique, le développemental
traité sans dialectique, c'est ce qu'on appelle évolutionnisme, souvent qualifié à
juste titre de plat en ce que rien n'y fait relief de façon contradictoire. Qui dit histoire ne dit donc pas du tout obligatoirement dialectique. Mais il le dit potentiellement, dans la mesure où penser le développemental et l'historique est chercher
à comprendre comment une chose donnée demeure même en devenant sans cesse
autre, ne peut demeurer même qu'en s'altérant. C'est le souci précis de la différence

dans l'identité, de la différenciation comme mode constitutif de l'identique, c'est l'attention portée à cette contradiction qui fait de la reconstitution historique une démarche dialectique. Par exemple : est-ce bien la même réalité historico-sociale qui, de classe ouvrière en soi, est devenue aux XIXᵉ et XXᵉ siècles classe ouvrière pour soi, et à quoi avons-nous affaire au juste quand aujourd'hui elle cesse pour une grande part de l'être pour soi ? Question dialectique s'il en est.

Ce qui fait de la démarche de Vygotski une démarche dialectique n'est donc pas simplement son souci constant et universel de l'essence historique du psychisme humain, c'est de toujours s'attacher à comprendre cette histoire comme un tissu de contradictions et de la traiter comme telle. Déjà en partant de cette capitale différence dans l'identité : l'histoire des fonctions psychiques supérieures est une et double ensemble, elle est phylogenèse et ontogenèse. Encore y a-t-il une façon non dialectique tout à fait courante et même dominante en son temps de comprendre la chose : c'est la fameuse loi biogénétique fondamentale de Haeckel, la loi de la « récapitulation de la phylogenèse dans l'ontogenèse » qui évacue d'emblée toute dialectique : ces deux choses différentes seraient en vérité une seule et même, point final. Pour Vygotski, c'est au contraire le point de départ énigmatique par excellence : comment une histoire sociale peut-elle se répéter à l'identique dans cette réalité tout autre qu'est une vie individuelle, qui plus est celle d'un enfant par rapport à une genèse de comportements adultes ? Les voilà bien, ces « contradictions insolubles » qui sont le pain quotidien du psychologue critique. Je résume à très grands pas l'analyse spectaculairement dialectique de cette grande question que nous offre le premier chapitre de l'*Histoire du développement...*

Ce que la prétendue loi biogénétique de récapitulation oublie, en quoi elle relève, écrit Vygotski, d'une « pensée paresseuse » (1927/2010, p. 123) ; c'est que le mot phylogenèse recouvre deux processus foncièrement différents et historiquement successifs : la longue formation biologique de l'espèce *Homo sapiens*, puis la récente formation historico-culturelle du psychisme proprement humain, à base biologique inchangée. Or dans l'ontogenèse du petit d'homme actuel ces deux formations ont lieu simultanément ; elles « fusionnent » en un seul et même processus développemental tout en demeurant foncièrement distinctes en leur essence – remarquable exemple d'identité de contraires. « C'est là la difficulté essentielle de tout le problème », écrit Vygotski. Ainsi y a-t-il dans le développement du tout-petit un moment décisif où dès l'âge de 10 à 12 mois il commence à se servir des outils les plus simples. Alors qu'il est bien loin encore de s'être approprié tout le champ des mouvements naturels qui lui sont accessibles, il en franchit déjà en même temps les frontières pour s'aventurer dans un tout autre « système d'action », selon la formule de Jennings.

Le bébé de 6 mois, note Vygotski, est plus impuissant qu'un poussin ; à 10 mois il ne sait pas encore marcher ni se nourrir tout seul ; durant ces mois cependant, il traverse l'âge du chimpanzé, prenant en main pour la première fois un outil. Cet exemple des plus parlants peut nous faire comprendre à quel point est embrouillé dans l'ontogenèse tout l'ordre du développement phylogénétique. On ne connaît pas de réfutation plus solide et plus puissante de la théorie du parallélisme biogénétique que l'histoire de la première utilisation d'outils. (p. 126)

Ainsi, le système d'action de l'enfant se trouve-t-il déterminé à chaque stade « et par son niveau de développement organique et par son niveau de maîtrise des outils », double détermination contradictoire, interne d'un côté, externe de l'autre, qui aboutit en fait à « un troisième et nouveau système d'action d'un genre spécial ». Ce fait, ajoute Vygotski, où l'ancienne psychologie ne savait voir qu'une banalité quand il est en vérité un tournant, « mérite d'être appelé le paradoxe biologique-culturel fondamental du développement chez l'enfant » (p. 126). La nouvelle psychologie à construire conçoit quant à elle ce développement « comme unité dialectique de deux séries fondamentalement différentes et voit sa tâche essentielle dans l'étude adéquate de l'une et de l'autre série et dans celle des lois de leur entrelacement à chaque stade d'âge ». (p. 127)

En cette toute fin de l'analyse, pour la première et unique fois, Vygotski emploie ici le mot « dialectique ». Chez d'autres, le vocabulaire excède la pensée ; chez lui, c'est couramment l'inverse. On voit quelle conclusion me semble autoriser le bref examen de cet exemple parmi d'autres de la démarche historique chez Vygotski. Oui, on est fondé à verser pleinement au compte d'une démarche dialectique la constante dimension historique de ses vues psychologiques, dès lors que pour lui, comme pour le Marx du *Capital*, penser le développement historique c'est toujours s'efforcer d'en ressaisir les contradictions déterminantes – et il en est bien d'autres que celle du différent et de l'identique dont fait suggestivement usage l'analyse que je viens de résumer. Il arrive que Vygotski – très rarement, tant il est allergique au genre doctrinaire – condense lui-même les traits marquants de sa conception du développement historique en ce qu'elle a de dialectique. Il l'a fait dans cette remarquable longue phrase du chapitre 5 d'*Histoire du développement...* qui figure à la page 272 du volume publié par La Dispute, et que je citerai pour en terminer sur ce point : saisir la véritable originalité du comportement de l'enfant exige de comprendre

qu'il s'agit d'un processus dialectique complexe, caractérisé par une périodicité elle-même complexe, une disproportion dans le développement des différentes fonctions, des métamorphoses où certaines formes se transforment qualitativement en d'autres, un complexe entrelacs de processus évolutifs et involutifs, un complexe entrecroisement des facteurs internes et externes, un complexe processus de dépassement des difficultés et d'adaptation. (pp. 272-273)

En somme, tout un écheveau d'interpénétrations de contraires.

Vygotski est-il gestaltiste ?

J'ai dit tout à l'heure que le dialectique ne se résume aucunement à l'historique, et j'ai ajouté qu'il y avait eu jadis lourde sottise à ne pas comprendre qu'il y a dialectique tout aussi bien de l'invariant que de l'évolutif – ne pas l'avoir vu a coûté fort cher au marxisme face aux sciences naturelles du répétitif à l'identique. Cette sottise, Vygotski quant à lui ne la commet jamais. Il est très conscient qu'il peut y avoir tout autant contradiction dans ce qui permane que dans ce qui change, et que donc la démarche dialectique y est tout aussi nécessaire. Exemple-clef : les rapports du tout et des parties.

Où est ici de façon générale la contradiction, et donc la dialectique ? En ceci que le tout n'est strictement rien d'autre que la somme de ses parties, et que pourtant il est en même temps bien davantage et même tout autre chose – contradiction logique qui a très longtemps fait suspecter d'irrecevable irrationalité le concept d'émergence de qualités nouvelles. Vygotski prend souvent – par exemple dès les premières pages du premier chapitre, méthodologique, de *Pensée et langage* – l'exemple simple et éloquent de l'eau pour rendre sensible au lecteur cette vérité dialectique : liquide incompressible qui éteint le feu, l'eau n'est pourtant composée que de deux gaz compressibles, l'un comburant, l'autre combustible (1934/2013, p. 61). Voilà qui rend saisissant le saut qualitatif par lequel on passe des parties séparées au tout unifié. Dans les « tout » de niveau faiblement organisé, les parties ne sont que les composants passifs du tout, lequel n'en est que la résultante ; à des niveaux plus complexes, ils en deviennent des organes actifs, et le tout en est lui-même l'organisateur. Le rapport tout/partie s'inverse alors : plus on a affaire à un tout de haut niveau, plus c'est lui qui détermine ses parties, bien que sans cesser d'être déterminé par elles. Nouvelle contradiction : plus est intime l'unité du tout et des parties, plus s'accuse la différence des parties entre elles et avec le tout. Vygotski expose lumineusement la chose au quatrième chapitre d'*Histoire du développement…* :

> La structure supérieure se distingue avant toute chose de l'inférieure en ce qu'elle est un tout différencié, dans lequel les parties remplissent des fonctions différentes […]. Plus parfaitement développé est l'organisme, et moins ses parties sont semblables les unes aux autres. (1928-1930/2014, p. 248)

De ces considérations résultent à l'évidence des conséquences méthodologiques essentielles, et d'abord celle même qui va creuser dès les débuts du XXᵉ siècle un fossé entre la psychologie associationniste, accrochée à une conception platement additive du passage des parties au tout, et une nouvelle psychologie aux multiples courants qui pose l'irréductibilité qualitative du tout à ses parties et pense désormais dans la conceptualisation inédite de la structure, de la forme, de la *Gestalt*.

Au début du chapitre IV d'*Histoire du développement des fonctions psychiques supérieures*, Vygotski écrit :

> La modification majeure survenue en psychologie ces derniers temps est le remplacement de l'optique analytique par une optique globale, ou structurale. [...] la nouvelle psychologie met au centre de son étude le tout et celles de ses propriétés qui ne peuvent être déduites de la somme des parties. Déjà nombre de preuves expérimentales confirment la justesse de cette nouvelle façon de voir. (p. 243)

À ses yeux, trois courants marquants de la psychologie nouvelle ont assimilé cette conception structurale du tout : le personnalisme de Stern, du côté idéaliste, et du côté matérialiste la psychologie de la *Gestalt* et la psychologie marxiste. En résulte, dans deux pages très explicites de *La Crise*, un net éloge de la *Gestalpsychologie* (p. 243), éloge dont l'aspect principal est que le concept de *Gestalt* est pensé, point centralement souligné dans un livre de Köhler, comme un concept *psychophysique*, valant pour « la totalité de la nature » et non pour la seule conscience. Ce qui signifie, conclut Vygotski, « que la théorie de la *Gestalt* réalise une psychologie matérialiste ».

Une entente est donc manifestement possible entre marxistes et gestaltistes au bénéfice de cette conception *matérialiste* de la structure, et on sait quel cas *Histoire du développement...* fait tout au long de maintes vues et procédures expérimentales gestaltistes, particulièrement de Wolfgang Köhler et de Kurt Lewin. Au point qu'une question peut manifestement se poser, mettant en cause la thèse même de cette conférence : est-il en somme bien nécessaire d'adopter une démarche dialectique pour faire plein droit aux exigences d'une psychologie structurale ? Question de vive actualité, puisqu'outre-Atlantique semble aujourd'hui prise au sérieux l'idée d'un Vygotski en fin de compte rallié au gestaltisme. S'appuyant sur des recherches qui nous apprennent du nouveau quant aux relations nouées dans les années 30 entre Vygotski et les gestaltistes, particulièrement Kurt Lewin, Anton Yasnitsky, à Toronto, avance avec insistance cette nouvelle interprétation de la pensée vygotskienne, dont il est grand connaisseur. Dans un article-leader à tonalité de manifeste paru en juillet 2012 dans le *Journal of Russian and East European Psychology*, Yasnitsky en appelle à ce qu'il nomme un « révisionnisme vygotskien » dont la thèse centrale est que se serait opérée dans les années 30 une *fusion* entre la conception historico-culturelle – formule dont il souligne qu'en vérité elle ne se rencontre nulle part dans les textes mêmes de Vygotski – et les vues des grands gestaltistes, de Köhler à Lewin. Ce long article-leader, où ne se rencontre pas une fois le mot dialectique, s'achève sur l'intronisation d'une paradoxale nouvelle figure historique, celle d'une *cultural-historical Gestaltpsychology* – une psychologie gestaltiste historico-culturelle.

Surgit ici une question d'une telle ampleur, et même d'une telle portée stra-tégique, qu'elle justifierait à elle seule toute une autre conférence, dans laquelle je ne peux bien sûr songer à m'engager. Je dois à regret me limiter ici à indiquer deux thèmes essentiels que je chercherais à y développer si j'avais à la présenter. Le premier requiert – travail préalable dont il m'apparaît impossible en l'occur-rence de faire l'économie – d'étudier la genèse historique de la catégorie logico-philosophique dont relève l'idée de *Gestalt*, c'est-à-dire celle de forme. Que la forme prise en son tout soit essentiellement autre qu'une somme de parties, et qu'elle leur soit irréductible, cela a déjà été dit des plus grands : Aristote, lequel n'avait que dédain pour la dialectique d'Héraclite. Qu'il soit donc toujours possible de développer une conception structurale de quelque objet que ce soit sans la moindre référence à la dialectique est un fait connu. Mais il faudrait être bien peu expert en histoire des catégories logico-philosophiques pour ignorer que s'est formée dans l'époque moderne une tout autre façon de penser cette catégorie essentielle : la façon hégélienne et plus encore marxienne – Marx, on le sait regrettablement peu, est à coup sûr, bien plus que Hegel, le grand penseur moderne de la forme –, autrement dit une manière dialectique. Sans pouvoir entrer ici dans le détail, je mentionnerai deux différences spécialement voyantes en même temps qu'essen-tielles. Pour Aristote la forme, version immanente de l'Idée platonicienne, incréée et incorruptible, est hors du temps, elle est l'invariable par excellence ; pour Marx, qui a Aristote en haute estime et partage sa conception globale du tout, la forme n'en est pas moins au contraire toujours produite et transformable, et même la plus longuement immuable ne laisse jamais d'être historique. Deuxième différence car-dinale : pour Aristote la forme est l'exemple même de l'identité à soi ; pour Marx, elle n'est historique qu'en vertu des contradictions dont elle est habitée. Nous avons là deux traditions de pensée à la fois en partie concordantes face aux représenta-tions purement additives de la forme et plus fondamentalement opposées l'une à l'autre : intemporalité univoque ou historicité contradictoire de la forme ?

Or dans laquelle de ces deux traditions, l'une millénaire et glorieuse, l'autre à peine identifiée encore au début du XXᵉ siècle, a trouvé son inspiration première la psychologie de la *Gestalt* ? On connaît d'avance la réponse. Mais aujourd'hui de nouveaux travaux d'histoire des idées nous permettent de la mieux étayer encore – je pense notamment au recueil de textes publié chez Vrin en 2007 sous le titre *À l'école de Brentano* (Husserl *et al.*, 2007), où l'on peut lire pour la première fois en français l'étude fondatrice de von Ehrenfels sur « les qualités de forme », et où l'on en apprend beaucoup sur le rôle du grand néoscolastique que fut Brentano dans la formation dès les années 1870 à Vienne des premiers gestaltistes, et dans la formation même de Carl Stumpf, qui à son tour créa en 1900 l'Institut de psychologie de Berlin où se formèrent Wertheimer, Köhler,

Koffka, Lewin. On peut certes beaucoup discuter sur les rôles joués dans leur formation par les vues néoscolastiques, néokantiennes, phénoménologiques et autres qui s'entrecroisent en cette époque d'intenses débats d'idées de Vienne à Berlin en passant par Würzbourg. Une chose en tout cas ne fait pas doute : les vues hégéliennes et à plus forte raison marxiennes, les vues *dialectiques* sur la catégorie de forme leur restent fondamentalement étrangères. Les gestaltistes pensent tous la forme, selon la tradition aristotélicienne, comme un invariant anhistorique, d'ailleurs commun à l'homme et à l'animal, et enraciné dans les lois de la nature, les lois de la « bonne forme ». C'est-à-dire que sur ce point décisif ils la pensent à l'opposé même d'un dialecticien comme Vygotski. Dans ces conditions, disons-le sans détour, l'idée d'une *fusion* qui se serait opérée entre psychologie historico-culturelle et psychologie gestaltiste, c'est-à-dire en fait, car telle est au vrai la thèse, d'un ralliement final de Vygotski au gestaltisme, cette idée n'est à mon sens d'aucune crédibilité.

Mais en vérité Vygotski ne répond-il pas lui-même ? Il le fait déjà, me semble-t-il, au début du chapitre IV d'*Histoire du développement...*, lorsqu'après avoir appuyé de façon globale, en raison de sa conception structurale du tout, ce qu'il appelle « la nouvelle psychologie » – où la *Gestaltpsychologie* est explicitement incluse –, il ajoute aussitôt :

> Pour la pensée dialectique, il n'y a rien de tant soit peu nouveau dans la thèse que le tout ne résulte pas de manière mécanique de la somme des parties, mais possède des propriétés et qualités spécifiques, singulières, qui ne sont pas déductibles de la simple réunion des qualités qu'ont les parties. (1928-1930/2014, pp. 233-234)

Car ce juvénile lecteur de Hegel et de Marx n'en était pas du tout à découvrir la chose chez von Ehrenfels ou chez Wertheimer : il apprécie qu'eux aussi l'aient comprise, ce n'est pas pour autant chez eux qu'il l'a apprise. Mais surtout Vygotski est sur plus d'un point conduit à critiquer sans ménagement telle ou telle thèse de la *Gestaltpsychologie* justement pour son manque de dialectique – elle méconnaît et même nie l'historicité des structures, parce qu'elle ne sait ou ne veut pas y voir les contradictions à l'œuvre. Je ne vais pas vous infliger ici toute une anthologie de ces passages critiques. Sans doute deux exemples suffiront-ils à donner idée d'une démarche qui rend ouvertement inconsistante la thèse d'une fusion entre démarche dialectique et démarche gestaltiste. Au début du chapitre III d'*Histoire du développement...* on lit :

> La *Gestaltpsychologie*, qui constitue le courant principal dans l'actuelle psychologie, souligne bien l'importance du tout et ses propriétés spécifiques mais renonce à l'analyse de ce tout et par là même est forcée de demeurer dans les limites de la psychologie descriptive. (p. 211)

Une chose est par exemple de décrire le geste indicatif du petit enfant comme un tout signifiant, ce qu'il est en effet ; une autre, une tout autre d'analyser le processus dialectique de sa genèse en trois moments logiques – geste en soi, geste pour autrui, geste pour soi – ce qui insère le geste dans une histoire où trouve alors sens sa structure finale. La démarche dialectique vygotskienne, on le voit bien ici, va essentiellement au-delà de la démarche gestaltiste. Dire cela n'implique nul parti pris doctrinal en faveur de ce qu'on peut fétichiser, de ce qui a effectivement été fétichisé naguère sous l'appellation de « la dialectique »; c'est simplement, mais résolument, vouloir aller plus loin dans l'intelligence analytique du réel.

Je crois éclairant de donner un autre exemple encore de critique vygotskienne des carences dialectiques de la *Gestaltheorie*, exemple particulièrement topique par rapport à la thèse que j'achève de discuter, laquelle insiste sur les relations entre Vygotski et Lewin dans les années 32-34. On sait en quelle estime Vygotski tenait Kurt Lewin, mais la haute estime n'interdit pas l'exigence critique. Le texte que je vais citer en ce sens, publié seulement en 1935, donc de façon posthume, vraisemblablement écrit par Vygotski dans les derniers mois de sa vie, ce texte appartient donc à cette période où se serait censément effectuée la fusion de la psychologie historico-culturelle vygotskienne avec le gestaltisme lewinien. Il figure dans un article sur « Le problème du retard mental » (1935/1983 ; traduction I. Leopoldoff) :

> Il [Lewin] ne connait pas la règle dialectique selon laquelle, au cours du développement les causes et les effets changent de place, et qu'une fois que les formations psychiques supérieures ont émergé sur la base de certaines conditions préalables, elles ont elles-mêmes un effet inverse sur les processus qui les ont engendrées ; que dans le développement l'inférieur est remplacé par le supérieur, que dans le développement ce ne sont pas uniquement les fonctions physiologiques, qui changent par elles-mêmes, mais en premier lieu ce sont les liens interfonctionnels et les rapports entre les différents processus, en particulier, entre l'intellect et l'affect. Lewin considère l'affect indépendamment du développement et en dehors des liens avec tout le reste de la vie psychique. Il présume que, dans la vie psychique, la place de l'affect reste inchangée et constante tout au long du développement et que, par conséquent, les rapports entre l'intellect et l'affect représentent une valeur constante. En fait, il ne considère qu'un cas particulier parmi toute la diversité des faits qui s'observe dans le développement des rapports entre l'intellect et l'affect, un cas particulier, concernant les régularités, observées spécifiquement aux étapes inférieures et les plus primitives du développement, et il fait remonter ce cas particulier en loi générale.

Un texte qui offre riche matière à réflexion pour qui ne fait pas l'impasse sur la démarche dialectique. Et qui rend vraiment impossible, me semble-t-il, de prétendre que la psychologie historico-culturelle vygotskienne se serait finalement ralliée à la *Gestaltpsychologie*.

Un procès dialectique capital : le renversement

Il y aurait beaucoup à dire encore sur les démarches concrètement dialectiques que recèlent les œuvres de Vygotski, par exemple sur le saut qualitatif, sur la négation, sur la négation de la négation comprise de façon purement matérialiste comme logique du développement en spirale – mais c'est sur une autre figure dialectique que je voudrais pour finir concentrer l'attention, figure de capitale importance dans la pensée vygotskienne du psychisme spécifiquement humain au point d'en être proprement constitutive. Cette figure, c'est celle du *renversement dialectique*, de la *Verkehrung*, de l'*Umstülpung*. Est dialectique par essence l'identité des contraires. Ce qui veut dire que tout contraire peut en certaines circonstances manifester qu'il est le contraire de ce qu'il paraît être, et ainsi s'inverser lui-même en son opposé. Procès dialectique qui s'expose dès le premier moment de la science de la logique hégélienne : l'être pur dont elle part est le contraire du néant, mais dès lors qu'il est totalement pur, c'est-à-dire sans la moindre détermination, il apparaît que rien en somme ne peut le distinguer du néant, qu'il est lui-même néant – renversement en son contraire. Inversant de façon matérialiste cette logique idéelle du renversement, Marx fait grand usage, tout au long du *Capital*, de la dialectique de la *Verkehrung*, et cela dès le premier chapitre du Livre I pour rendre compte de l'émergence de la forme-valeur générale à partir de l'infinie variété des échanges. Dès lors que par exemple des biens aussi différents qu'un habit, 10 livres de thé, 20 aunes de toile ou une demi-tonne de fer ont même valeur que 2 onces d'or, cette série d'équivalences diverses peut se lire à l'envers : 2 onces d'or deviennent alors l'équivalent général de toutes ces marchandises particulières : le particulier se renverse ici en son contraire, l'universel, et par la suite ce qui n'était initialement que moyen des échanges, l'argent-monnaie va tendre à s'inverser en devenant la fin même de toute l'activité économique. On voit la puissance logique de cette dialectique du renversement, puissance logique qui, comprise en matérialiste, ne fait que traduire dans l'ordre conceptuel la formidable puissance de processus réels, qu'ils soient naturels ou historiques – comme nous le voyons aujourd'hui avec la financiarisation dévastatrice de toute chose.

Chez Vygotski aussi fonctionne à plein la dialectique du renversement, et pour aller vite je ne m'attache qu'à sa forme centrale : le renversement de l'interne en externe et sa réciproque, l'internalisation de l'externe. Nous sommes ici au cœur de la vue anthropologique qui sous-tend toute la psychologie qu'on appelle, à juste titre me semble-t-il, historico-culturelle. Cette vue anthropologique, c'est celle qu'esquissait génialement la 6ᵉ thèse de Marx sur Feuerbach – énoncé qui ne se trouve pas par hasard trois fois cité par Vygotski dans *Histoire du développement...* et la note de 1929 où en est esquissée toute la démarche, et que je vous rappelle : « L'essence humaine n'est pas une abstraction inhérente à l'individu pris à part. Dans sa réalité, c'est l'ensemble des rapports sociaux ». Thèse dont tout le sens est de formuler le renversement dialectique par lequel l'espèce animale *Homo sapiens* s'est transmuée en genre humain – l'*humanitas* des hommes socialisés ne vient plus du dedans mais du dehors –, renversement dont l'opérateur a été et demeure l'activité productive qui sans trêve objectalise le subjectif en monde social et le resubjectalise en psychisme individuel. L'activité fabricatrice humaine s'extériorise en outillages, l'activité locutrice en langages, l'activité relationnelle en rapports sociaux, l'activité émotionnelle en système des beaux-arts, ainsi de suite, et c'est par l'appropriation pédagogiquement guidée de tout cet historico-culturel externe que le petit d'homme s'hominise intérieurement. Dans le genre humain, Vygotski l'a compris et le donne à comprendre mieux que quiconque, c'est l'externe qui est l'interne, c'est l'interne qui est l'externe. De sorte qu'est mortel pour la psychologie tout rétrécissement objectiviste du social, à plus forte raison toute réduction naturaliste du monde humain à un pur « environnement ». Peut-on se permettre de le dire ? Tant que les neurosciences persisteront, comme elles le font encore aujourd'hui de manière universelle, à confondre sous le même mot « environnement » le milieu naturel de l'animal et le monde social de l'être humain, on prend peu de risques à leur prédire des mécomptes. J'irais même jusqu'à penser qu'on n'en prend guère non plus en recommandant à ceux qui envisagent de consacrer un milliard d'euros à la recherche sur le cerveau de prêter une vraie attention à cette mise en garde de Vygotski : si vous n'avez pas une idée psychologique bien claire de ce que vous cherchez de psychique dans le cerveau humain, vous avez peu de chance de le trouver. Là sans doute ce que j'appellerai sommairement le Vygotskisme francophone peut être parfois de bon conseil à un Vygotskisme anglophone dont les apports nous sont précieux, dans la mesure du moins où continuera de vivre chez nous la précieuse leçon, moins ancrée chez eux, de l'anthropologie marxienne et de la culture dialectique – à quoi s'est proposée de contribuer l'édition d'*Histoire du développement des fonctions psychiques supérieures* qui a fourni l'occasion de ce séminaire.

Il faudrait en dire bien davantage sur ces dialectiques du renversement entre puissance, leur finesse psychologique, par exemple dans ces grands chapitres d'*Histoire du développement…* consacrés à la genèse du langage écrit ou à l'attention volontaire, ou encore dans ces vues pédagogiques suggérant d'émouvante façon le drame qu'est la migration obligée de l'enfant vers l'âge adulte et donc la nécessité d'une rude pédagogie qui lui apprenne avec affection à sauter. Mais il est largement temps de conclure. J'ai essayé de dire combien la démarche dialectique est chez Vygotski autre chose que convention doctrinale, quelle profondeur de champ elle donne au souci historique en psychologie. Et le philosophe psychologue-amateur que je suis en a profité pour suggérer que dans son génie psychologique n'entre pas pour peu sa force de pensée philosophique. J'aimerais ajouter en terminant : pas seulement philosophique, mais en même temps *politique*, dimension profonde de sa pensée qu'elle aussi peut-être il nous arrive de sous-estimer. Moi qui ai eu vingt ans à l'époque grandiose et inoubliable de la Libération, ce qui a décidé de toute ma vie, je ne peux perdre de vue que Vygotski les a eus en 1917, date non moins inoubliable et grandiose, et que cela aussi a décidé de toute sa vie. Si la dialectique des contradictions historiques tient une telle place chez lui, c'est dans le sens où l'histoire est ouverte à ses deux bouts. Quand on dit histoire on pense le plus souvent au passé, et elle est bien en effet le passé ; mais au même titre elle est le futur, c'est-à-dire, au grand sens du mot, la politique. Si Vygotski a voué sa vie à la pédologie, n'est-ce pas par passion de commencer à changer la vie et le monde dans l'enfant ? La dialectique n'est pas que logique du penser, elle est du même mouvement logique de l'agir. Ce jeune homme mort il y aura bientôt cent ans nous dit encore à sa manière, sans emphase et d'autant plus pénétrante, des choses qu'il nous faut absolument entendre en ce moment historique d'allure désespérante. Notre *humanitas* a envers et contre tout du mouvement pour aller plus loin en montant. L'histoire des fonctions psychiques supérieures n'est pas close, ni pour le pire, hélas, mais ni pour le meilleur.

Références bibliographiques

Husserl, E., Stumpf, C., Ehrenfels, Ch., Meinong, A., Twardowski, K. & Marty, A. (2007). *À l'école de Brentano. De Würzburg à Vienne*. Vrin.

Marx, K. (1867/2016). *Le Capital* (Livre I, trad. J.-P. Lefebvre). Éditions sociales.

Vygotski, L. S. (1927/2010). *La signification historique de la crise en psychologie*. La Dispute.

Vygotski, L. S. (1928-1930/2014). *Histoire du développement des fonctions psychiques supérieures*. La Dispute.

Vygotski, L. S. (1934/2013). *Pensée et langage*. La Dispute.

Vygotski, L. S. (1935/1983). Le problème du retard mental (traduction non publiée de L. Leopoldoff Martin). In *Sobranie sochinenij* [Œuvres] (t. 5, pp. 231-256). Pedagogika.

Yasnitsky, A. (2012). Revisionist Revolution in Vygotskian Science: Toward Cultural-Historical Gestalt Psychology. *Journal of Russian & East European Psychology, 50*(4), 3-15, doi: 10.2753/RPO1061-0405500400.

Références bibliographiques

Imbert, B., Astruc, C., Chris, B., Chu, Jocelyne, N., Vandeborne, A., & Adam, A. (2001). *A la découverte de Mandragore*. Lyon, 2001.

...

Spinelli, E., & (1989; 2005). *The interpreted world: an introduction to phenomenological psychology*. ...

Perls, F. S. (1981/2012). *Dream seminars*. La Gestalt.

Spagnuolo, L. M. (1994/2006). La psychothérapie de la forme, ...
de L. Lespinasse Margret, in Schéma ... Comment (Eds.) (pp. 231–236).
Perlasanne.

Spagnuolo, A. (2015). Revolution Revolution in Vygotskian Science: Towards
a Social-Historical Gestalt Psychology. *Journal of Research & Social Dynamic
Psychology*, 20(3), 3–18. doi: 10.0753/JRDNTGF.01553005.

Lucien Sève

Où est Marx dans l'œuvre et la pensée de Vygotski ?

Qu'y a-t-il donc dans la question apparemment claire de la place de Marx dans l'œuvre et la pensée de Vygotski pour la rendre si énigmatique ? Comment comprendre que les successives façons d'y répondre aient pu être si contradictoires au long d'un siècle, et le soient jusqu'aujourd'hui même ? Avant de chercher à résoudre la question, n'est-il pas nécessaire de s'interroger sur ce qui peut en faire à ce point un piège ? C'est de là que je partirai.

Quelques mots d'abord pour mettre en lumière les violents paradoxes que nous offre l'historique de la question. Au commencement il y a la réponse sans ambiguïté de Vygotski lui-même : ayant lu Marx dès sa jeunesse, dans le climat révolutionnaire de la Russie de 1917 vécu par une famille de culture très avancée, il découvre que *Le Capital* l'aide de plusieurs manières essentielles à penser la psychologie – l'une de ses passions –, et, devenant psychologue, il écrit en 1927 que « la psychologie a besoin de son propre *Capital* » (Vygotski, 1927/2010, p. 273). Peut-on être plus clair ? En fait, ce n'est pas si clair, j'y reviendrai, mais en tout cas est affirmée ici une référence majeure et définitive, ce sur quoi omettent de s'expliquer sérieusement ceux selon qui Marx serait sans vraie importance pour Vygotski. Mais quelques années plus tard, voilà que les augures du marxisme dans l'URSS de 1930 en voie de stalinisation dénoncent chez lui une orientation « idéaliste », « bourgeoise », « réactionnaire » et même carrément « antimarxiste »[1]. Accusations d'une consternante sottise, qui le bouleversent – au témoignage de Zeigarnik, il disait : « Je ne peux pas vivre si le parti considère que je ne suis pas marxiste »[2] – mais qui rendent évidente la grande ambiguïté qu'il peut y avoir à juger marxiste ou non une pensée. Ici s'entrevoit déjà quelle sorte de piège peut receler la question « Vygotski et Marx » : de qui au juste Marx est-il le nom ? Et qu'est-ce qu'une psychologie « marxiste » ?

Mais ce n'est pas tout. Renvoyée aux oubliettes du temps de Staline, l'œuvre de Vygotski commence à en ressortir sous Khrouchtchev, et se met alors à intéresser hors d'URSS, ce qu'atteste en premier la traduction américaine de *Pensée et*

---

1   J'ai donné les références de ces griefs dans ma présentation de *Pensée et langage*, Vygotski (1934/1985), p. 28.

2   Cf. Vygotski (1914-1934/2018), p. 316.

langage parue en 1962 à M.I.T. Press. Or ici, nouveau rebondissement paradoxal : non seulement les traductrices Eugenia Hanfmann et Gertrude Vakar réduisent l'ouvrage des deux tiers mais elles l'amputent de toutes ses références à la pensée marxiste sauf une, sans un mot d'explication à ce sujet – pour les staliniens Marx n'était pas assez présent chez Vygotski, pour ces traductrices états-uniennes il l'est au contraire beaucoup trop. Or cette initiative intellectuellement indéfendable va s'avérer de vaste effet : au départ, la perception nord-américaine de Vygotski va être *démarxisée*, démarxisation qui fait tache d'huile avec les traductions multiples de ce digest, et malgré tout ce qui a été fait depuis lors aux Etats-Unis mêmes en un sens différent, on peut se demander s'il ne subsiste pas ici ou là quelques traces de cette sous-estimation d'origine. C'est ce qu'incite à penser en tout cas la contre-épreuve francophone.

Avec un grand retard, l'idéologie dominante ayant dans l'aire francophone fait régner un complet silence sur Vygotski justement par antimarxisme, paraissent enfin en France et en Suisse romande les premières traductions françaises (Schneuwly & Bronckart, 1985 ; 1ère édition de Vygotski, *Pensée et langage*, 1985), suivies de maintes autres, et du développement d'un riche courant vygotskien dans la recherche et l'enseignement psychologiques à Genève comme à Paris. Mais ici, à l'opposé d'Hanfmann et Vakar, les animateurs de ce courant sont formés par toute une tradition de pensée psychologique où Marx tient une grande place sous des formes variées – d'Henri Wallon à Jean Piaget, d'Ignace Meyerson à Georges Politzer. Et en France c'est la maison d'édition du Parti communiste[3] qui révèle à la communauté des psychologues le texte intégral non expurgé de *Pensée et langage* – plus d'un, qui croyait connaître Vygotski pour avoir lu le petit *Pensée et langage* de M.I.T. Press, m'a dit sa stupéfaction lorsqu'il découvrit le gros volume des Éditions sociales. D'où un net contraste entre le vygotskisme de langue française qui s'est épanoui depuis les années 80 – avec les travaux menés dans le cadre de l'Université de Genève par Bernard Schneuwly, Jean-Paul Bronckart, Janette Friedrich, Irina Leopoldoff-Martin, Christiane Moro, Frédéric Yvon, en France par Michel Brossard, Yves Clot, Jean-Yves Rochex, Gérard Vergnaud, soit dit fort incomplètement pour rendre hommage en passant à leurs apports – et un certain vygotskisme de langue anglaise qui m'a paru n'y être pas des plus attentif et pour qui Vygotski est tout ce qu'on voudra, un culturaliste, un gestaltiste et même un spinoziste, mais certainement pas un marxiste.

---

3   Les Éditions sociales, dont j'ai été le directeur de 1970 à 1982, période où fut préparée l'édition de *Pensée et langage*.

Cette brève rétrospective donne déjà force à une double conclusion : sont en grand danger d'erreur ces réponses courtes : « La psychologie vygotskienne ne doit rien d'essentiel à la pensée de Marx », ou même « Oui, Vygotski est l'une des figures majeures de la psychologie marxiste », sans bien examiner ce que veut dire « psychologie marxiste » et ce qu'en pensait Vygotski. Ce n'est pas parce qu'une question est formulable en termes simples qu'on peut y répondre en faisant l'économie de sa complexité. Et pourtant, à première vue, n'y a-t-il pas une manière élémentaire de la résoudre ? On demande quelle place tient le marxisme chez Vygotski. Question d'ordre factuel, semble-t-il, qu'on espèrera régler en recensant dans ses écrits les citations de Marx, Engels, Plékhanov, Lénine, Trotski, Boukharine – à noter au passage cette chose significative : il n'y en a pas de Staline. Il suffit pour cela de disposer d'index bien faits.

Soit par exemple la thèse soutenue par le vygotskien très érudit Anton Yasnitsky. Dans *The Cambridge handbook of cultural-historical psychology* (Yasnitsky *et al.*, 2014, p. 505), il écrit que, l'adhésion à l'idéologie officielle devenant obligatoire dans une URSS stalinisée, le rapport de Vygotski au marxisme était « de pure convenance » (« only polite »), ses citations de Marx étant faites « principalement pour des raisons tactiques » (« mostly for tactical reasons »). Si cette hypothèse est exacte, on peut donc s'attendre à ce que ces citations soient surtout présentes dans les écrits publics de Vygotski, et beaucoup moins dans les écrits privés. Or il n'en est pas ainsi. Dans *Pensée et langage*, gros livre que Vygotski tenait à faire paraître, il y a en tout et pour tout trois références à Marx. Alors que dans une note d'une vingtaine de pages seulement qu'il écrit pour lui-même en 1929, note d'extrême importance où apparaissent en condensé toutes les vues fondamentales qui sont alors les siennes, Marx est cité *sept fois*, sans compter les allusions identifiables[4]. Le doute n'est pas permis : chez Vygotski Marx n'est pas là pour la vitrine, il est au contraire *penseur de chevet* par excellence.

La publication des *Notebooks* est une occasion majeure de le vérifier. Nous avons là une vaste collection de textes que Vygotski écrivait pour lui-même. Si l'hypothèse discutée est juste, les références au marxisme doivent y être rares. Reportons-nous à la rubrique Marx dans l'index des noms cités. Elle est hélas, cas unique dans tout l'index, très déficiente : n'y figurent que deux références… Comblons cette regrettable lacune : dans l'ouvrage, hors introduction des auteurs, Marx est cité aux pages 31, 38, 74, 76, 78, 79, 80, 88, 97, 108, 112, 122, 252, 264, 312, 317, 321, 322, 341, 348, 431, 475 – soit 22 fois. À quoi viennent s'ajouter 24

---

4   En traduction française dans Vygotski, 1928.1930/2014, p. 543-564. Cette note avait été publiée déjà dans Michel Brossard, 2004.

références à Engels, 20 au marxisme, 20 à Lénine, 9 à Trotski, 6 à Boukharine, 3 à Politzer[5]… Au total, dans ces carnets intimes, les références à la pensée marxiste atteignent l'impressionnant total de plus d'une centaine. Constat impitoyable pour l'hypothèse ici testée. La réalité des faits est à l'inverse de ce qu'elle implique : c'est *surtout* dans les écrits privés qu'abondent les références à Marx et au marxisme – il faudra essayer de comprendre pourquoi.

Cette donnée factuelle écarte donc une idée fausse. Mais suffit-elle à nous donner une idée juste de la question ? Pas du tout. D'ailleurs, telle que j'ai été conduit à la formuler, cette question n'est pas simple mais double : où est Marx dans *l'œuvre* et dans *la pensée* de Vygotski – deux choses distinctes bien qu'inséparables. Sa place dans l'œuvre vygotskienne renvoie en premier à un recensement d'occurrences : cette place est grande d'un bout à l'autre de l'œuvre, et de façon générale dans les écrits privés plus que dans l'œuvre publiée. Mais cette *donnée de fait*, si déjà elle autorise ou interdit telle ou telle façon de répondre, n'est aucunement par elle-même une *indication de sens :* que disent de Marx les passages recensés, quelle sorte de pensée psychologique qualifiable de marxiste contribuent-ils à configurer ? Voilà qui déborde de très loin la composition d'un index tel qu'on peut l'établir en peu de temps par voie électronique. Ici il faut lire, comprendre ce qu'on lit, en saisir les rapports de sens avec cette attitude culturelle visée à tâtons sous l'appellation de marxisme, et de quel marxisme s'agit-il au juste ? Celui des *Cahiers philosophiques* de Lénine, du manuel de Boukharine sur *La théorie du matérialisme historique*, d'Abram Ioffé dit Déborine tel qu'il s'efforce de l'imposer dans les années 1920, ou encore celui des bolchévisateurs du marxisme comme Mark Mitine qui entrent brutalement en scène en janvier 1931 avec le plein soutien de Staline – et, par rapport à tout cela, en quoi consiste la *pensée de Marx* à tant d'égards différente telle que la comprend et la met en œuvre avec audace Lev Vygotski ? C'est bien compliqué, mais si on n'entre pas dans cette complexité où il eut à se débattre de plus en plus gravement, la question « Vygotski et Marx » perd tout sens précis et par là même tout intérêt profond.

Pour tenter d'y voir clair, on ne peut se dispenser de rechercher l'idée que se faisait Vygotski lui-même de ce qu'on appelait à Moscou dans les années 1920 « psychologie marxiste ». À cet égard il faut lire attentivement ce texte-clef qu'est le chapitre XIII de *La signification historique de la crise en psychologie*, texte programmatique, puisqu'écrit en 1927 et donc antérieur à l'essentiel de l'œuvre psychologique de Vygotski, mais déjà d'une grande vigueur de pensée quant à la

---

5   L'index des noms cités donne aussi 8 occurrences du nom de Staline. *Aucune* ne renvoie à une référence de Vygotski à Staline.

nature de la tâche. Texte qui d'abord dit avec force ce que *ne peut pas être* une psychologie valable dans une perspective marxiste. Ce ne peut pas être une psychologie qui développe les thèses psychologiques de Marx, pour la bonne raison que chez Marx *il n'y a pas* de « thèses psychologiques » – Marx a pensé alors que n'existait pas encore de science psychologique à proprement parler. Tout au plus trouve-t-on chez lui à cet égard, ici ou là, des remarques suggestives pour un psychologue, telle cette note du livre I du *Capital* que Vygotski cite en plus d'un passage, où il est dit que tout homme « se regarde d'abord dans le miroir d'un autre homme », de sorte que « c'est seulement à travers sa relation à l'homme Paul son semblable que l'homme Pierre se réfère à lui-même en tant qu'homme » (Marx, 1867/2016, p. 56)[6].

Mais ce qui est à créer ne peut pas être plus généralement ce qu'à l'Institut de psychologie dirigé par Kornilov on appelle « psychologie marxiste », qui consiste-rait à traduire en savoir psychologique expérimental les vues générales du matéria-lisme dialectique et historique. Vygotski ne met pas longtemps à saisir l'invalidité foncière de pareil projet. Car s'il est jeune encore – en 1924 il a vingt-huit ans –, il a déjà de la pensée marxienne une compréhension impressionnante, fait essentiel auquel est aveugle la croyance qu'il citerait Marx par pure convenance. Ce qu'il faut bien voir, c'est que Vygotski est venu à Marx *avant le marxisme-léninisme sta-linisé* qui prend forme en 1930-31. Vygotski est un marxien des années 20, formé à la pensée de Marx non par des manuels de marxisme mais par la lecture directe de Marx en allemand, par celle du Lénine des *Cahiers philosophiques*, c'est-à-dire par une pensée vivante et chercheuse aux antipodes de la doctrine. Et il lui saute aux yeux que vouloir créer une psychologie « marxiste » en *appliquant* à la réalité psychique des vues générales préconçues est une aberration. Aucune science du réel ne peut naître par déduction à partir de généralités théoriques. Qu'il faille voir clair en philosophie pour avoir chance de fonder une science, certes, c'est même primordial, car toute science, fût-ce sans le savoir, est philosophique – par exemple, pour un psychologue, il est capital de ne pas confondre le sens ontolo-gique et le sens gnoséologique du mot conscience –, mais il s'agit là de préalables, pas du tout encore de savoirs scientifiques. Il n'y a pas, écrit sans réplique Vygotski, « de science avant la science ».

En des pages majeures de la *Crise* (Vygotski, 1927/2010, pp. 272-275) est faite une critique à la fois souveraine et impitoyable de cette croyance répandue dans

---

6　On n'a pas relevé jusqu'ici, sauf erreur, que le choix de ces deux prénoms, Pierre et Paul, semble être une allusion à la proposition XXXIV de la 4ᵉ partie de l'*Éthique* de Spinoza, de sa démonstration et de sa scolie, où il est justement question de la relation entre Pierre et Paul.

l'URSS de l'époque selon laquelle on pourrait fonder une science marxiste simplement en *appliquant* à son objet les thèses générales du marxisme. « Aucun système philosophique ne peut prendre le contrôle direct de la psychologie comme
science » ; entre l'un et l'autre sont indispensables ces intermédiaires que Vygotski
appelle une « méthodologie » et une « psychologie générale », ensemble « de
catégories et de concepts » permettant de penser les objets psychologiques dans
leur spécificité. Réfléchissons à ce qu'a fait Marx dans *Le Capital*. S'est-il borné
à introduire dans le discours économique des vues générales de la dialectique
comme la triade hégélienne ou le saut qualitatif ? Absurde ! Il lui a fallu élaborer
ou réélaborer toute une famille de concepts spécifiques comme ceux de forces et
de rapports de production, de marchandise, travail, valeur, monnaie, capital, etc.
Voilà la sorte de création conceptuelle dont il est absolument besoin aussi pour
produire une psychologie valable d'un point de vue marxiste. C'est en ce sens
précis que « la psychologie a besoin de son propre *Capital* » : il ne s'agit pas de
recopier *Le Capital* en psychologie, tâche stupide, mais d'y faire *l'équivalent* de ce
qu'a fait Marx en économie. Si on ne le comprend pas, si on *applique* des généralités marxistes à la psychologie, on n'obtiendra que « des constructions scolastiques
et verbales », et même pis : « une déformation grossière du marxisme aussi bien
que de la psychologie ».

Il faut mesurer de qui le jeune Vygotski a ici l'audace de faire la critique : non pas
seulement, ce qui est déjà hardi, du directeur de son propre Institut, Konstantin
Kornilov, mais plus audacieusement encore – lorsqu'il évoque sans citer de nom,
mais tout le monde comprend, « ce qui se fait aujourd'hui » – de Déborine lui-
même, le tout-puissant directeur de la revue *À la lumière du marxisme*, pour qui
produire une science marxiste consiste justement à y introduire du dehors ce
qu'il pense être la dialectique matérialiste[7]. Psychologue d'à peine trente ans qui
n'est pas membre du parti, Vygotski se permet de faire la leçon de marxisme aux
augures eux-mêmes – « Il faut savoir ce que l'on peut et ce que l'on doit chercher
dans le marxisme », écrit-il sans trembler –, on comprend pourquoi le livre ne
sera pas admis à être publié… Mais du coup il faut voir combien est équivoque
l'idée de psychologie marxiste. Aux yeux de Vygotski, ce qu'un marxiste peut
vouloir de mieux en psychologie est d'en faire vraiment une science, ce à quoi la
leçon de Marx peut beaucoup servir – en ce sens la psychologie aura à voir avec
le marxisme. Mais sera-t-elle alors une *psychologie marxiste* ? Une science ne se
définit pas par son orientation idéologique mais par sa congruence avec les faits.
En ce sens, présenter une psychologie comme marxiste serait la disqualifier plus

---

7   *Cf.* sur ce point important Zapatta (1983).

que la valoriser. Bien plutôt que *psychologue marxiste*, Vygotski est un *marxiste psychologue*. Leçon majeure, qui vaut toujours. Ce qui ne veut pas dire que soit second pour lui l'apport de Marx : il n'est qu'indirect, mais décisif. Dans la littérature psychologique internationale il y a peu de textes aussi forts de ce point de vue que ce chapitre XIII de la *Crise*. Vygotski y fait preuve d'une rare maîtrise marxienne – la façon dont il critique Husserl en s'appuyant sur Feuerbach est un petit chef d'œuvre. C'est pourquoi aussi, affectivement vulnérable à la brutale condamnation stalinienne, il n'était pour autant pas intimidable intellectuellement au nom du marxisme, connaissant bien mieux Marx et Lénine que ses censeurs et surtout les comprenant bien mieux qu'eux. Si son œuvre au destin tellement contrarié s'impose irrésistiblement à l'approche de son centenaire, c'est qu'il y a en elle une force profonde de pensée, directement ancrée dans la pensée de Marx, qui elle aussi s'impose de nouveau aujourd'hui envers et contre tout pour cette raison même. Ce grand psychologue est un grand penseur, voilà le fait. Et de sa force, le traitement éhonté que lui fit subir le stalinisme fut la première – non la dernière – reconnaissance *a contrario* : cette pensée libre est *incommode* pour les dogmatismes régnants.

* * *

Mais alors, on le voit bien, la question « Vygotskij et Marx » change de dimension. Par-delà le dénombrement des références, utile préalable, elle nous impose bien autre chose : l'attention aux idées mêmes susceptibles d'induire en psychologie non des vues marxistes toutes faites mais des démarches productives marxiennes[8]. Nous cherchons ici à identifier où est Marx dans la *pensée* vygotskienne. On commence à entrevoir que pour l'essentiel il n'est pas simplement où son nom figure mais bien davantage là où des démarches *marxiennes sans le dire* produisent de la science psychologique. Et pourquoi si souvent sans le dire, dans les textes qu'a publiés Vygotski ? Justement parce que son souci constant est de se refuser à faire de la « psychologie marxiste » au mauvais sens déductif dénoncé dans la *Crise*, ce qui lui fait proscrire le recours à l'argument d'autorité qu'évoque la citation répétée de « classiques du marxisme ». J'affirme, et je me propose d'établir, que la pensée marxienne constamment à l'œuvre chez Vygotski y est le plus souvent présente en des pages où est *absent* le nom de Marx comme de tout autre marxiste. On mesure ici la naïveté de Hanfmann et Vakar qui crurent démarxiser *Pensée et langage* en y censurant presque toutes les références à Marx, Engels, Lénine, sans voir que

---

8 « Marxiste » a longuement renvoyé à une mise en forme doctrinaire et par là même mutilante des vues de Marx, et en reste marqué ; « marxien » dit seulement la parenté effective d'une pensée avec celle de Marx.

l'essentiel n'était pas enlevable, étant inscrit dans la chair même du texte. Mais pour le voir – on arrive ici au cœur de la question –, encore faut-il savoir *ce que la pensée marxienne apporte de fécond à la recherche en psychologie.*

Or c'est là justement que s'enracine la tenace sous-estimation de la place de Marx dans la pensée vygotskienne : à peu près personne jusqu'ici n'a montré de façon probante en quoi au juste consiste l'énorme apport possible de Marx à une vraie science psychologique. C'est même plus grave : de façon aujourd'hui encore dominante, y compris chez nombre de ceux qui se réclament du marxisme, Marx est tenu pour un penseur selon qui l'individuel est à résorber dans le social, le personnel dans le collectif, le subjectif dans l'objectif, et pour qui donc la psychologie est inessentielle à un matérialisme historique supposé traiter des seules formations sociales. Que Marx soit du même mouvement un penseur capital de *l'individu humain* est encore méconnu, alors qu'à lire sans œillères *Le Capital* au sens large, des *Grundrisse* au Livre IV, c'est une chose patente. Conséquence : dans les travaux savants sur Vygotski où figurent de riches études sur ce qu'il a retenu du behaviorisme, de la *Gestaltpsychologie* ou du freudisme, on cherchait en vain jusqu'à hier même pareille étude sur le marxisme[9]. Et comme on a du mal à percevoir ce dont on ne sait rien, aujourd'hui encore la pensée marxienne chez Vygotski est proprement *invisible* à beaucoup de lecteurs là où elle n'est pas signalée, ce qui est rarement le cas[10], par un petit écriteau « ici, Marx ».

En mon jeune âge, au tournant des années 1940 et 50, passionné de psychologie et féru de Politzer mais ignorant jusqu'au nom de Vygotski, la lecture du Livre I du *Capital* fut pour moi une découverte bouleversante : contre toute attente, le texte semblait *entendre* mes questions sur la personnalité et la biographie, mieux, il y répondait de diverses façons qui m'apparaissaient infiniment prometteuses. Je refaisais sans en rien savoir à trente ans de distance l'expérience fondatrice du jeune Vygotski : oui, il y avait chez Marx les bases d'une pensée psychologique de toute autre fécondité à mes yeux que celles dont m'avaient abreuvé la plupart des enseignements de la Sorbonne en cette matière. Aussi me suis-je aventuré en philosophe dans les voies d'une conception historico-culturelle frayées par Marx que j'explorais il y a cinquante ans avec mon livre *Marxisme et théorie de la personnalité*, allant sans le savoir à la rencontre de Vygotski, ce pourquoi ce livre intéressa Alexis Léontiev, comme il me l'expliqua à Moscou fin 1970 et comme on

---

9   Aussi est marquante la publication en 2017 d'un livre comme le *Vygotsky and Marx* de Carl Ratner et Daniele Nunes.

10   Dans les cinq cents pages d'*Histoire du développement des fonctions psychiques supérieures*, livre marxien de part en part, il y a en tout et pour tout quatre références explicites à Marx.

le voit à lire *Activité. Conscience. Personnalité* (1984). Il encouragea beaucoup ma femme à traduire enfin en français *Pensée et langage*, lui faisant prêt de son propre exemplaire. En découvrant par la suite plus largement l'œuvre vygotskienne, j'ai compris que pour une grande part c'était là ce qu'en somme j'avais depuis toujours cherché. Mais, étant philosophe de profession, j'ai de plus en plus constaté à quel point manquait pour la bonne intelligence de Vygotski précisément le savoir de tout ce que la pensée marxienne est capable d'apporter à la psychologie, et qu'elle lui a effectivement apporté. Aussi, ayant eu à achever la mise au point et assurer la publication de la dernière traduction de Vygotski qu'ait pu faire Françoise Sève avant sa mort en 2011, celle d'*Histoire du développement des fonctions psychiques supérieures*, j'ai estimé indispensable, dans une longue présentation de cette œuvre[11], d'exposer en une quinzaine de pages ce qui rend fondamentaux les apports de Marx à une psychologie matérialiste, condensant ce que développent à ce sujet les trois premiers chapitres du tome de ma tétralogie *Penser avec Marx aujourd'hui* consacré à « L'homme » (2008). Pour ce que je me propose d'établir ici, il me faut en donner au moins une très succincte idée.

Lorsqu'au chapitre XIII de la *Crise* Vygotski s'interroge sur la bonne façon de s'y prendre pour créer une psychologie scientifique et qu'il écrit à ce sujet : « *Le Capital* doit beaucoup nous apprendre », il a en vue, je l'ai rappelé, deux choses connexes : la « méthodologie » et la « psychologie générale ». Commençons par la « méthodologie ». En quoi consiste ici l'apport du *Capital* ? Marx nous le dit dans une postface du Livre I : c'est la *dialectique*, reprise de l'idéaliste Hegel moyennant le vaste travail qu'exige sa réélaboration matérialiste. Et quelle sorte de savoir est la dialectique ? Dans l'usage qu'on en fait c'est une *méthode*, mais ce n'est là que la face subjective du savoir objectif qu'elle condense, en quoi elle est une *logique*, au sens non pas purement formel de la logique aristotélicienne mais substantiel que lui a donné Hegel dans sa *Science de la logique*. Chez l'idéaliste Hegel elle est le *système clos* des essentialités pures de tout ce qui est. En matérialiste, Marx l'a reconçue au cours de son travail critique sur l'économie comme *réseau ouvert* des catégories universelles de la pensée rationnelle – par exemple essence et apparence, abstrait et concret, universel et particulier, objectif et subjectif, matière et forme…. Comme dit Lénine dans ses *Cahiers philosophiques* (1914-15/1971), Marx nous a laissé non pas comme Hegel « une 'Logique' (avec un grand L) », grandiose entreprise spéculative, mais, production bien plus opératoire, « la *logique* du *Capital* », acquis de pensée aujourd'hui encore très sous-estimé et sous-étudié. Or cette logique

---

11 Travail dans lequel m'ont substantiellement aidé plusieurs précieuses communications personnelles d'Ekaterina Zavershneva.

du *Capital* constitue une part centrale de la culture théorique de Vygotski. Si l'on examine sous l'angle logique comment il entend par exemple les idées sans cesse présentes chez lui d'analyse et de synthèse, de structure et de processus, d'interne et d'externe, de naturel et de social, et quelques autres, l'ascendance marxienne de sa pensée devient une évidence.

Devant me borner, je prends ici un unique exemple : la fondamentale catégorie d'essence, et la révolution qu'y a opérée Marx. Par essence, on a entendu durant deux mille ans, et jusqu'aujourd'hui, ce qui dans un être en fait ce qu'il est nécessairement – c'est ce que dit Spinoza au début de la deuxième partie de l'*Ethique*. Par-delà la diversité des façons de la concevoir, tout autre par exemple chez Aristote que chez Platon, l'essence en son acception millénaire est à penser comme une entité *idéelle*, *inhérente* à la chose et éminemment *invariante*, puisqu'elle définit son identité même. Malgré toute la complexité dialectique qu'il y apporte, Hegel ne remet pas en cause ce triple caractère d'idéalité, d'inhérence et d'invariance. Or c'est ce que subvertit Marx. Un énoncé capital à ce sujet, souvent cité ou évoqué par Vygotski, est la 6ᵉ des *Thèses sur Feuerbach* que Marx jette sur le papier en 1845. Dans l'Allemagne des années 1840 on débat beaucoup sur « l'essence humaine », c'est-à-dire ce qui fait de nous des exemplaires du *genre humain*. Marx révolutionne la question : l'essence humaine « n'est pas une abstraction inhérente à l'individu pris à part ; dans sa réalité, c'est l'ensemble des rapports sociaux. » (1845/2012, p. 3) Vue fulgurante, qui inaugure une très neuve anthropologie matérialiste-historique – j'y viendrai plus loin – tout en fondant une conception hautement inédite de l'essence : non plus identité abstraite de la chose mais *rapports producteurs* de cette identité. Ce qui change immensément la façon de penser : l'essence n'est pas qu'idéalité mais recouvre une *matérialité*, n'est pas originairement interne mais d'abord *externe* avant de s'intérioriser, n'est pas invariante mais *évolutive*. Une logique puissamment neuve se forme ici : le fond des choses est à penser en termes non d'identité abstraite mais de *rapports concrets*, et tout rapport, même apparemment immuable, est *processus*.

Que Vygotski pense en ces termes logiques, ce ne sont pas quelques passages citant Marx qui le montrent mais toute son œuvre. En témoigne par exemple son combat constant contre un mode d'analyse qui décompose le tout en éléments séparés et ne conçoit leur unité que comme somme de parties – démarche de l'associationnisme dont il fait une critique imparable –, lui opposant un tout autre mode d'analyse où les touts sont traités en structures globales dont les éléments sont eux-mêmes des rapports. Ici est à considérer de près l'attitude de Vygotski envers la *Gestalttheorie*. Pensant à l'époque même de son apogée, Vygotski ne fait pas seulement grand cas des travaux d'un Köhler, un Koffka ou un Lewin, il partage avec enthousiasme la critique gestaltiste de l'associationnisme, pensant tout comme eux en termes structurels. Mais attention : il y a deux façons bien différentes de poser le tout comme irréductible à la somme de parties. L'une est celle d'Aristote, le grand penseur antique de la forme, pour qui elle n'est pas seulement première par rapport à ses éléments mais, relisons le Livre Z de la *Métaphysique*, première aussi par rapport à la matière qu'elle informe et non soumise au devenir. La *Gestaltpsychologie* qu'inaugure en 1890 le travail de von Ehrenfels sur les qualités de forme puise son inspiration dans le néo-aristotélisme en plein essor à la fin du XIXᵉ siècle. Tout autre est la culture logique de Vygotski, nourrie à la dialectique de Hegel revue par Marx. Aussi est-il à la fois en foncier accord avec les gestaltistes sur l'irréductibilité de la structure à une somme d'éléments et en désaccord maintes fois exprimé sur deux points essentiels : la structure n'obéit pas à la simple logique aristotélicienne du principe d'identité mais recèle des *contradictions* internes, et pour cela même n'est pas invariable mais *évolutive* – par-delà l'immuable nature seule considérée par le gestaltisme, le psychisme humain renvoie à l'*histoire*[12].

« Pour la pensée dialectique, écrit-il, il n'y a rien de tant soit peu nouveau dans la thèse que le tout ne résulte pas de manière mécanique de la somme des parties. » (Vygotski, 1928-30/2014, p. 243) Mais, comprenant cette grande vérité autrement que les gestaltistes, il la pousse bien plus loin qu'eux, sans avoir besoin de citer sans cesse Marx, jusqu'à ces vues centrales dans la logique dialectique du *Capital* que sont le *conflit* né de contradictions – ainsi dans l'apprentissage du calcul l'arithmétique culturelle de l'adulte vient contredire l'arithmétique spontanée de l'enfant (pp. 361-367) –, la *crise* où se condense le conflit, le *bond qualitatif* où elle se dénoue bien ou mal – l'enfant ne peut sortir du conflit entre les deux arithmétiques qu'en apprenant à « sauter » de l'une à l'autre (p. 495). Que Vygotski ait fait entièrement sienne la novatrice pensée marxienne de l'essence et s'en soit servi jusqu'au bout, je pourrais le montrer aussi – mais ce serait long – en examinant la puissante démarche logique qui anime les deux derniers et magnifiques chapitres de *Pensée et langage*. Disons seulement de façon ultra brève : ce qu'établit le chapitre 6 est que la différence entre concepts quotidiens et concepts scientifiques tient essentiellement à « des rapports différents de généralité entre les concepts » (p. 407) ; et ce qu'établit le chapitre 7 est qu'en son essence « le rapport de la pensée avec le mot est avant tout non une chose mais un processus » (p. 428). Tout Vygotski est là, jusqu'à ses tout derniers textes : l'essence du

---

12 Michel Brossard a attiré mon attention à ce sujet sur la préface que Vygotski écrivit en 1934 pour la traduction russe d'un livre de Koffka (1834/1997), où est dite en clair la nécessité à ses yeux de *dépasser dialectiquement* la conception gestaltiste de la structure.

psychisme humain est toujours à chercher en dernière analyse dans les *rapports historiques* où il se produit. Et cette façon logique de penser est sans conteste celle qu'il a très tôt apprise chez le Marx de la 6ᵉ thèse sur Feuerbach et du Livre I du *Capital*. Seule la méconnaissance longuement entretenue de l'œuvre marxienne et de sa richesse logique a pu empêcher de le voir.

Plus probante encore s'il est possible est la considération de ce que doit la « psychologie générale » de Vygotski à l'anthropologie de Marx prolongée par Engels. Redisons-le en effet : le matérialisme historique est inséparablement théorie des formations sociales et des formations personnelles, deux faces d'une *même* réalité. À le dire là encore de façon ultra rapide, cette anthropologie met en œuvre cinq concepts fondamentaux. 1. Activité productive (*Tätigkeit*, qui supplante très tôt chez Marx *Praxis*, terme n'exprimant pas assez cette cruciale dimension productive) – les hommes, dit *L'Idéologie allemande*, se distinguent essentiellement des animaux en ce qu'ils *produisent* leurs moyens de subsistance et par là leur être même ; 2. Médiation (*Vermittlung*) – l'immense puissance de l'activité humaine tient non pas seulement à la production, en germe dans le monde animal, de l'outil qui médiatise de plus en plus le rapport à la nature mais surtout au *travail social* où cette médiation acquiert des dimensions capitales ; 3. Objectalisation (*Vergegenständlichung*) : l'activité productive humaine sécrète tout un univers d'objets, rapports sociaux, productions symboliques, façons d'être, de sentir et de penser, seconde humanité non plus naturelle-interne mais sociale-externe où le psychisme humain se cumule sans cesse en *monde-de-l'homme* ; 4. Appropriation (*Aneignung*) : l'appartenance à l'espèce *Homo sapiens* lui étant donnée au départ, l'individu a au contraire à devenir membre du *genre humain*, à s'hominiser en s'appropriant une part singulière de cette humanité objective, par une formidable dialectique de l'externe et de l'interne sans équivalent animal et d'immense conséquence anthropologique. 5. Aliénation (*Entfremdung*) : l'*humanitas* culturelle n'étant pas donnée d'avance aux individus, son appropriation personnelle dépend des conditions sociales qui la favorisent ou la contrarient, et en toute société de classes elle se heurte inégalement mais inévitablement à l'aliénation, à l'*être-étranger* des gigantesques puissances sociales humaines qui, n'étant pas propriété de tous, ne sont maîtrisables par personne.

Pour qui a lu Vygotski sans connaître ces vues anthropologiques, ce qui est encore le cas général, même l'exposé minimal que je viens d'en faire est une révélation : il fait sauter aux yeux que dans ses plus grandes lignes la conception historico-culturelle vygotskienne du psychisme humain s'inspire directement de Marx. On peut même constater une correspondance terme à terme de la plupart de ces concepts : au rôle central de *Tätigkeit* chez Marx répond celui de *dejat'elnost'* chez Vygotski ; à *Vermittlung* répond *pocredničestvo* ; *Vergegenständlichung* n'y a pas, lui, d'équivalent, ce qui n'est sans doute pas dénué de sens, j'y reviendrai, mais bien entendu l'idée d'une humanité historique-objective est centrale chez Vygotski, elle y est formulée dans le concept de civilisation (*civilizacija*) ou plus souvent de culture (*kul'tura*), critique étant faite de ceux qui ne la voient que comme spirituelle en ignorant les « faits et phénomènes matériels » qui la constituent d'abord (Vygotski, 1928-30/2014, pp. 119-120) ; à l'*Aneignung* de Marx répond exactement le *ucvoenie* vygotskien ; seule l'*Entfremdung* peut sembler sans emploi chez lui, encore que par exemple le plus lourd handicap pour l'enfant organiquement déficient soit moins à ses yeux la carence naturelle que le manque d'accès à la culture qu'elle induit, ce qui évoque bien une analyse en termes d'aliénation sociale. Pour autant, l'*anthropologie* marxienne n'était pas du tout encore une *psychologie* ; tout le travail pour aller de l'une à l'autre était à faire, et c'est celui que Vygotski a génialement produit.

Oui vraiment, la pensée marxienne a été déterminante dans l'orientation fondamentale de la psychologie de Vygotski. Et elle l'a été jusqu'au bout, jusqu'à ce remarquable texte posthume sur la localisation cérébrale des fonctions psychiques avec lequel il voulait intervenir au congrès de Karkhov en juin 1934 – il est mort quelques mois avant. Il y explique que, les fonctions psychiques supérieures chez l'homme se formant à partir du dehors social, leur localisation cérébrale ne peut pas être du tout de même sorte que celle des fonctions animales ou humaines inscrites dans des centres biologiquement donnés, de sorte que toute extrapolation simple au cerveau humain de ce qui s'observe fonctionnellement sur le cerveau animal « ne peut conduire à rien d'autre qu'à des erreurs grossières » (Vygotski, 1934/1982, p. 174 ; c'est moi qui traduis). Trois quarts de siècle plus tard, il y a toujours là une indication cruciale pour les recherches sur le cerveau et plus largement pour les neurosciences, qui gagneraient beaucoup à ne pas continuer d'ignorer Vygotski. Comme y gagneraient beaucoup ceux qui persistent à nier toute altérité psychique foncière entre l'être humain et les autres vertébrés supérieurs au nom d'un matérialisme simpliste niant à juste titre l'existence entre eux d'une quelconque frontière métaphysique, mais aveugles à la mutation capitale dont rend compte la conception historico-sociale – ici paraît grande la responsabilité du dogme fallacieux de l'individualisme méthodologique.

* * *

Vygotski aura jusqu'à la fin – jusqu'à une ultime référence à *L'Idéologie allemande* dans l'ultime page de *Pensée et langage* dictée à l'article de la mort – laissé voir, quoiqu'avec parcimonie, combien il pensait avec Marx. Un seul autre penseur tient chez lui une place comparable : Spinoza. Ce qui suggère d'étudier le rapport entre Marx et Spinoza chez Vygotski. Je ne compte certes pas me mettre à le faire au moment de conclure. Juste une remarque, qui ne vise pas à minorer tout ce que Spinoza inspire à Vygotski : son *statut* est cependant chez lui autre que celui de Marx. Dans nombre de textes Vygotski expose le point de vue de Spinoza, le valorise, rarement le conteste, souvent le défend contre ses critiques – dans *Théorie des émotions* est par exemple vivement réfutée la réduction du monisme matérialiste spinozien du corporel et du spirituel à un « parallélisme » dualiste. Spinoza est en somme traité comme le plus important des auteurs[13]. Sur Marx, rien de tel : lorsqu'il est explicitement présent, c'est sous la forme de la citation sans commentaire, voire de la pure référence. Ici Vygotski n'éprouve pas le besoin de s'expliquer – Marx n'est pas traité comme un auteur, mais comme sa culture théorique même. Si la remarque n'est pas fausse, elle a du sens. Elle souligne à quel point d'intimité est marxienne la pensée de Vygotski. Le dire n'a rien à voir avec un effort puéril pour l'enrôler sous la bannière d'un « marxisme » auquel il a été clairement allergique – ne vaut pas mieux l'effort inverse pour le purger à toute force de Marx. Il semble qu'aujourd'hui la recherche sur Vygotski et Marx entre enfin dans l'âge adulte. À ceux qui comme moi plaident en ce sens depuis plus de quarante ans, la nouvelle n'est pas indifférente.

Et le grand intérêt de la chose est qu'elle fait apparaître de suggestives questions nouvelles. Celle-ci notamment, avec laquelle je terminerai : n'y a-t-il aucun manque majeur dans ce que Vygotski a retenu de Marx ? De façon générale, je ne crois pas exagéré de dire que sa compréhension de la pensée marxienne était sans égale dans le monde savant de 1930 – je serais même tenté de la dire aujourd'hui encore assez exceptionnelle. Reste bien sûr que sa lecture de Marx a ses limites – toute lecture en a. Celle que je suggère d'interroger concerne la compréhension qu'il a eue et l'usage qu'il a fait de la cruciale 6ᵉ thèse sur Feuerbach. Pour dire en très bref ce qui exigerait un chapitre : on l'a souvent lue, et aujourd'hui encore, comme si Marx avait écrit qu'en sa réalité l'essence humaine consiste dans « l'ensemble des *relations* sociales » ; or il a écrit non pas *Beziehungen* mais *Verhältnisse*,

---

13 Avec hardiesse Spinoza assume la contradiction logique, par exemple en posant l'identité des contraires que sont étendue et pensée, nature et Dieu ; il déborde ainsi le cadre de la logique aristotélicienne sans disposer de l'hégélienne, comme lorsqu'il écrit « *omnis determinatio negatio* ». Vygotski lit Spinoza dialectiquement, lui faisant si l'on peut dire l'avance de la dialectique. Question qui justifierait toute une étude.

ayant expressément en vue – *L'Idéologie allemande* le précise[14] – non les simples *relations entre individus* mais bel et bien les *rapports sociaux* dans leur massive objectivité, telle la division technique et sociale du travail. Deux idées certes connexes mais foncièrement distinctes. Selon sa fausse lecture, cet énoncé capital serait une simple thèse de psychologie sociale : les individus sont ce que font d'eux leurs *relations interpersonnelles* – idée juste, certes, et même déjà féconde, mais qui ne détermine pas encore un complet *matérialisme* historique. Dans la lecture qu'impose le texte, et toute la pensée de Marx, ce qui fait de nous les humains que nous sommes est à chercher aussi *par-delà* nos relations intersubjectives, jusque dans les *structures sociales* lourdement objectives qui les sous-tendent et les régissent – là naît une anthropologie vraiment matérialiste. Or pour penser cette question cruciale, Vygotski ne dispose et ne fait usage que d'un terme russe unique : *otnošenie*, qui dit aussi bien relation que rapport. Ce concept indifférencié fait donc l'impasse sur la distinction tellement importante entre relation intersubjective et rapport social objectif.

On voit la question : Vygotski a-t-il été assez attentif à toute la différence entre *Beziehung* et *Verhältnis* qui tend à s'effacer dans le seul *otnošenie* ? Psychologue avant tout, n'a-t-il pas été principalement retenu par les relations sociales intersubjectives – par exemple les « formes de comportement » qu'il range sous la « loi de Janet » – plus que par des rapports sociaux pris dans leur objectivité chosifiée dont l'effet formateur sur le psychisme humain est immense – pensons par exemple à la *forme-argent* – mais bien plus indirect ? Qu'il n'y ait pas chez lui l'équivalent du concept marxien de *Vergegenständlichung* ne signalerait-il pas une certaine sous-estimation des processus de l'*objectalisation* sociale au sens fort du terme ? Vaste question. Là peut-être a flairé prétexte la grossière imputation stalinienne de non-marxisme brandie contre lui, et trouvé motif aussi la distance tout autrement prise avec lui par Léontiev. Là sans doute en tout cas se décide une part non négligeable du sens général de l'œuvre vygotskienne, et de ce qui est à élucider pour

---

14 « Cette somme de forces de production, de capitaux, de formes de l'échange social que chaque individu et chaque génération trouvent comme un donné préalable est le fondement concret de ce que les philosophes se sont représenté comme 'substance' et 'essence' de l'homme'... » (Marx, Engels & Weydegand, 1846/2012, p. 39, traduction revue par moi). – *Beziehung* – en français *relation* – renvoie à un processus interpersonnel ne persistant pas au-delà de lui-même, *Verhältnis* – en français *rapport* – à une structure sociale impersonnelle subsistant sur le mode de la chose. Dans une entreprise, le salarié peut avoir ou non des *relations* individuelles avec le patron ; tout autre chose est leur *rapport* de classe, c'est-à-dire le statut objectif de l'un comme détenteur de moyens de production, l'autre ne possédant que sa force de travail.

aller plus avant dans sa direction même. On discute aujourd'hui avec raison du sens qu'a chez lui le concept de *pereživanie*. N'y a-t-il pas à examiner avec autant de soin le sens et l'usage vygotskiens d'*otnošenie* ?

Mais si on l'entreprend, quitte à conclure peut-être à une effective limite de sa pensée et de son œuvre, on ne perdra surtout pas de vue qu'*en même temps* – complexes sont les voies de la recherche inventive – il a justement par là agrandi de façon magistrale l'anthropologie marxienne, en explorant richement les dialectiques capitales du signe, de la signification et du sens, donc de la conscience elle-même, apport où la sottise stalinienne a vu la marque d'infamie d'un idéalisme bourgeois… Si Vygotski doit décidément beaucoup à Marx, le Marx que nous pouvons rendre aujourd'hui plus productif encore dans l'immense champ des sciences humaines ne doit pas peu à Vygotski. Nous n'avons pas fini de penser l'humain avec les deux ensembles.

Références bibliographiques

Aristote (1974). *La Métaphysique* (éd. Tricot, J., t. I). Vrin.

Brossard, M. (2004). Vygotski. *Lectures et perspectives de recherches en éducation*. Presses universitaires du Septentrion.

Lénine, I. (1914-1915/1971). *Cahiers philosophiques. In Œuvres* (t. 38). Éditions sociales.

Léontiev, A. (1984). *Activité. Conscience. Personnalité*. Éditions du Progrès.

Marx, K. (1945/2012). *Thèses sur Feuerbach*. In *L'Idéologie allemande* (trad. H. Auger, G. Badia, J. Baudrillard & R. Cartelle ; pp. 374-384). Éditions sociales.

Marx, K. (1867/2016). *Le Capital* (Livre I, trad. J.-P. Lefebvre). Éditions sociales.

Marx, K., Engels, F. & Weydemeyer, J. (1946/2012). *L'idéologie allemande*. Éditions sociales.

Ratner, C. & Nunes, D. (2017). *Vygotsky and Marx, Toward a marxist psychology*. Routledge.

Schneuwly, B. & Bronckart, J.-P. (Eds.) (1985). *Vygotski aujourd'hui*, Delachaux et Niestlé.

Sève, L. (1969). *Marxisme et théorie de la personnalité*. Éditions sociales.

Sève, L. (2008). *Penser avec Marx aujourd'hui* (t. II, « L'homme » ?). La Dispute.

Spinoza, B. (1954). *Éthique. In Œuvres complètes*. La Pléiade, Gallimard.

Vygotski, L. S. (1927/2010). *La signification historique de la crise en psychologie*, trad. L. Sève. La Dispute.

Vygotski, L. S. (1928-1930/2014). *Histoire du développement des fonctions psychiques supérieures* (trad. F. Sève ; éd. M. Brossard & L. Sève). La Dispute.

Vygotsky, L. S. (1934/1962). *Thought and Langage* (trad. E. Hanfmann & G. Vakar). M.I.T. Press.

Vygotski, L. S. (1934/1982). Psychology and the problem of localization of mental functions. In *Collected* Works (t. 1, pp. 168-174). Springer.

Vygotski, L. S. (1934/1997). Preface do Koffka. In *Collected Works* (vol. 3, pp. 195-232). Plenum Press.

Vygotski, L. S. (1933/1985). *Pensée et langage* (trad. F. Sève.). Éditions sociales.

Vygotski, L. S. (1914-1934/2018). *Vygotsky's Notebooks* (ed. E, Zavershneva & R. Van der Veer). Springer.

Yasnitsky, A., Van der Veer, R. & Ferrari, M (2014). *The Cambridge handbook of cultural-historical psychology*. Cambridge University Press.

Zapatta, R. (1983). *Luttes philosophiques en URSS, 1922-1931*. Presses universitaires de France.

Michel Brossard

Lucien Sève et Lev Vygotski : une fructueuse rencontre

Bref aperçu sur l'itinéraire de Sève

Je ne m'intéresserai qu'à un moment de l'itinéraire de Sève, celui de sa découverte dans le courant des années 80 de l'œuvre du psychologue russe L. S. Vygotski (1896-1934)[1]. Je me propose de montrer l'importance tout autant personnelle qu'intellectuelle qu'eut pour lui cette découverte. Certes si la lecture de Vygotski ne modifia pas en profondeur sa propre trajectoire, elle fit néanmoins beaucoup plus que le conforter dans son propre itinéraire. En effet, à compter des années 80 et en relation étroite avec le petit collectif que nous formions, Sève a consacré une grande part de son activité à lire, traduire avec Françoise, son épouse, questionner et approfondir l'œuvre de Vygotski.

Développement social et développement individuel

Au cours de ses lectures de jeunesse, Sève avait fait une double découverte : non seulement ses préoccupations s'inscrivaient dans la continuité de la pensée de Marx mais de plus il montrait qu'il y avait dans les textes dits de la maturité de Marx les germes d'une anthropologie possible.

Marx n'avait pas dissocié développement social et développement individuel. Le fait que toute nouvelle génération trouve à sa naissance les forces productives créées par les générations antérieures permet de comprendre la connexion étroite existant entre le développement social et le développement individuel (1984). Par surcroit Marx livrait un ensemble de concepts indispensables pour une théorie du développement individuel. Rappelant ce que fut son itinéraire voici ce que Sève écrira à ce sujet lors de la rédaction de « *L'homme* » ? :

> Contrairement à une légende tenace Marx n'a donc pas seulement produit une concep-tualisation fondamentale de la formation sociale – forces productives, rapports de production, antagonismes de classes, idéologies…- ainsi que de ses logiques d'évolu-tion historique ; il a avancé du même mouvement un ensemble conceptuel cohérent d'importance majeure pour penser la formation individuelle – *Tätigkeit, Vermittlung, Vergegenständlichung, Aneignung, Entfremdung*…- et son évolution propre : cette

---

1   Sur l'itinéraire intellectuel de Sève on trouvera dans la revue *Contretemps* le très bel article de Garo (2020).

double dimension confère à ses vues anthropologiques une décisive originalité. Mais on doit bien constater que n'attachant à ce second côté qu'une attention annexe, il n'a pas poussé l'examen des rapports sociaux qui président de façon spécifique à la production non des biens mais des hommes comme des êtres historico-socialement et par là psychiquement développés, la dénomination théorique de ces rapports restant chez lui en suspens. (Sève, 2008, pp. 110-111)

Marxisme et théorie de la personnalité, ouvrage majeur paru en 1969, contenait un long commentaire de la « 6ᵉ thèse sur Feuerbach ».

Que dit cette thèse ? Nous la citons dans la traduction que nous en donne L. Sève et suivons le commentaire qu'il nous en propose : « L'essence humaine n'est pas une abstraction inhérente à l'individu isolé. Dans sa réalité, elle est l'ensemble des rapports sociaux » (Sève, 2008, p. 64).

Lorsque Marx écrivit cette thèse, il ne songeait nullement à édifier une psychologie. Ainsi que nous l'explique Sève, cette thèse, texte de transition, devait conduire Marx à l'étude de « l'anatomie de la société réelle ». Transposée dans le cadre d'une interrogation d'ordre psychologique, cette « 6ᵉ thèse » conduit à inverser l'ordre de la démarche habituellement suivie par les psychologues : à savoir que pour comprendre ce qu'est « le propre » de l'humain, il ne faut pas commencer par chercher « dans l'individu » ce qui le spécifie en tant qu'être humain[2] car ce qui le constitue en tant qu'être humain ne réside pas initialement *en lui* mais se trouve *hors de lui*, dans l'ensemble rapports sociaux. Il faut entendre par rapports sociaux les rapports de production et les forces productives, c'est-à-dire l'ensemble des institutions, des outils, des savoirs, des normes et des œuvres, ensemble créé au cours des générations précédentes et déposé sous une forme non psychologique dans le monde social : chaque individu ayant pour tâche de s'approprier ces capacités historiquement créées.

Cette situation originale pour le petit d'homme est génératrice d'un fait inédit dans l'histoire des espèces : du fait de l'activité qu'il déploie pour s'approprier les acquis historiquement créés, s'édifie en lui sur la base d'un donné biologique initial un psychisme spécifiquement humain. Parler d'un « psychisme spécifiquement humain » revient à introduire un nouveau plan de réalité[3] par rapport au biologique et au social car *si le psychisme humain prend sa source dans le social, il*

---

2   C'est là selon nous l'une des raisons de fond pour lesquelles l'entreprise de Sève ne fut pas comprise en France par les psychologues de profession.

3   Parler à propos du psychisme humain de « plan de réalité » ne conduit pas à « choséifier » le psychisme. Sève nous en avertit en maints endroits. Il s'efforce en particulier dans « *La Philosophie* » ? de distinguer plusieurs « modes d'être ». Tout ce qui est matériel ne se réduit en aucun cas à ce qu'il nomme le « chosal » (Sève, 2014a, p. 385).

n'acquiert son identité, sa structure, que dans la vie individuelle. Sève aimait citer à ce propos ce mot de Vygotski : « Ce qu'il y a de personnel dans l'individu n'est pas le contraire du social mais sa forme supérieure » (Vygotski 1928-1930/2014, p. 548)[4].

La personnalité de chacun, forme unitaire du psychisme, est étroitement dépendante des formes, du degré et de l'intensité de ses rapports au monde humain. Mais contrairement à une conception largement répandue, le « social » n'a pas comme signification première le sens de contraintes pesant sur l'individu. Dans la perspective historico-culturelle, le terme de « social » nous renvoie – et c'est là sa profonde originalité – à l'ensemble des productions historiques, c'est-à-dire à l'infinie richesse du monde humain mise à la disposition de l'individu. La mise en œuvre d'activités toujours plus complexes dans le but de s'approprier de nouveaux contenus est à l'origine de la constitution d'un psychisme spécifiquement humain.

Se différenciant clairement de la psychologie différentielle traditionnellement pratiquée, Sève entend par « personnalité » le système psychique que l'individu construit en s'appropriant – à partir de son support biologique – les outils et les capacités historiquement créées nécessaires à son développement en tant qu'être humain. La personnalité n'est donc conçue ni comme un ensemble de « traits » qui particulariseraient un individu ni comme le résultat contingent des événements qui auraient affecté son histoire personnelle. Le concept de personnalité tel que Sève le comprend se trouve être en relation consubstantielle avec les formes et l'histoire des rapports d'appropriation que *l'individu entretient avec l'immense patrimoine social* (MTP, p. 536).

Une conception dynamique de la personnalité

L'ancrage du concept de personnalité dans un cadre marxien nous introduit dans un tout nouveau paysage : « Ce qui importe au premier chef dans une individualité n'est pas ce qui l'enclot dans l'ordre de la nature, mais ce qui peut servir son histoire : sa dynamique, ses contradictions, ses possibles » (Sève, 2008, p. 411).

De ce fait, fruit du passé et ouverte sur un avenir, la personnalité doit être conçue sous la forme d'un système *dynamique* composé des rapports que l'individu a tissés avec les différentes sphères du monde social. C'est en ce sens qu'en plaçant au centre de sa réflexion le concept d'activité appropriative, Sève indiquait que les conditions sociales qui sont faites à l'individu (limitations liées à l'appartenance de classe, aux formes de scolarisation, au type d'emploi…) délimitent les

---

4   Désormais *Histoire.*

possibilités ou les impossibilités de développement imposées à l'individu. Les concepts de *possible* et de *limite* ou de *limitation* sont ici essentiels.

> N'est-il pas clair par exemple que la façon spécifique dont un type donné d'organisation sociale met biographiquement en rapport les individus avec l'immense patrimoine social à partir duquel ils se développent, la façon dont il facilite et stimule ou au contraire freine et décourage les activités d'appropriation multiforme de ce patrimoine par les individus, détermine jusque dans son tréfonds le dynamisme de leurs personnalités ? (p. 536)

En ce sens on peut parler de personnalité développée ou de personnalité empêchée ou entravée.

Mais s'il est nécessaire de prendre en compte la diversité des formes externes d'appropriation du monde humain qui s'offre à l'individu, il est également nécessaire de prendre en considération la manière dont ces expériences d'ouvertures ou de limitations sont vécues en intériorité. Ces expériences sont source d'interprétations, de reprises critiques, d'un incessant travail de soi sur soi, et partant de là de projets d'avenir ou de renfermement sur soi.

Il faut donc étudier la forme sous laquelle ces rapports sociaux se répercutent dans le cours de vie de l'individu tels que l'individu les perçoit et dès lors y répond. Sève propose donc d'étudier une biographie tout autant dans sa dimension objective que dans sa dimension subjective[5]. La biographie a deux faces : c'est, dit-il, « ce qu'un homme fait de sa vie, ce que sa vie fait de lui » (1974, p. 338). Énoncé important en ce qu'il instaure une rupture définitive avec toute forme d'économisme et marque la nécessité de la prise en compte du psychisme en tant qu'*instance propre* si l'on veut comprendre les transformations tout autant globales qu'individuelles. Des questions neuves se trouvent dès lors posées. Elles ne pouvaient se poser qu'à l'intérieur du cadre théorique qui vient d'être esquissé. C'est en fonction des différentes modalités des rapports que l'individu a pu et su créer avec son monde social qu'il faut rechercher la source de la vitalité ou de l'étiolement d'une vie personnelle : la source de ses logiques de développement[6].

---

5   Par exemple à propos de l'excellente biographie de Saint-Louis écrite par Jacques Le Goff, Sève fait remarquer que, en dépit de l'extrême précision de ce grand historien des mentalités, Jacques Le Goff ne nous fait pas accéder à la manière dont Saint-Louis a « vécu » son expérience de la monarchie. Sur cet exemple nous voyons que dans la conception de Sève une étude de la biographie devait accéder au plus intime de la personnalité.

6   Notons que le concept de « développement » est bien présent chez Sève, mais il n'a pas le même sens que chez Vygotski (cf. infra).

Une conception dialectique de la personnalité

L'intérêt de Sève portait donc en tout premier lieu sur la biographie d'un adulte emmaillé dans les rapports sociaux de son temps. Certes les expériences originaires de l'enfance peuvent jouer un rôle non négligeable. Elles peuvent orienter durablement une ligne de vie (un sentiment de jalousie non surmonté par exemple). Ce serait néanmoins une erreur de ne pas tenir compte des *réorganisations* toujours possibles qui se produisent aux différents âges de la vie. La conception dialectique de la personnalité qui nous est proposée consiste à mettre l'accent sur le fait que des formes nouvelles d'activité viennent se *surimposer* aux formes initiales de socialisation et sont susceptibles de les réorienter voire de les transformer.

> Au sens strict, écrit Sève, nous dirons que la personnalité est une néoformation psychique d'apparition historique comme biographique tardive, puisqu'elle présuppose l'inscription d'activités supérieures dans un monde correspondant de rapports sociaux. Et dans un sens large, nous désignerons par là l'individu en son tout, y incluses ses formes psychiques même originaires, inclusion légitime dans la mesure où elles sont elles-mêmes reprises et surdéterminées de façon profonde par les contenus biographiques. (Sève, 2008, p. 411)

Telles nous apparaissent quelques-unes des lignes principales du projet de Sève concernant le concept de personnalité. Une approche scientifique de la personnalité n'est possible qu'à la condition de partir des rapports d'appropriation que l'individu entretient avec l'essence humaine initialement excentrée. Mais à l'évidence cette démarche ne constitue qu'un premier pas. Un premier pas important certes, mais un premier pas qui ne fait qu'esquisser un programme de recherches. Sève voyait clairement le chemin qui restait à parcourir. Il lui fallait montrer que l'on pouvait construire sur la base d'une conceptualisation marxienne une psychologie de la personnalité. Pour cela il lui fallait non seulement reprendre certains concepts élaborés par Marx[7], mais aussi à titre indicatif proposer de nouveaux concepts à l'aide desquels pourrait être abordée la question de la personnalité (*MTP*, pp. 182-183).

C'est pourquoi, dans la seconde partie de *Marxisme et théorie de la personnalité*, Sève proposait des concepts qui avaient pour but de rendre possible l'articulation d'une recherche anthropologique avec une analyse marxienne de la société.

---

7   Sève montre que dans de nombreux textes Marx pose les jalons d'analyses psychologiques fécondes. C'est le cas de son analyse de l'argent qui apparaît non pas comme une condition du « désir de posséder », mais comme une condition « du désir du désir de posséder ».

C'est le cas du concept de « formes historiques d'individualité » (proposé par Althusser au cours de leurs échanges), concept permettant d'articuler les structures sociales existantes et une personnalité en formation. Il s'agit « des matrices d'activité nécessaires qu'une forme sociale impose ou propose aux individus, matrices en elles-mêmes non psychiques mais à partir desquelles se structurent les activités et identités personnelles » (Sève, 2015a, p. 73).

Cette conception de la personnalité conduit Sève à reprendre la distinction établie par Marx entre *travail concret* et *travail abstrait*. Au cours de sa vie de travail l'individu est-il en mesure de renouveler ses motifs et de développer ses capacités ? Dans le cas d'un *travail abstrait* l'individu épuise ses capacités et ses raisons d'agir dans un travail répétitif dont le sens lui échappe[8]. Cette conceptualisation permet à Sève d'élaborer les concepts *d'emploi du temps* et de *composition organique de l'emploi du temps*[9]. Par « composition organique de l'emploi du temps », il faut entendre le rapport qui s'établit, à l'intérieur du cadre temporel d'un seul et même individu, entre ces deux formes de travail. Sève montre sur des exemples la fécondité de cette conceptualisation : concepts essentiels pour comprendre ce qui caractérise les différents âges de la vie ainsi que le devenir biographique d'un individu dans son dynamisme ou dans ses régressions. Il ne s'agit pas là de l'étude du « budget-temps » (travail empirique certes important) mais de concepts qui doivent nous permettre de comprendre si l'on suit ce fil directeur, les logiques de vie d'un individu. Le concept d'emploi du temps révèlera toute sa fécondité lorsque Sève le mettra en œuvre dans l'analyse de grande originalité qu'il nous propose du troisième âge dans les dernières pages de « *L'homme* » ? (pp. 539-544).

De cette ligne de pensée découle la critique adressée à la psychologie instituée : celle-ci étudie les *formes* du psychisme (attention, mémoire, volonté etc…) indépendamment de ce qui constitue l'expérience concrète de la personne.

Aux yeux de Sève ne s'interroger que sur les « formes » du psychisme conduit à laisser hors du champ de la psychologie la question essentielle des rapports vivants que l'individu entretient avec le monde social : à savoir les expériences qu'il fait, les significations qu'il leur attribue, ce que Sève nomme les « *contenus biographiques* ».

Sève reprend et poursuit le projet de Georges Politzer : étudier la personnalité de l'individu « enchâssé dans l'histoire »[10], au travers de ses contenus biographiques,

---

8   Dans *Pour une science de la biographie* (2015b), Sève parlera d'activités dispensatrices de capacités existantes vs activités constructrices de capacités nouvelles.

9   Cette distinction sera reprise et affinée à partir des objections des psychologues du travail, tels que Ivar Odone, Yves Schwartz et Yves Clot.

10   La formule de Politzer est « enchâssée dans l'économie ». Sève indique que Politzer parlait ici de l'histoire et non de la seule économie.

de son « drame », ce en quoi consiste toute existence personnelle. Programme que Georges Politzer s'était donné mais qui fut, ainsi qu'on le sait, tragiquement interrompu.

Mais ainsi qu'il le dira à maintes reprises Sève ne prétendait pas se substituer au psychologue. Travaillant en philosophe, il ne se proposait que d'établir les catégories et les concepts préalables à la réalisation d'un tel projet. Quant à l'édification d'une théorie de la personnalité, il fallait bien convenir que si la 6ᵉ thèse nous faisait découvrir un nouveau paysage, elle nous laissait néanmoins au pied de la falaise.

Une fructueuse rencontre

C'est au cours d'une période d'intenses débats – les années 60 – que Sève publia en 1969 *Marxisme et théorie de la personnalité*. Par cet ouvrage Sève avait fait preuve d'une double audace. D'une part il avait bousculé les barrières d'un territoire « marxiste » étroitement surveillé et d'autre part il s'était aventuré dans un domaine qui, disait-il, ne relevait pas de sa compétence : la psychologie. Aussi était-il très attentif à ce qu'il adviendrait lors de la publication de son livre. Si celui-ci fut fort bien accueilli à l'étranger[11] ainsi que par un large lectorat français, sa réception fut beaucoup plus réservée de la part des spécialistes directement concernés : les philosophes marxistes et les psychologues de métier[12]. Certes il y eut des contributions importantes (Yves Schwartz, Ivar Oddone, Daniel Bertaux)[13] qui le conduisirent à remanier en profondeur certains concepts fondamentaux (celui de « travail » en particulier) et à préciser dans la réponse qu'il fit à Yves Schwartz sa conception de la psychologie comme « science du singulier » (Sève, 2008, pp. 422-427)[14].

Mais Sève souhaitait voir s'ouvrir un large débat au cours duquel aurait été questionnée l'orientation générale qu'il avait prise dans son travail de recherche.

Il n'avait aucun doute concernant l'exactitude de ses traductions et de la lecture qu'il faisait des textes de Marx. Mais il avait conscience de s'être aventuré dans de nouveaux territoires peu explorés jusqu'alors par ceux qui se réclamaient de Marx. Ayant proposé dans la dernière partie de son ouvrage des perspectives de

---

11 Il fit l'objet de plusieurs rééditions dans de nombreux pays dont la France.

12 Sève parle de « réception très contrastée ».

13 Ces objections ont permis à Sève d'enrichir considérablement son analyse des activités de travail (Sève 2008, pp. 510-511). Clot poursuit cette analyse dans un article récent de *La Pensée* en hommage à Lucien Sève (2020).

14 Concevoir la psychologie comme science du singulier exige que soient pensés dialectiquement les rapports du singulier et de l'universel (Sève, 2015, pp. 51-56).

recherche il attendait en particulier des réactions en provenance des psychologues de métier[15]. La vie intellectuelle de l'époque ne lui offrit pas ce qu'il espérait.

Ce fut dans ce « *paysage contrasté* », qu'il fit la découverte de l'œuvre de Vygotski. Au cours de ces années 70, Françoise, son épouse, avait entrepris de traduire l'un des principaux ouvrages de L. S. Vygotski *Pensée et Langage*, premier ouvrage de ce psychologue totalement inconnu en France à être traduit en français[16]. Sève comprit immédiatement que les travaux méthodologiques[17] et psychologiques de Vygotski lui apportaient la « *preuve* » du bien-fondé théorique de sa propre démarche : si des recherches d'ordre anthropologique d'inspiration marxienne étaient possibles, elles étaient de surcroît nécessaires.

À la lecture de Vygotski, Sève découvrait en effet qu'un autre chercheur – dans un contexte historique fort différent[18] – dont les années de formation intellectuelle avaient été fort différentes de la sienne, avait effectué une démarche analogue à la sienne. Il en fut conforté dans son projet initial. Cette découverte fut très probablement à l'origine de l'impulsion qui devait le conduire quelque 40 ans plus tard à la rédaction de « *L'homme* » ? (2008, pp. 314-351) : reprise et poursuite de son propre projet de développer un cadre de recherche anthropologique sur les bases du matérialisme historique.

Que découvre Sève dans Vygotski ? Pourquoi cet enthousiasme qui le conduisit à être l'un des membres les plus actifs de notre séminaire ?

Selon ses propres mots Vygotski lui apportait non seulement une confirmation « méthodologique » du bien-fondé de sa démarche, mais il lui apportait de surcroît une somme de recherches en psychologie sur la base d'une réflexion marxienne. Il découvrait en effet un auteur qui avait travaillé sa vie durant à la constitution d'une science du psychisme humain élaborée sur le sol du matérialisme historique. Ce qui n'était pas peu.

---

15 Il y eut un article de Jean-François Le Ny dans *La Pensée* auquel Sève répondit dans la postface de la 3ᵉ édition de *Marxisme et théorie de la personnalité* (Sève, 1974).

16 Dans sa correspondance avec Louis Althusser, Sève mentionne l'existence de « l'école de Vygotski ». Mais manifestement il ne l'a pas encore lu (lettre du 7 juin 1972). Il mentionne à nouveau son nom dans la postface de la 3ème édition de *Marxisme* (1974, note des pp. 583-584). Rappelons que c'est en 1985 que paraît *Pensée et langage*, traduit en français par Françoise Sève, traduction préfacée par Sève. C'est donc entre ces deux dates qu'il entreprend la lecture de Vygotski.

17 « Méthodologie » chez Vygotski a le sens de réflexion épistémologique préalable à la constitution et au développement d'une science.

18 Vygotski a produit son œuvre dans ce qui était alors l'Union Soviétique entre 1924 et 1934. Sève découvre Vygotski aux environs de l'année 75. Il existe de nombreux témoignages sur le contexte biographique dramatique dans lequel Vygotski a produit son œuvre.

Voici ce qu'il écrit dans *Pour une science de la biographie* :

En découvrant Vygotski j'ai bien mieux compris ce que je cherchais un peu à tâtons dans *Marxisme et théorie de la personnalité* (ci-après *Marxisme*) : penser la personnalité et la biographie sur la base de l'anthropologie théorique enfin convaincante que nous offre le Marx du *Capital*. (2015a, p. 59)

Et parlant des trois champs de recherches qu'il avait sillonnés toute sa vie à savoir la *personnalité biographique, la dialectique matérialiste et le communisme effectif*, il déclare que concernant le premier champ :

un événement a tout relancé depuis les années 1980 : ma découverte de Vygotski. J'ai dit comment la 6ᵉ thèse sur Feuerbach m'ouvrit de fécondes pistes pour penser la personnalité et la biographie. Mais à quelle crédibilité scientifique pouvaient prétendre les vues psychologiques d'un philosophe ? Or le choc que peut faire en ce domaine la lecture du Capital, quelqu'un l'avait éprouvé trente ans avant moi : le psychologue soviétique Lev Vygotski, mort à trente-huit ans en 1934. (Sève, 2019, pp. 161-162)

On ne peut en effet qu'être surpris par la communauté de vues existant entre ces deux auteurs et l'on comprend l'enthousiasme de Sève. S'il existe plusieurs types de rencontres, celle-ci n'était pas une rencontre de hasard. Il fallait bien qu'à partir d'une lecture en profondeur de Marx, ils aient été l'un et l'autre conduits par une même nécessité théorique. À leurs yeux, les insuffisances voire l'absence de travaux en psychologie de la part d'auteurs se réclamant de Marx étaient la marque d'une lecture restrictive de l'auteur du Capital et de ce fait il en découlait une carence profonde dans les réflexions d'inspiration marxienne.

Ne pas accomplir ce programme risquait de maintenir la recherche en psychologie prisonnière de contradictions insurmontables ainsi que l'avait montré Vygotski dans *La signification historique de la crise en psychologie* (ci-après *La Crise*) (Vygotski 1927/1999). De plus c'était priver la « pensée marxienne » et la pensée tout court de prolongements féconds.

Ce n'était pas non plus l'effet du hasard si Vygotski et Sève étaient portés par une même exigence éthique et politique : ils avaient la conviction que la constitution d'une science du psychisme était une nécessité théorique et pratique si l'on voulait parvenir à une nouvelle « attitude envers la vie » (Sève 2008, pp. 559-560).

Des thèses fondatrices partagées

Nous ne retiendrons ici que deux thèses partagées par nos deux auteurs. Ces thèses constituent deux poutres maîtresses de leurs entreprises respectives : ils partagent en effet d'une part le projet d'édifier une psychologie sur la base du matérialisme historique et d'autre part ils prennent l'un et l'autre pour point de départ la 6ᵉ thèse sur Feuerbach.

1. Le projet d'élaborer une science du psychisme humain n'est réalisable qu'à la condition de développer une conception *matérialiste et dialectique* de l'objet étudié *et* de se doter d'une *méthode* appropriée pour l'étudier.

À ce propos Vygotski explique avec précision qu'il ne s'agit pas de chercher dans Marx une psychologie (qui ne s'y trouve pas) mais de réfléchir au travail méthodologique accompli par Marx lors de la rédaction du Capital. Il convient de faire, pour l'étude de la formation individuelle, une démarche analogue à celle que Marx a réalisée pour l'étude des formations sociales : créer des catégories et des concepts qui circonscrivent et étudient dans sa spécificité l'objet de leur recherche (*La Crise*, p. 285). Il s'agit de réaliser l'étude du psychisme humain jusque dans ses formes les plus élaborées et les plus complexes sans les réduire tout en restant résolument matérialiste.

Sève pour sa part avait à maintes reprises souligné que le matérialisme dans ses formes classiques n'avait pas su éviter le réductionnisme. La lecture de Hegel était ici précieuse[19]. Il ne pouvait donc qu'adhérer à l'importance de la réflexion méthodologique conduite par Vygotski. Travailler en psychologue dans le cadre d'une conception matérialiste et dialectique consistait à se demander en premier lieu comment le petit d'homme, être de nature, s'appropriant le monde humain se transforme lui-même en se dotant sur la base de son support biologique d'un psychisme spécifiquement humain de nature sociale[20].

---

19 Dans *Sciences et dialectiques de la nature*, Sève écrivait : « Hegel est le père de toute intelligence non réductrice des choses […] On ne rend pas compte de la maison par ses fondations mais par son fond qui est le concept de l'architecte. Élucidation catégorielle de haute portée pour penser les rapports entre niveaux du réel et que ne semblent pas avoir assimilé ceux qui s'obstinent à chercher dans les gènes la raison dernière de ce qu'il y a de plus spécifiquement humain dans l'homme » (1998, p. 53).

20 Les travaux contemporains en éthologie nous conduisent à affiner notre façon de concevoir le rapport entre le règne animal et le règne humain. Nous ne pouvons plus comme ce fut traditionnellement le cas penser ce rapport sous la forme d'une rupture franche. Concernant les espèces les plus évoluées, pour ne prendre que l'exemple des outils – de leur création, de leur conservation, de leur transmission et de leurs échanges entre groupes différents – on peut légitimement parler d'une ébauche de culture. Mais cette ébauche est sans commune mesure avec la constitution d'une culture tel qu'il convient d'employer ce terme dans un cadre anthropologique. L'excentration, c'est-à-dire l'objectivation dans un espace extra-cérébral des capacités humaines historiquement créées, libère les possibilités évolutives de l'étroitesse et des limitations du stockage génétique et rend possible un développement sans précédent du monde humain. Ceci conduit à penser dialectiquement en termes de discontinuité les rapports entre le règne animal et le règne humain.

Or découvrir la source d'un fleuve ne nous apprend rien sur son cours ultérieur. Il en va de même pour le psychisme humain : identifier la source du psychisme humain ne nous permet pas encore d'en comprendre la constitution et le développement. Comment est rendue possible l'émergence de conduites spécifiquement humaines ? À cette question précise d'ordre psychologique il n'était pas apporté de réponse.

Dès lors on comprend l'intérêt que portera Sève aux recherches expérimentales et à la lecture critique que Vygotski fait des travaux des psychologues de son temps : Köhler, Koffka, Bühler, Piaget pour n'en citer que quelques-uns. On comprend par exemple l'importance que Sève attribue à la thèse de Vygotski sur le rôle du signe comme moyen pour l'enfant et plus tard pour l'adulte de contrôler son propre comportement alors que l'animal reste enfermé dans l'ici et le maintenant de la situation[21]. Vygotski nous proposait, dit Sève, toute une psychologie fondée sur une conception dialectique du développement.

Voici ce qu'il écrit dans le chapitre consacré à Vygotski dans « L'homme » ? :

> L'autostimulation instrumentale constitue un saut dialectique, une *Aufhebung*, un dépassement hegelien : les processus inférieurs ne disparaissent pas, ils passent dans les supérieurs en s'y métamorphosant. C'est un ordre inédit de l'activité psychique qui commence ici : celui qui va révolutionner la maîtrise de l'objet en inaugurant la maîtrise du sujet. (2008, p. 325)

Il s'agit en effet de rendre compte, sans les réduire, des conduites spécifiquement humaines telles que l'émotion esthétique, le raisonnement verbal, les conduites volontaires pour n'en citer que quelques-unes. La psychologie du développement est sans cesse confrontée à la nécessité de rendre compte des transitions de formes moins évoluées vers des formes plus évoluées. Elle n'étudie pas des « états » mais des « processus ». Ainsi, pour rendre compte du développement humain les concepts de rapports, de procès, de contradictions, de crises, de renversements, de dépassements et de transformations sont des formes de pensée indispensables à l'analyse des processus étudiés par le psychologue. Vygotski nous en donne un exemple particulièrement éclairant dans le chapitre de *La science du développement de l'enfant – Textes pédologiques* consacré à la crise de l'adolescence (Vygotski, 2018, pp. 319-344). Dans la présentation de *Histoire du développement des fonctions psychiques supérieures* (ci-après *Histoire*), Sève a clairement mis en lumière le fait que l'objet étudié, ici la formation et le développement du psychisme humain, rend nécessaire la mise en œuvre de formes de pensée dialectique.

---

21 Certes Vygotski reprend ici la thèse de Marx concernant le rôle joué par l'outil mais il y ajoute, volet tout aussi capital, le rôle joué par le signe.

Mais la mise en œuvre d'une pensée dialectique ne saurait être une application de formes canoniques définies et prescrites. Dans sa première conférence prononcée dans le cadre de ce qui allait devenir le *Séminaire international Vygotski*, Sève insistait sur l'idée déjà exprimée par Vygotski dans *La signification historique de la crise en psychologie* selon laquelle il ne s'agit pas de transposer en psychologie la logique dialectique mise en œuvre par Marx dans *Le Capital* mais au contraire : « *d'inventer la dialectique spécifique qu'appelle la psychologie* » (Sève, 1989, 1999, 2015a). De son côté, Vygotski parlait dans *La Crise* de la « *dialectique de la psychologie* » (1927/1999, p. 284).

Il existe néanmoins une différence entre eux qui mérite d'être relevée : Sève a consacré de nombreux ouvrages à la logique dialectique. Nous n'en citerons ici que deux : *Sciences et dialectiques de la nature* (1998) et « *La philosophie* » ? (2014a), ouvrages dans lesquels il nous éclaire sur l'histoire de la pensée dialectique dans la philosophie contemporaine : ses vicissitudes, sa vulgarisation dogmatique, son refoulement, ses réapparitions à certains moments de l'histoire. Dans « *La Philosophie* » ?, il présente au lecteur les principales catégories de la pensée dialectique *en l'état actuel de nos connaissances*. Un approfondissement et un renouvellement de la réflexion sur la question de la dialectique est l'un des thèmes majeurs de son œuvr.

À la différence de Sève, Vygotski – après s'être exprimé très clairement sur ce sujet dans *La crise* et après avoir souligné l'importance pour la recherche en psychologie d'une pensée dialectique – ne lui consacre aucune étude particulière. La raison tient selon nous essentiellement au fait qu'il se consacre entièrement à ses recherches en psychologie. Dans ce but, il *pratiquera* le mode de pensée dialectique du développement, il en soulignera sans cesse la nécessité mais il ne se donnera jamais pour tâche d'*expliciter* pour le lecteur les formes de pensée dialectique qu'il met en œuvre dans ses analyses[22]. Fréquemment dans ses leçons ou dans les préfaces écrites à l'occasion de la traduction de l'ouvrage de l'un de ses contemporains, il relève les contradictions à l'œuvre, les impasses auxquelles se heurte le chercheur et c'est alors qu'il suggère des issues possibles pour les

---

22 Il nous semble qu'il y a à ceci au moins deux raisons. D'une part, Vygotski se consacrait totalement à ses recherches psychologiques et il savait que le temps lui était compté. D'autre part, d'autres que lui ne cessaient « d'exposer la dialectique ». Il ne pouvait qu'être en désaccord avec les présentations dogmatiques du « diamat » mais il n'avait ni le goût ni le temps de croiser le fer avec eux sur ce terrain. Il voulait préserver son « espace de recherche ».

recherches à venir. C'est le cas par exemple de la préface écrite à l'occasion de la parution en russe de l'ouvrage de K. Bühler (Vygotski 1930/1997a) ou encore de la préface consacrée à la parution en russe de l'ouvrage de K. Koffka (Vygotski 1934/1997)[23].

2. Deuxième thèse partagée : ils se réfèrent l'un et l'autre à la 6e thèse sur Feuerbach énoncée par Marx (1845/1951). Le projet d'élaborer une psychologie – non pas « marxiste » mais « scientifique » – sur la base du matérialisme historique n'est réalisable que si l'on ne perd pas de vue cette 6e thèse. Dans son *brouillon* de 1929, Vygotski cite cette thèse et l'accompagne d'un bref commentaire. Il prend soin de souligner qu'il la « *déplace* : alors que Marx pensait au *"genus"*, Vygotski pour sa part se préoccupe, dit-il, de l'*individu* » (*Histoire*, annexe 1, p. 548). Il avait donc bien vu que le matérialisme historique ouvrait également la voie à une science de l'individuel.

Mais plusieurs questions se posent. Dans sa rédaction hâtive des *Thèses sur Feuerbach*, Marx définit l'essence humaine comme étant « *l'ensemble des rapports sociaux* ». Or que faut-il entendre par ce terme ? Vygotski en fait-il la même lecture que Sève ? Et dans ce cas lui attribue-t-il la même importance[24] ?

Faut-il dire que l'essence humaine est l'ensemble des *rapports sociaux* ou faut-il dire que l'essence humaine est l'ensemble de ses *relations sociales*[25] ? Dans sa présentation de *Histoire*, Sève nous éclaire sur ce qui est en jeu (2014b, pp. 71-73). Dans le premier cas, on parle de *rapports sociaux objectifs* (*Verhältnis*) c'est-à-dire du monde historiquement œuvré produit de l'activité des générations précédentes (nous parlerons désormais du « *monde historico-culturel* »), dans le second cas, on parle des relations interpersonnelles *subjectives* (*Beziehung*) : l'individu serait l'ensemble de ses relations interpersonnelles.

Cette distinction permet de tracer une ligne de démarcation nette entre les différentes versions qui sont proposées de la pensée de Vygotski. À partir de la réponse que l'on apportera à cette question (*rapports* ou *relations*), il en découlera deux

---

23 Dans sa préface à la traduction de Koffka sous le titre *Le problème du développement dans la psychologie structurale*, il affirme que Koffka, en généralisant à tous les niveaux du vivant les découvertes de Köhler sur les singes supérieurs, ne pouvait plus dès lors expliquer la nouveauté du comportement intelligent chez l'animal. Ceci le conduisit à une conception vitaliste, conception que pourtant il voulait éviter (Vygotski 1934/1997, pp. 195-232). Vygotski commente : le moment de son triomphe fut celui de sa perte.

24 Il la cite explicitement dans un brouillon en date de 1929 ainsi que dans *Histoire* mais il ne lui consacre que quelques lignes.

25 Sève précise bien la distinction en allemand entre « rapport » (*Verhältnis*) et « relation » (*Beziehung*) et rappelle que Marx parle bien de « rapport ».

orientations possibles en psychologie : une orientation *historico-culturelle* et une orientation que nous dirons « *interactionniste* ». Dans le cas de l'interactionnisme, on suppose que les activités humaines complexes (par exemple raisonner, observer attentivement un phénomène, mémoriser, raconter une suite d'événements etc…) se construisent dans un premier temps à plusieurs sous une forme intersubjective avant d'être reconstruites par un seul sous la forme d'activités intra-subjectives. (Vygotski 1928-1930/2014 ; Van der Veer 1988). Certes il y a incontestablement cette dimension interpsychique dans la pensée de Vygotski. L'enfant commence à dénombrer une collection sous le contrôle d'autrui puis il intériorise les différentes opérations et se montre capable d'effectuer seul les opérations successives nécessaires au dénombrement (activité intrapsychique). « D'abord à plusieurs puis ensuite un ». Ainsi se construisent les capacités humaines aussi bien sur le plan phylogénétique que sur le plan ontogénétique. C'est là la fameuse thèse de Janet que Vygotski intègre à sa propre théorie du développement et qui en constitue une pièce fondamentale.

Mais il nous semble important de ne pas dissocier cette thèse de la 6ᵉ thèse et de bien voir que Vygotski pense en termes de « *rapports* » et non en termes de « *relations* ». Il faut en effet comprendre que c'est par l'entremise d'autrui que le jeune enfant s'approprie le monde humain historiquement créé. Sève fait remarquer à ce propos que Marx emploie le mot « *Verhältnis* »[26].

À juste titre Sève souligne que lorsque Vygotski analyse un apprentissage qui se déroule sous une forme interactive, il n'oublie jamais de rappeler que, sousjacent à cette interaction, est présent le monde social objectif au cœur des rapports adulte-enfant. Si l'enfant a pu se développer c'est fondamentalement parce qu'il s'est approprié au sein de situations intersubjectives de nouveaux outils, de nouveaux points de vue, de nouveaux concepts, qu'il s'est hissé à des niveaux de fonctionnement jusqu'alors inédits. Par ses propres activités et guidé par autrui, l'enfant s'est inséré plus avant dans le monde social dans le but de s'approprier ce qui est nécessaire à son développement. La conception vygotskienne des rapports entre apprentissage et développement est à comprendre à la lumière de cette 6ᵉ thèse[27]. Les structures psychiques de l'individu se constituent sur la base des activités inter-psychiques. Aussi cette 6ᵉ thèse est-elle toujours présente en filigrane dans les analyses que nous propose Vygotski lorsqu'il aborde les différentes

---

26 Sève explique dans sa présentation de *Histoire* que Vygotski ne disposait en russe que d'un seul terme : *otnošenie* pour signifier indifféremment « rapport » et « relation ».

27 La 6e thèse permet de replacer dans sa pleine dimension théorique la question de l'institution scolaire et de ses finalités. La question des contenus des programmes devrait être posée sur la pierre d'angle de cette thèse.

périodes du développement de l'enfant. S'il ne s'appesantit pas c'est, semble-t-il, parce qu'il la considère comme un acquis. Ce qui lui importe est d'en développer les implications pour ses recherches en psychologie. Toute une psychologie de l'éducation est potentiellement incluse dans cette 6e thèse. Dans son cours de Paidologie par exemple, afin de faire comprendre à ses élèves, futurs enseignants, le caractère original du concept de *développement* en psychologie de l'enfant, Vygotski établit une comparaison entre les différentes formes de développement que l'on rencontre dans des sciences telles que l'embryologie, la biologie, l'histoire des sociétés, l'histoire de l'espèce humaine et la science du développement de l'enfant.

Cette comparaison, dit-il, met en lumière le caractère tout à fait original de la science qui s'occupe du développement de l'enfant par rapport aux autres sciences pour qui le concept de développement est également central. Parler de développement consiste à établir un certain rapport entre une forme initiale et une forme finale. Or on voit sur cet exemple que le développement ne se réalise pas de la même façon dans ces différents domaines : le rapport entre la « forme initiale » (c'est-à-dire le point de départ d'un développement) et sa « forme finale » (c'est-à-dire la forme pleinement développée) peut être totalement différente. Dans le développement embryologique, la forme finale du développement est présente dès le début dans l'embryon. Dans le développement des espèces et dans le développement des sociétés humaines, nous connaissons les formes initiales mais non les formes finales. Dans l'évolution des espèces, les formes finales de ces développements ne sont pas présentes aux côtés des formes initiales et on ne peut prévoir quelles seront les formes finales. Il en va de même pour ce qui concerne les sociétés humaines. Les formes finales d'une crise sont le plus souvent inédites. Par contre dans la science qui s'occupe du développement de l'enfant, ce rapport se présente sous une forme tout à fait originale : la forme finale est présente *au côté* de la forme initiale. En effet, par l'entremise de l'adulte, porteur et introducteur des ressources de la société adulte, *la forme finale est présente au côté de la forme initiale*[28]. Dès lors le développement de l'enfant est rendu possible grâce aux interactions entre l'adulte et l'enfant, et donc entre les formes finales et les formes initiales. Pour illustrer ce point, Vygotski prend l'exemple de l'acquisition de la syntaxe chez l'enfant. Comment un enfant de deux/trois ans passe-t-il des énoncés asyntaxiques à une ou deux unités aux premiers énoncés syntaxiques. Comment la syntaxe

---

28 C'est là probablement un exemple de ce que Vygotski entendait lorsqu'il évoquait « la dialectique de la psychologie ».

s'insère-t-elle dans le discours de l'enfant ? Si l'on étudie l'enfant « pris isolément », cette acquisition est proprement incompréhensible. Mais si l'on prend le processus d'acquisition dans sa globalité, c'est-à-dire l'ensemble incluant *la mère*, *l'enfant* et *les rapports sociaux* qui les englobent dans le dialogue qui s'établit entre la mère et l'enfant, on voit alors tout de suite que la syntaxe est en fait déjà présente dans cet ensemble : une étude de l'évolution du dialogue mère-enfant montrera qu'au cours de ces dialogues certaines formes syntaxiques du discours de l'adulte sont progressivement « instillées » dans le discours de l'enfant. Le « parce que » de l'enfant n'existe dans un premier temps que sous une forme dialogique en réponse au « pourquoi » de l'adulte.

La psychologie du développement d'inspiration historico-culturelle ne saurait donc étudier un « individu pris isolément ». Au couple traditionnel « organisme/milieu », il convient de substituer le rapport « activité d'appropriation du sujet/monde historico-culturel dans des situations socialement signifiantes ».

Dans l'un de ses derniers textes, Vygotski écrivait : « Le [monde humain][29] milieu est la source du développement de ces propriétés et qualités spécifiquement humaines, en tout premier lieu dans le sens où c'est dans le monde humain que se trouvent ces qualités spécifiquement humaines historiquement développées » (1931-1934/2018, p. 129)[30].

Il est clair que sans être explicitement citée la référence à la 6e thèse est ici bien présente. Il s'agit, on le voit, d'une thèse communément partagée par Vygotski et Sève. Aussi parlant de Vygotski, Sève pouvait-il conclure :

> Disons d'un mot que nul psychologue n'a mieux compris l'immense portée pour sa discipline de cette vue géniale du jeune Marx qu'est la 6e thèse sur Feuerbach : l'essence humaine n'est pas une abstraction inhérente à l'individu pris à part. Dans sa réalité, c'est l'ensemble des rapports sociaux. Cette thèse, Vygotski a su la faire fructifier en une psychologie historico-culturelle de foncière nouveauté qui près d'un siècle après continue d'inspirer de pénétrantes recherches. (2015a, p. 59)

---

29 À la différence des autres espèces, l'enfant n'a pas affaire à un » milieu » ou à un « environnement » dans la mesure où le monde qui l'entoure est porteur de ces qualités humaines qu'il a pour tâche d'acquérir. Aussi prenons-nous la liberté de remplacer le terme de « milieu », repris de façon inconséquente dans la traduction de ce texte, par celui de « monde humain » expression utilisée par Marx.

30 Lorsqu'il parlait « d'excentration » ou de « juxta-structure », Sève n'illustrait-il pas l'originalité de cette « dialectique de la psychologie » ?

Et pourtant une objection majeure…

Le concept de « personnalité » est pour l'un et pour l'autre le concept unifica-teur et intégrateur de notre vie psychique ; elle est la manière dont nous nous sommes construits en tant qu'être humain et dont nous nous projetons en tant que personne soucieuse de cohérence dans le temps[31]. Dans le droit fil de leurs thèses philosophiques communes et en opposition à une tradition dominante en psychologie, ils vont concevoir la personnalité comme une production *historique* dans la mesure où « *ces propriétés et qualités spécifiquement humaines* » sont des productions historiques.

Cependant, en dépit de ces thèses partagées, ils vont prendre deux orientations de recherche différentes. En effet, Sève adresse à Vygotski une objection majeure qu'il nous faut maintenant examiner.

Traditionnellement, dit-il, la psychologie a étudié le comportement d'un indi-vidu « pris isolément » et a érigé à partir des conduites observées un nombre fini de « fonctions » : l'émotion, la mémoire, la volonté, l'intelligence etc. Ce faisant, cette psychologie étudie un homme abstrait laissant de côté l'essentiel, c'est-à-dire les expériences signifiantes que les individus peuvent faire au sein des diffé-rents groupes d'appartenance (familiaux, scolaires, professionnels…), ce que Sève nomme : les contenus biographiques.

La psychologie s'est traditionnellement détournée des contenus biographiques pour ne s'intéresser qu'à des abstractions érigées en fonctions. Ce qu'une telle psychologie « promeut au rang d'objet essentiel c'est la forme psychique elle-même que prend l'activité chez la généralité des individus, la vie concrète dont elle est la forme étant alors réduite au rang de contenu quelconque » (1974, p. 534).

Couper ainsi « l'homme » de l'histoire et des rapports singuliers que celui-ci entretient au sein des rapports sociaux avec l'histoire globale revient à s'interdire de comprendre la formation et le développement de la forme la plus originale et essentielle de son être psychique, à savoir sa personnalité.

Cette critique adressée à la psychologie classique déjà formulée dans *Marxisme*, Sève la reprend dans le chapitre de « *L'homme ?* » consacrée à Vygotski. Lorsque Vygotski prend le concept de *fonction* pour point de départ de ses recherches sur le développement du psychisme humain, ne reste-t-il pas prisonnier de cette

---

31 Dans sa présentation de *Histoire*, Sève fait remarquer que le mot russe « *licnost* » signi-fie à la fois « personne » et « personnalité ». En français « personnalité » renvoie au domaine de la psychologie et « personne » renvoie au domaine de l'éthique et du droit. Mais l'on voit que dans les ouvrages de Sève sur la bioéthique et sur la morale, ces deux termes ne sont guère éloignés l'un de l'autre.

tradition en psychologie ? Le concept de fonction ne conserve-t-il pas un reste de biologisme et n'interdit-il pas au psychologue d'accéder au vaste domaine de l'histoire et à la diversité des expériences humaines ?

Il est tout à fait clair que s'intéressant à la structuration du psychisme humain de la petite enfance à l'adolescence, Vygotski attribue une place centrale au concept de fonction et de structure (ou de système). Mais au moment même où il reprend ce concept de fonction, Vygotski effectue, ainsi que l'a fortement souligné Sève, une rupture décisive par rapport à la tradition en développant l'idée de rapports dialectiques entre une ligne naturelle et une ligne culturelle de développement[32]. Tout en la soumettant à de nombreuses révisions, Vygotski maintiendra son approche en termes de fonctions jusque dans ses derniers travaux. Or, aux yeux de Sève, partir du concept de fonction c'est isoler l'être humain de son histoire concrète et du même coup s'interdire d'accéder à sa personnalité. À ses yeux, le concept de fonction constitue un véritable *obstacle* qui interdit à Vygotski d'accéder à une conception concrète de la personnalité. C'est ainsi que Sève explique ce qu'il suppose être l'origine des « *difficultés* » rencontrées par Vygotski. Dans le dernier chapitre de *Histoire*, Vygotski déclare en effet ne pouvoir proposer du terme de personnalité qu'une définition « provisoire » (*Histoire*, pp. 521 et suivantes). Le fait que Vygotski ait conservé le terme de fonction psychique tout au cours de son œuvre est interprété par Sève comme la marque d'un enfermement dans une « psychologie des fonctions » :

> Il y a de l'émouvant, écrit-il, dans la façon dont en plus d'un endroit on voit Vygotski secouer les barrières de son propre discours sans bien trouver la voie suivant laquelle on pourrait les outrepasser. C'est particulièrement le cas lorsque des fonctions psychiques il en vient à évoquer la personnalité. (p. 370)

Et il poursuit :

> Car dessiner un horizon où l'authentique objet de la psychologie n'est définissable que par la personnalité revient à pousser la psychologie des fonctions jusqu'à ce point où elle ne peut s'accomplir qu'en se transmuant : les formes psychiques ne peuvent être comprises jusqu'au bout que si on les rattache aux contenus biographiques des activités dont elles sont toujours abstraites. (p. 370)[33]

La limite principale de l'œuvre vygotskienne « se situe pour l'essentiel sur le terrain des fonctions » (p. 366).

---

32 Dans sa préface de *Histoire*, Sève souligne l'importance de cette rupture introduite dans l'utilisation du terme de fonction.

33 Notons dès à présent que ce sera la trajectoire de l'œuvre vygotskienne.

Et Sève conclut par une formule qui nous livre la clé de la divergence : « La dimension constitutive de la personnalité, ce n'est pas le psychisme mais la biographie » (p. 370).

Nous ne suivrons pas Sève dans son explication de l'origine des « difficultés » rencontrées par Vygotski. Le regard de Vygotski est tourné « vers l'intérieur » dans le but de comprendre comment se forme la personnalité d'un être individuel au sein de la communauté humaine. Si Vygotski rencontre des difficultés, ce n'est pas parce qu'il se serait coupé de la biographie, *mais parce qu'il lui faut s'avancer plus avant dans son analyse du système psychique* et qu'il est encore loin de comprendre comment se construit le système complexe et original que constitue la personnalité d'un être humain. Vygotski s'adressera plusieurs critiques mais ses critiques seront de nature toute différente de celle que Sève lui adresse. Quant au concept de *fonction*, il continuera à occuper une place centrale jusqu'aux dernières lignes de son travail de recherche à l'intérieur de cadres théoriques profondément remaniés[34].

Le concept de fonction : obstacle ou boussole ? Bref aperçu sur la théorie historico-culturelle du développement du psychisme humain[35]

Nous ne partageons donc pas le diagnostic de Sève selon lequel le concept de fonction constituerait un « obstacle » dans le projet poursuivi par Vygotski. Il faut ici rappeler que si Vygotski travaille à l'élaboration d'une psychologie du développement à partir et dans le prolongement de sa lecture de Marx il entreprend également ses recherches à partir de la lecture des psychologues de son temps. Dans *La crise* il nous dit concevoir sa recherche comme s'inscrivant dans l'histoire de la psychologie en train de se faire. Pour sa part il n'en est, dit-il, qu'un « *modeste artisan* ». Ainsi, afin de tenter de saisir ce qui nous semble être la recherche de Vygotski concernant la « personnalité », il nous faut évoquer brièvement sa théorie du développement.

---

34 Là où Sève voit dans le dernier chapitre de *Histoire* l'aveu par Vygotski de « difficultés », il est au contraire possible d'y voir l'annonce d'un programme.

35 Nous nous référerons dans cette partie de notre exposé à l'intervention de Vygotski de 1930 intitulée « *Sur les systèmes psychologiques* ». Cette intervention se termine par ces mots : « Les systèmes et leur destin, il me semble que notre prochain travail réside dans ces quatre mots. » (Vygotsky, 1930/1997, p. 107) Nous ne comprenons pas ici le mot « *destin* » dans le sens de destination fatale mais dans celui de *finalité interne*.

Il en propose une première présentation dans *Histoire* (1928-1930/2014). Dès les premières lignes de cet ouvrage, il indique que son objet est l'étude du « développement des fonctions psychiques supérieures appliqué à la psychologie de l'enfant » (p. 88). Il reprend le terme de *fonction* tel qu'il est utilisé dans la psychologie de son temps mais d'emblée il lui fait subir une transformation importante qui constitue une rupture par rapport à la psychologie traditionnelle. L'une des erreurs commises par la psychologie ancienne et nouvelle est précisément de n'avoir pas clairement fait la distinction entre fonctions psychiques élémentaires ou naturelles et fonctions psychiques supérieures d'essence culturelle. Les fonctions élémentaires (par exemple la mémoire spontanée) transformées par l'usage des signes donnent naissance aux fonctions psychiques supérieures (la mémoire volontaire). Il nous en donne un exemple dans *Pensée et Langage* en montrant comment le discours que le jeune enfant s'adresse à lui-même vient transformer l'intelligence pratique pré-verbale en une intelligence verbale spécifiquement humaine. Néanmoins, les fonctions psychiques supérieures d'essence culturelle conservent en leur sein les fonctions élémentaires tout en les transformant.

Cette transformation de ce qu'il y a de naturel en nous par la médiatisation des outils et des signes mis à notre disposition par l'entourage social rend possible la transformation des fonctions élémentaires en fonctions psychiques supérieures. Si dans *Histoire*, Vygotski a étudié des fonctions prises isolément c'est à des fins d'*analyse scientifique*. En réalité, la personnalité se développe comme un tout et « c'est seulement lorsque la personnalité maîtrise telle ou telle forme de comportement qu'elle élève [les fonctions] à un stade supérieur » (p. 524). Ancré dans le biologique c'est par le haut que le système se transforme.

Une étape importante sera franchie lorsque Vygotski passera d'une conception instrumentale de la médiatisation à une conception de la médiatisation par les significations (Moro & Schneuwly, 1997 ; Schneuwly 1999)[36]. En effet, dès le début des années 1930, Vygotski introduit dans son cadre de pensée deux modifications importantes.

---

36 Il ne faut pas s'intéresser uniquement au fait qu'un signe intervient comme médiateur mais il faut s'intéresser à ce qu'il y a à l'intérieur du signe, c'est-à-dire à la signification. Se rapproche-t-on ainsi du souci biographique de Sève ? Peut-être. Mais rien de ce que nous dit Vygotski dans les textes que nous connaissons ne nous permet de l'affirmer. Il nous semble que le souci de Vygotski est de saisir le plus précisément possible les rapports dialectiques entre « fonction » et « système » au cours du développement ontogénétique (de la naissance à l'adolescence). Le travail récent accompli par le groupe de recherche animé par Bernard Schneuwly à Genève sur le rôle de l'imagination dans la pensée par concept nous semble aller dans ce sens (Vygotski, 1926-1933/2022)

D'une part, l'accent est mis sur le fait que le développement ne consiste pas en un accroissement quantitatif de chacune de ces fonctions prises isolément. Pour comprendre le développement, il faut partir du psychisme pris dans sa totalité et concevoir le développement comme le développement du *système* formé par les interrelations existantes entre les fonctions à une période donnée du développement. Ce qui se transforme au cours du développement ce ne sont pas les fonctions prises isolément mais les relations entre les fonctions à l'intérieur du système à telle ou telle période du développement[37].

D'autre part, Vygotski s'adresse à lui-même le reproche d'avoir « concentré son attention sur le signe au détriment de l'opération que nous effectuons avec les signes »[38]. Parlant de ses premiers travaux, il critique une utilisation purement instrumentale du signe.

Selon les mises en relation et les hiérarchisations établies entre les fonctions, nous aurons donc affaire à des *systèmes* qui nous permettent de comprendre des *fonctionnements psychiques différents* et des représentations ou *visions du monde* propres à telle ou telle période du développement. En effet l'enfant ne perçoit pas le monde tel que l'adulte le perçoit. C'est à travers le « *prisme* »[39] de son système psychique, tel qu'il est organisé à telle période de son développement, que l'enfant appréhende le monde extérieur. Le psychologue se doit de pénétrer à l'intérieur du « prisme » (Sévérac, 2022).

À chaque période du développement, il existe une relation de dominance exercée par une fonction particulière sur les autres fonctions. C'est le cas par exemple de la perception pour la petite enfance. La transformation du système des relations entre les fonctions permet à Vygotski de distinguer les différentes périodes qui caractérisent le développement du psychisme humain depuis la petite enfance jusqu'à l'adolescence.

En relation avec l'accroissement et la complexification des activités que l'enfant déploie sur le monde extérieur, se produit une différenciation progressive entre la conscience de soi et la représentation que se donne l'enfant du monde extérieur. Dans le dernier chapitre de *Histoire*, Vygotski nous propose deux concepts : celui de *personnalité* et celui de *vision du monde*. Ces deux pôles se construisent dans leurs relations réciproques. En même temps qu'il construit un monde objectif dont il se différencie, l'adolescent découvre son monde intérieur comme un univers

---

37 Vygotski (1930/1997) développe cette idée dans son intervention intitulée « On psychological systems ».

38 Voir chapitre 17, p. 275 des *Notebooks* de Vygotski (Zavershneva & Van der Veer, 2018).

39 Nous reprenons le terme proposé par Sévérac (2022).

ayant ses propres caractéristiques, monde intérieur qu'il se plait à découvrir et à explorer.

L'exemple de la période de l'adolescence nous permettra de mieux comprendre la place des concepts de *fonction* et de *système* dans les recherches de Vygotski (Vygotski, 1931-1934/2018).

Jusqu'alors l'adolescent s'efforçait de répondre aux attentes des adultes. Son horizon temporel et le champ de ses préoccupations se limitaient à son cadre de vie quotidien. Lors de la période scolaire qui précède la période transitionnelle[40], du fait du développement de l'intellect, l'enfant se montre capable de résoudre des tâches qui lui sont présentées sous une forme concrète. Il est capable de construire des représentations stables et de se donner des règles d'action. Mais ce n'est qu'à la période transitionnelle que se produit une transformation profonde de tout le système psychique de l'adolescent. Dans le chapitre 2 de *Paidologie de l'adolescent* (1931/1998), Vygotski s'appuyant sur sa lecture du *Jugement et du raisonnement chez l'enfant* (Piaget, 1924/1993) parle de l'apparition de ce qu'il nomme la « formation de la pensée par concepts » : L'adolescent va s'interroger sur les régularités cachées derrière les phénomènes et tenter de s'en donner une explication. Du fait de l'intériorisation définitive du langage intérieur, le sujet devient capable, au moyen de cette forme de langage, de diriger volontairement son attention sur ses propres processus de pensée, de les organiser et de les contrôler. Il devient capable de constituer des classes à partir de critères explicites, d'établir des relations entre ces classes et partant de là il peut effectuer un raisonnement verbal affranchi des situations. L'adolescent pourra aborder une question non plus en fonction de ce dont il se souvient mais en fonction d'une « conception du monde ». Ce n'est plus la mémoire qui prédomine mais l'intellect. Il n'a plus besoin, comme c'est le cas lors de la période scolaire, de se référer à une situation concrète pour résoudre un problème logique. Par ailleurs, du fait des nouvelles relations qui s'établissent entre l'intellect et les autres fonctions, il se produit une réorganisation complète du système psychique de l'adolescent. Vygotski parle alors d'une « intellectualisation des fonctions psychiques supérieures » : perception, mémoire volontaire, attention volontaire.

Avec la capacité de porter volontairement son attention sur ses propres processus et de les contrôler, l'adolescent est en mesure de s'interroger sur le pourquoi des phénomènes. Il va donc tenter d'appréhender le monde dans son objectivité. Corrélativement, il prend conscience de son propre monde intérieur.

---

40 C'est ainsi que Vygotski désigne la période de l'adolescence.

En même temps que le monde extérieur « s'objective », l'adolescent découvre sa propre subjectivité.

Enfin, autre différenciation importante, il différencie sa propre expérience subjective de l'expérience subjective d'autrui. Il est en mesure d'élaborer sa propre conception du monde et se propose d'agir dans le monde en se donnant « un plan de vie », c'est-à-dire d'agir volontairement en fonction de ses propres conceptions.

À l'entrée dans l'âge transitionnel il se produit donc une triple différenciation : différenciation du moi et du monde, différenciation du moi et d'autrui et enfin différenciation du moi par rapport à lui-même. « C'est, dit-on, l'âge de la découverte du « moi », celui où prennent vraiment forme d'une part la personnalité d'autre part, la vision du monde » (*Histoire*, p. 540).

Cette période, dite période transitionnelle, est, aux yeux de Vygotski, la période d'éclosion de la *personnalité*, forme vers laquelle *tend* le développement : accroissement considérable du champ de la conscience, capacité d'agir en se dotant d'un plan d'action, recherche d'unification du moi.

Ainsi que l'écrit Vygotski « Le tout jeune enfant n'a pas de personnalité » (*Histoire*, p. 526). Pour les périodes qui précèdent l'adolescence, on parlera de *préhistoire de la personnalité*. Ces périodes préparent l'éclosion de la personnalité.

Dans une intervention faite en 1930, Vygotski note dans une perspective différentielle et non plus développementale que ce qui va caractériser la personnalité d'un individu réside dans la manière dont les différentes fonctions vont s'interconnecter. Vygotski insiste sur l'idée que chaque système social privilégie certaines relations entre les fonctions (c'est le cas dans le rêve du cafre), de même que chaque profession exige un certain système de connections : par exemple le conducteur de train doit faire un usage maximal de ses capacités d'attention. La diversité et la mobilité des connections qui s'établissent en chacun d'entre nous a pour origine la particularité des rôles sociaux et des expériences que chaque individu est amené à vivre (Vygotski 1930/1997b). Ces remarques permettent de comprendre ce que Vygotski entendait par « personnalité ».

Au cours d'une phase négative l'adolescent s'adonne à une véritable lutte pour s'insérer dans le monde adulte : il rejettera ses conceptions antérieures et ne manifestera qu'insatisfactions à l'égard du monde que lui proposent les adultes. Il lui faut également lutter pour tenter de surmonter ses propres contradictions du fait du déséquilibre entre ses aspirations et les forces dont il dispose pour les satisfaire. Il se découvre membre de la communauté humaine et s'efforce de se hausser à la hauteur de la société adulte qui lui propose des modèles nouveaux et le sollicite pour des tâches nouvelles. Empruntant les concepts de Hegel, Vygotski écrit que l'enfant qui était « en soi » membre de l'humanité le devient « pour soi » à l'adolescence (Vygotski, 1931/1998).

Nous sommes enclins, écrit Vygotski, à mettre un signe d'égalité entre la personnalité de l'enfant et son développement culturel. Personnalité est donc un concept social, il embrasse ce qu'il y a de supra-naturel, d'historique chez l'être humain. Elle n'est pas native mais résulte du développement culturel, c'est en quoi personnalité est un concept historique. Elle recouvre l'unité du comportement, laquelle se reconnait à l'indice de maîtrise (cf. le chapitre sur la volonté). (*Histoire*, p. 523)

Mais pour mener à bien son entreprise, dès 1930 il reconnaissait qu'il lui manquait des « pièces essentielles ». Dans la conclusion de *Histoire*, il mentionnait l'absence de chapitres importants : aucun chapitre sur le développement des concepts, sur la formation des motifs et de la volonté, et sans doute le plus important aucune étude entreprise sur les émotions. À ce propos, il notait :

En l'état actuel de nos connaissances, nous manquent des éléments de la plus haute importance pour résoudre le problème posé. Ainsi n'avons-nous rien pu dire de ce plus important maillon entre vie organique et vie de la personnalité qu'est le développement culturel des émotions et inclinations humaines. (*Histoire*, p. 526)

Vygotski va faire un grand usage de la méthode comparative. Dans le cas présent, il va prendre appui sur des recherches en psychopathologie. Nous ne prendrons qu'un seul exemple : la comparaison qu'il établit entre la transformation qui se produit à l'adolescence et la détérioration que l'on peut observer chez les patients schizophrènes. Il montre sur cet exemple en quel sens le normal peut éclairer le pathologique et inversement (1931/1998, chap. 3, § 8).

Certains adolescents en proie à une vie fantasmatique particulièrement bouillonnante n'ont pas à leur disposition les ressources intellectuelles et affectives nécessaires à la domestication de leur propre vie intérieure.

Les processus de désintégration qui se produisent dans les cas pathologiques éclairent les processus d'intégration qui ont lieu dans le développement normal. Le malade schizophrène a régressé sur le plan de la pensée par concepts. Il pense par complexes. Dès lors, il ne contrôle pas les représentations qui l'assaillent et ne peut à l'aide de la pensée par concepts organiser le monde de ses représentations et en particulier les productions de sa vie imaginaire ; c'est un autre qui parle en lui et qui agit pour lui. Vygotski souligne la souffrance de ces patients. Observer la dissociation ou le fractionnement de la vie intérieure d'un malade atteint de schizophrénie permet par comparaison de comprendre ce qui se produit dans le cas du développement normal. Ce qui se passe à l'adolescence est l'image inversée du processus de déstructuration de ce qui se produit dans le cas de la schizophrénie.

Partant de là, on pense pouvoir comprendre la ligne de recherche suivie par Vygotski : en psychiatrie il n'est pas suffisant, dit-il, de dresser un tableau clinique des symptômes (approche dite *morphologique*) mais nous devons parvenir à mettre en lumière la manière dont s'est organisé le système psychique sous-jacent du sujet. C'est l'organisation du système, ce vers quoi il tend, ce qui lui fait obstacle, bref l'organisation et les contradictions internes du système qui permettent de comprendre la signification des symptômes. Cette approche sera qualifiée de *fonctionnelle*.

En conclusion, on voit que la diversification des domaines étudiés par Vygotski, loin de le conduire à abandonner le concept de fonction, le mène au contraire à le réviser périodiquement pour lui donner un contenu plus riche dans le sens d'une plus grande souplesse, fluidité et mobilité des systèmes d'interrelations entre les fonctions. C'est du reste en ceci que les fonctions psychiques se différencient des fonctions organiques. Comparant les fonctions psychiques aux fonctions organiques, Vygotski écrit que les fonctions psychiques à la différence des fonctions organiques ne sont plus liées à des activités particulières. Elles sont « *polyvalentes, polyfonctionnelles* » écrit Vygotski dans ses *Notebooks* (Zaverschneva, E. & Van der Veer, 2018, p. 275).

Partant de là, nous pensons pouvoir comprendre la ligne de recherche suivie par Vygotski en psychologie du développement : mettre au jour les inter-relations entre les fonctions au cours des différentes périodes du développement[41] permettant de comprendre la formation de cette réalité « supra-naturelle » qu'est la personnalité. Le concept de fonction loin d'être un obstacle est au contraire un opérateur central. Il faut, dit-il, le réviser au fil des recherches en relation avec la complexité des problèmes abordés. Pour éviter que l'on en fasse une catégorie rigide, il propose qu'on lui substitue le concept de « forme d'activité ». Dans les *Leçons de psychologie*, il écrit en effet que ce serait une erreur de concevoir le terme de « fonction » d'un point de vue « classificateur »,

> comme une fonction unique au sein des autres fonctions, comme une forme d'activité homogène et toujours identique à elle-même. Il faut au contraire la considérer comme une forme complexe d'activités psychiques qui résulte de l'action étroite de plusieurs fonctions selon des combinaisons toujours originales. (1932/2008, p. 177)

En conclusion, on le voit, le concept de fonction, loin d'être un *obstacle* pour Vygotski, est au contraire un *opérateur* essentiel qui lui permet d'explorer les processus internes de structuration ou de détérioration de la personnalité.

---

41 À titre d'exemples : étude des rapports entre pensée et langage, entre l'imagination et la formation du concept (récemment étudiée par Schneuwly ; voir notamment sa contribution dans le présent volume). Vygotski n'aura pas le temps d'étudier les rapports entre la personnalité et les émotions, « ces vécus significatifs les plus proches du noyau de la personnalité » (Vygotski 1932/2008, p. 128).

Il n'aura pas le temps de poursuivre son exploration jusqu'à son terme. Il nous dit l'avoir entrevu.

Mais une visée commune

Sur l'une des questions que nous nous sommes posées – celle des effets produits par la lecture de Vygotski sur l'œuvre de Sève – ce dernier nous apporte lui-même la réponse.

Il indique que Vygotski lui apportait toute une psychologie élaborée sur les bases du matérialisme historique et qu'il n'avait aucun mal à intégrer ses travaux dans ses propres recherches. Il y travaillait mais il n'eut guère le temps de se consacrer aux traductions les plus récentes parues au cours des années 2018-2022[42]. Ces dernières nous permettent en effet d'accéder à une compréhension élargie des orientations de recherche de Vygotski.

Bien que pour l'un et pour l'autre le concept de personnalité soit « le point le plus haut » d'une psychologie s'inscrivant dans le cadre du matérialisme historique, ils ne travaillent pas, on l'a vu, sur le même « objet » dans le sens « d'objet de recherche ». Vygotski, travaillant en psychologue, se donne pour objet l'étude de la construction par l'individu du psychisme humain de la naissance à l'adolescence. Sève, ainsi qu'il le souligne lui-même, travaille en philosophe et n'a pas pour objet l'élaboration d'une psychologie du développement. Il ne s'agit pas pour ce qui le concerne de se substituer aux chercheurs qui mettront en œuvre des recherches biographiques. Il conçoit sa propre recherche philosophique comme un travail préalable nécessaire à toute recherche empirique, une « recherche d'amont » dit-il.

Dans ses recherches développementales Vygotski s'efforce d'atteindre les structures internes, souterraines, du psychisme humain en formation. Mais il va de soi que pour lui ce processus de construction se réalise par ce que l'enfant s'approprie et éprouve du monde historico-social au cours d'expériences toujours individuelles. C'est pourquoi dans ses recherches cliniques il insiste sur la nécessité d'étudier la personnalité sous l'angle d'une totalité en devenir. Il précise qu'il

---

42 D'une part, il consacrait la plus grande partie de son temps à l'écriture du quatrième volume de sa quadrilogie. D'autre part, il reçut fort tard *La science du développement de l'enfant, textes pédologiques* (1931-1934/2018) et décédé en 2020, il n'eut pas connaissance de l'ouvrage consacré à *L'imagination, Textes choisis* paru en 2022 (Vygotski, 1926-1933/2022). Par contre il avait commencé à lire *Vygotsky's Notebooks* (Zaverschneva & Van der Veer, 2018).

est nécessaire de concevoir la personnalité comme « un processus biographique unique et lié »[43].

Chez Sève, le développement n'est pas conçu comme un processus interne de structuration qu'il faut soumettre à l'analyse. Il est conçu sous la forme d'un élargissement, d'un enrichissement ou d'un appauvrissement de la personnalité dans les rapports que l'individu entretient avec les différentes sphères des activités humaines. La thèse principale concerne la dynamique appropriative (ou ses difficultés) qu'entretient l'individu avec le monde historico-social auquel il appartient. La façon de se rapporter aux différentes sphères des activités sociales, de s'y inscrire et d'y répondre conférera du sens et de la richesse à son histoire personnelle ou au contraire conduira à son dépérissement et à sa sclérose. Il existe des logiques biographiques qu'il convient de saisir. La comparaison de ces deux orientations de recherche montre qu'il n'est pas impossible d'entrevoir une même visée.

Si Vygotski et Sève partagent des thèses fondatrices, leurs œuvres restent proches mais distinctes par leurs itinéraires et les orientations de recherches auxquelles l'un et l'autre nous convient : si Vygotski s'est avancé fort loin dans l'étude des structures internes de la personnalité en formation, Sève nous a installé d'emblée dans le concept de personnalité et a mis à notre disposition un cadre théorique pour tenter d'en saisir les trajectoires. Ils eurent l'un et l'autre conscience de l'inachèvement de leurs entreprises respectives. Ils eurent l'un et l'autre conscience de n'avoir fait qu'ouvrir des champs d'explorations possibles. Sève regrettait amèrement que Vygotski n'ait pas élaboré plus avant sa théorie des émotions. Ils furent l'un et l'autre bien conscients que des transformations historiques des rapports entre les humains ne sauraient advenir sans que soit mise au premier plan la question de la subjectivité des acteurs. Ils eurent l'un et l'autre pleinement conscience que les besoins nouveaux se fomentent, se forment et se forgent en tout premier lieu dans le monde des affects.

Au soir de sa vie, Sève lisait avec passion les *Notebooks*, ouvrage dans lequel Zaverschneva et Van der Veer (2018) nous livrent les notes personnelles prises par Vygotski tout au cours de son existence de chercheur : notes dans lesquelles il révisait périodiquement ses propres concepts, se posait de nouvelles questions et formulait de nouvelles hypothèses.

---

43 Dans « La dynamique du caractère » (1928/1994), Vygotski explique que de même qu'en histoire nous ne pouvons jamais comprendre l'histoire du système capitaliste en l'appréhendant de façon statique, en dehors de ses tendances développementales, de même en psychologie pour comprendre jusqu'au bout la personnalité humaine nous devons nous interroger sur la ligne dominante qui transforme les différentes périodes d'une vie en « un processus biographique unique et lié » (p. 244).

Partis de prémisses théoriques en grande partie communes mais ayant poursuivi deux *itinéraires* différents, Vygotski et Sève ont partagé une même *visée* : une approche scientifique du concept central de *personnalité*. Ils ont partagé la même conviction selon laquelle « *le personnel en l'homme n'est pas le contraire du social mais sa forme supérieure* ». Par ailleurs, ils ont été convaincus l'un et l'autre qu'aucune transformation sociale n'était possible en dehors d'un travail de soi sur soi. À leurs yeux, le domaine du savoir qu'ils exploraient était à la fois l'un des plus difficiles et l'un des plus indispensables à notre émancipation. Projet auquel tout au cours de leurs vies prodigieusement fécondes, Vygotski et Sève n'ont cessé de travailler.

Références bibliographiques

Clot, Y. (2020). L. Sève, R. Bahro et L. Vygotski. *La Pensée, 402*, 19-27.

Garo, I. (2020, avril). Mort d'un philosophe communiste aux temps du choléra néolibéral. Hommage à Sève. *Contretemps, revue de critique communiste* [En ligne]. Repéré à <https://www.contretemps.eu/hommage-lucien-seve/>.

Marx, K. (1845/1951). Thèses sur Feuerbach. In *Études philosophiques* (pp. 63-65). Éditions sociales.

Moro, C. & Schneuwly, B. (1997). L'outil et le signe dans l'approche du fonctionnement psychologique. In C. Moro, B. Schneuwly & M. Brossard (Eds.), *Outils et signes. Perspectives actuelles de la théorie vygotskienne* (pp. 1-19). Peter Lang.

Piaget, J. (1924/1993). *Le jugement et le raisonnement chez l'enfant.* Delachaux et Niestlé.

Schneuwly, B. (1999). Le développement du concept de développement chez Vygotski, In Y. Clot (Ed.), *Avec Vygotski* (pp. 291-298). La Dispute.

Sève, L. (1974). *Marxisme et théorie de la personnalité* (1ère édition 1969). Éditions sociales.

Sève, L. (1989). Dialectique et psychologie chez Vygotski. *Enfance, 1-2*, 11-16.

Sève, L. (1998). Nature, sciences, dialectique : un chantier à rouvrir. In L. Sève (Ed.), *Sciences et dialectiques de la nature* (pp. 23-247). La Dispute.

Sève, L. (1999). Quelles contradictions ? À propos de Piaget, Vygotski et Marx. In Y. Clot (Ed.), *Avec Vygotski* (pp. 221-235). La Dispute.

Sève, L. (2008). *« L'homme » ?* La Dispute.

Sève, L. (2014a). *« La philosophie » ?* La Dispute.

Sève, L. (2014b). Présentation. In L. S. Vygotski, *Histoire du développement des fonctions psychiques supérieures* (pp. 7-76). La Dispute.

Sève, L. (2015a). Vygotski : une démarche dialectique en psychologie. In J. Y. Rochex, Ch. Joigneaux & J. Netter (Eds.), *Histoire, culture, développement :*

questions théoriques, recherches empiriques (Actes du 6ᵉ séminaire international Vygotski (pp. 51-65). Université Paris 8.

Sève, L. (2015b). *Pour une science de la biographie*. Éditions Sociales.

Sève, L. (2019). *Marx, toute une vie*. In A. Cukier & I. Garo (Eds.), *Avec Marx, philosophie et politique, Entretiens* (pp. 139-179). La Dispute.

Sévérac, P. (2022). *Puissance de l'enfance. Vygotski avec Spinoza*. Vrin.

Van der Veer, R. (1988). Lev Vygotski and Pierre Janet: on the origin of the concept of sociogenesis. *Developmental review*, 8, 52-65.

Vygotski, L. S. (1926-1933/2022). *Imagination, textes choisis*. Peter Lang.

Vygotski, L. S. (1927/1999). *La signification historique de la crise en psychologie*. Delachaux et Niestlé.

Vygotski, L. S. (1928/1994). La dynamique du caractère de l'enfant. In *Défectologie et déficience mentale* (pp. 237-258), Delachaux et Niestlé.

Vygotski, L. S. (1928-1930/2014). *Histoire du développement des fonctions psychiques supérieures* (trad. Françoise Sève, Édition préparée par Michel Brossard et Lucien Sève). La Dispute.

Vygotski, L. S. (1929). Psychologie concrète de l'homme. In *Histoire du développement des fonctions psychiques supérieures* (Annexe I, pp. 541-564). La Dispute.

Vygotski, L. S. (1930/1997a). Preface to Bühler. In *The Collected Works* (vol. 3, pp. 163-174). Plenum Press.

Vygotski, L. S. (1930/1997b). On psychological systems. In *The Collected Works* (vol. 3, pp. 91-107). Plenum Press.

Vygotski, L. S. (1931/1998). Pedology of adolescent. In *The Collected Works* (vol. 5, chap. 2 and 3). Plenum Press.

Vygotski, L. S. (1931-1934/2018). *La science du développement de l'enfant. Textes pédologiques (1931-1934)* (Édité par I. Leopoldoff et B. Schneuwly). Peter Lang.

Vygotski, L. S. (1932/2008). *Leçons de Psychologie* (trad. O. Anokhina, édité par Michel Brossard). La Dispute.

Vygotski, L. S. (1934/1997). Preface to Koffka. In *The Collected Works* (vol. 3, pp. 195-232) Plenum Press.

Zavershneva, E. & Van der Veer, R. (Eds.) (2018). *Vygotsky's Notebooks*. Springer.

... the text ... within ... Ethica ... in: The Collected Works (vol. 3, pp. 149-174), Pinтом Press.

Spinoza, B. S. (1930/1970), On methodological issues ... in: The Collected Works (vol. 3, pp. 11-107), Pinтум Press.

Vygotski, L. S. (1931/1970), ... behaviour of child ... The Collected Works (vol. 3), Zтом & Pinтум Press.

Vygotski, L. S. (1931-1933), ... les psychologues (1931-1934) Index par G. Leonardo ... & P. Schilpp...
Peter Lang.

Vygotski, L. S. (1677/2000), Ethica ... & P. Feldmann (Hrsg.), O. Nachbin ... p ... Michel Baumbach, La Vrin.

Vygotski, L. S. (1677/1992), Preface to Korku, in: The Collected Works (vol. 3, pp. 139-332), Pinтум Press.

Watterhuis, J. & Van der Ver, R. (Eds.) (2013), Sharing Knowledge of European ...

Christiane Moro

Culture matérielle, signification, dialectique Le développement psychologique à ses prémices réinterprété par le *faire* Conversation avec Lucien Sève

Comme dit Marx au livre 1ᵉʳ du *Capital*, les produits du travail social sont intrinsèquement des produits *de l'activité humaine « en repos »* ; et qu'un individu s'approprie l'usage d'un outil ou d'un savoir, il le reconvertit aussitôt en *activité vivante*. Là réside l'extrême nouveauté du fait humain historiquement développé : l'*humanitas* se cumule continûment au-dehors sous une apparente forme-chose – un outil est du psychique cristallisé – et se réhumanise tout aussi continûment en chaque personne à travers ce que nous nommons aujourd'hui *hominisation* ; Marx n'emploie pas le mot *Menschwerdung*, mais il a clairement pensé la chose. Cette dialectique matérialiste incessante de l'interne et de l'externe est le secret du mode-d'être-humain en sa foncière nouveauté, secret mal compris par l'idéalisme anthropologique. Du même coup s'éclaire aussi ce fait essentiel : si la relation interpersonnelle peut être décisive dans la constitution de l'individualité humaine, c'est que l'autre est toujours porteur par quelque côté, fût-ce à son insu, de l'*humanitas* objective elle-même. De façon générale, le plus individuel en nous est toujours d'essence historico-sociale.

Sève, janvier-avril 2012 (2014a, p. 48)

Sève, en éclaireur génial et engagé, va s'attacher, au fil de ses nombreux articles et ouvrages, à valoriser la portée heuristique de la pensée marxienne, jetant notamment des ponts entre les textes fondateurs de Marx et la psychologie vygotskienne, dite historico-culturelle. Dans ce contexte, il nous invite à repérer la puissante dimension dialectique inspirée de l'anthropologie marxienne qui irrigue l'œuvre vygotskienne souvent sans être nommée (Sève, 2018a). À partir de la 6ᵉ *thèse sur Feuerbach*, il cible le défi auquel se confronte la psychologie de Vygotskij, à savoir la contradiction fondamentale qui est d'entrevoir la conscience comme « un processus de développement *interne* d'essence *externe* » (Sève, 1999, p. 234, italiques de l'auteur), braquant notamment le faisceau, au sein des textes vygotskiens, sur les deux figures emblématiques des procès dialectiques que sont le *renversement des rapports essentiels* et l'*Aufhebung* (Sève, 2008, 2014a, 2014b, 2018a, 2018b). Dans les lignes qui suivent, nous rappellerons l'apport méthodologique du *Capital* qui ouvre selon Sève à la construction d'une « dialectique de la psychologie » (2014a, p. 41), configurant une nouvelle approche du psychique et de la personnalité, animée par « la *logique de la contradiction* » (p. 41, italiques de l'auteur). Puis nous questionnerons la position de Sève sur l'outil, hâtivement reprise de Vygotskij, dont nous avons très tôt signalé les paradoxes. Enfin, après avoir proposé une version alternative de cette question impliquant la nécessité de prendre au sérieux la culture matérielle, nous illustrerons notre propos en faisant fonctionner les catégories dialectiques fondamentales identifiées par Sève chez Vygotskij sur trois exemples paradigmatiques, issus de nos travaux, réinterprétés selon une démarche par le *faire*, entendue comme « logique du développement en spirale » (Sève, 2018b, p. 62) permettant de retracer l'avènement d'une subjectivité historique, via la signification, depuis le préverbal jusqu'au *faire semblant*.

Vygotskij : une « démarche dialectique » inspirée de l'anthropologie marxienne

Pour Sève (2018b), l'ensemble de l'œuvre vygotskienne relève d'une « démarche dialectique » (p. 51). Qui fait écho à la célèbre formule de *La Crise* : « La psychologie a besoin de son propre *Capital* » (Vygotskij, 1927/2010, p. 273, italiques de l'auteur), rappelée par Sève au colloque Vygotskij (Paris, décembre 1987) (Sève, 1989, p. 11). La question pour Vygotskij, souligne-t-il, est « d'*inventer* la dialectique spécifique qu'appelle la psychologie » (2018b, p. 53, italiques de l'auteur).

Qu'entend-on par dialectique, « choix principiel » (Sève, 2018b, p. 54) opéré par Vygotskij dont Sève (2018a) nous informe que le terme ne fait qu'affleurer dans l'œuvre alors que la dialectique constitue la matrice imprimant au plus profond son architectonique ?

En 1999, Sève rappelle que « la dialectique au sens moderne est née de la critique radicale [de Kant] et du dépassement en profondeur [opéré] par Hegel » (p. 222, italiques de l'auteur), Pour Kant, « il ne saurait y avoir de *contradiction réelle*, la contradiction étant non-sens, le contradictoire est non-être » :

> Ce que Kant n'a pas vu, et qui pourtant s'atteste partout, dans la nature non moins que dans la pensée, est l'existence d'opposés non pas extérieurement face à face mais intérieurs l'un à l'autre, *l'identité des contraires* qu'ils manifestent alors, comme le haut, en tant que non-bas, contient en lui-même le bas, ou l'identité, en tant que rapport dédoublant de soi à soi, recèle la différence. [...]la contradiction dialectique a donc pour contenu essentiel l'*unité indissoluble des contraires*, ensuite le *rôle moteur joué par*

le « *travail du négatif* » […] : l'acte productif de la négativité sans cesse à l'œuvre dans la contradiction jusqu'à la *sursumer*, pour reprendre la traduction aujourd'hui dominante du verbe allemand *aufheben*. (pp. 222-223, italiques de l'auteur)

Sève (1999) relate ensuite le dépassement opéré par Marx de la « perspective foncièrement idéaliste de Hegel » (p. 223) :

[L]e système des essentialités pures de la *Logique* [de Hegel] recouvre de fait un modèle *particulier* du dialectique : celui du *déploiement génétique*, dont la métaphore privilégiée est l'engendrement du chêne à partir du gland, autrement dit du procès circulaire mû par une nécessité interne qui le préoriente vers une fin. Or le renversement matéria-liste auquel Marx soumet la dialectique de Hegel ne fait pas que subvertir son statut – elle n'est plus auteur mais traducteur du réel – ; il engage du même mouvement une repensée radicale de son contenu […]. Ici prend naissance une dialectique non plus du développement génétique circulaire mais du *développement transformateur* dont se tisse une histoire ouverte. Novation décisive, à partir de laquelle deviennent possibles – et d'ailleurs exigent […] maintes autres formes inédites du dialectique, combinant de mul-tiples façons fonctionnements répétitifs et évolutions irréversibles, processus d'essence interne et externe, et où la fortuité des circonstances, l'aléa des possibles, la nouveauté des horizons s'interpénètrent intimement avec la nécessité des logiques invariantes. (pp. 223-224, italiques de l'auteur)

En 2014, dans la présentation à *Histoire du développement des fonctions psy-chiques supérieures* (1928-1930/2014) (ci-après *HDFPS*), Sève décrit l'apport méthodologique du *Capital* à l'œuvre chez Vygotskij selon différentes rubriques interreliées (Sève, 2014a, p. 41) : (1) « En leur essence, les 'choses' sont des *rapports* » (p. 42) ; (2) « [l]e rapport [doit être pensé] dans son mouvement – genèse, altération, obsolescence : *tout rapport est en son fond un procès*. Penser dialectiquement n'est pas récuser le stationnaire ni l'invariant relatifs, mais être par principe attentif à la dimension *historique* » (p. 42) ; (3) « [t]out rapport, tout procès est bien, foncièrement, *contradiction* » (p. 43) ; (4) « la contradiction est affrontement incessant de contraires dans l'unité [et conséquemment], elle est toujours jalonnée de crises » (p. 43) ; (5) « [u]ne figure notoire des procès dialectiques est le *saut qualitatif* » (p. 44) ; enfin Sève pointe ce qui est (6) la « tout aussi fondamentale figure des procès dialectiques considérés à grande échelle : celle du *renversement des rapports essentiels* » (p. 44). « Nous sommes ici au cœur de la vue anthropologique qui sous-tend toute la psychologie qu'on appelle, à juste titre me semble-t-il, historico-culturelle. Cette vue anthropolo-gique, c'est celle qu'esquissait génialement la 6ᵉ thèse sur Feuerbach de Marx » (Sève, 2018b, p. 63)

À partir de ce fil rouge sur la dialectique que nous avons ici déroulé en repre-nant les énoncés lumineux de Sève, rappelons les « cinq concepts décisifs mis en œuvre de façon connexe par Marx dans sa réflexion anthropologique » (Sève, 2014a, p. 46), et qui confèrent à l'œuvre vygotskienne « sa physionomie la plus caractéristique » selon notre auteur (p. 45), à l'exception, nous signale encore Sève, du dernier (Sève, 2008, p. 369). Ce sont : 1. *Tätigkeit* (« activité ») ; 2. *Vermittlung* (« médiation ») et *vermittelte Tätigkeit* (« activité médiatisée ») ; 3. *Vergegenständlichung* (« objectivation ») ; 4. *Aneignung* (« appropriation ») ; 5. *Entfremdung* (« aliénation ») (Sève, 2014a, pp. 46-50 ; voir aussi Sève, 2008, p. 369).

Pour le propos qui nous occupe aujourd'hui, nous rapportons ci-après une remarque importante de Sève concernant la question de l'activité (*Tätigkeit*). Rappelant que depuis Gramsci, « l'habitude s'est prise de créditer Marx d'une 'philosophie de la *praxis*' » (Sève, 2014a, p. 46) et, par suite de cette popularisation, de l' « entrée fracassante [du] mot allemand *Praxis* ('pratique') dans le vocabulaire des *Thèses sur Feuerbach* (1845) du jeune Marx » (p. 46), puis de sa disparition tout aussi subite, « pour cause probable de ruineuse imprécision » (p. 46), Sève fait valoir que c'est l'*activité productive humaine* (p. 46) qui est cardinale dans l'anthropologie marxienne :

> [L]'*activité productive humaine*, activité se concrétisant en *produit social*, non point donc n'importe quelle sorte de *pratique* – à plus forte raison si, passant subrepticement de l'allemand au grec, on entend par *praxis* (l'agir, en grec, tenu pour noble) l'opposé de *poièsis* (le produire, réputé servile) –, mais bien précisément le *faire productif*, que dit sans ambiguïté *Tätigkeit*, de sorte que ce terme supplante définitivement le mot *Praxis* chez Marx après *L'Idéologie allemande* (1845-1846). Comme on le lit dans ce dernier ouvrage [Sève rappelant les mots de Marx] : « On peut distinguer les hommes des animaux par la conscience, par la religion, par tout ce qu'on voudra. Ils commencent à s'en distinguer eux-mêmes dès qu'ils se mettent à *produire* leurs moyens de vivre, pas en avant que conditionne leur organisation corporelle. En produisant leurs moyens de vivre, les hommes produisent indirectement leur vie matérielle même ». (Sève, 2014a, pp. 46-47, italiques de l'auteur)

L'« outil » aux prémices du développement psychologique

Bref excursus sur la question de l'outil chez Vygotskij et sa lecture par Sève

Avant d'entrer en matière sur notre approche par le *faire*, attardons-nous brièvement sur la question de l'« outil » dont nous considérons qu'il reste regrettablement sous-défini chez Vygotskij au regard de l'ontogenèse, et souvent repris sans discussion critique y compris par des esprits vigilants. Rarement traité au fond donc. Pas plus que n'est abordée symétriquement la question de la culture matérielle et de ses objets entendus comme artéfacts[1], i.e. recelant des significations, dont fait partie l'outil au même titre que toute œuvre humaine.

Dans « *L'homme* » ? (2008), Sève fait d'abord sienne l'approche vygotskienne de l'outil, portant son attention sur l'intelligence pratique, reprenant d'une part la perspective phylogénétique phare, consécutive à l'engouement pour les thèses évolutionnistes en vogue au tournant XIXe/XXe « qui va faire de l'homme *un animal comme les autres* » (Parot & Richelle, 2004, p. 121, italiques des auteurs), l'enfant recelant en quelque sorte la mémoire de l'espèce (Ottavi, 2001), où l'usage premier de l'« outil » (Sève, 2008, p. 321) par l'enfant, ne serait rien d'autre que l'usage simiesque ; d'autre part, celle phylogénétique résultant du processus d'hominisation (*Menschwerdung*) (Engels, 1876, cité par Sève, 2008, p. 104), et de son usage culturel dont l'opérateur principal serait le travail dans le sillage de l'anthropologie marxienne, et que Vygotskij relie opportunément au langage.

Dans son argument, Sève énonce, reprenant *Ape, Primitive Mind and Child, Essays in the History of Behavior* (Luria & Vygotskij, 1930/1992), qu'« [i]l est parfaitement vrai que […] l'embryonnaire usage animal d'outils constitue le 'prérequis psychologique'[2] de l'activité proprement humaine […]. '[L]e saut qualitatif a été préparé mais non accompli' » (Vygotskij, 1930/1992, p. 33, cité par Sève, 2008, p. 321). Puis Sève poursuit : « Allons au bout de l'analyse : le chimpanzé connaît rudimentairement l'*outil*, il ignore entièrement le *travail*. *L'usage d'outils en l'absence du travail*, voilà ce qui unit et sépare les comportements du singe et

---

1   « The word 'artefact' is derived from the Latin *ars* or *artis*, meaning skill in joining, and *factum* meaning deed, also *facere* meaning to make or do […] Thus an artefact can be considered to mean any physical entity that is formed by human beings from a nail to the building it is in. The term 'object' is also widely used to refer to any physical entity created by human beings. » (Berger, 2014, p. 16, citant Caple, 2006, p. 1). Notons que Sève mentionne la notion d'« artefact humain » en préambule à une discussion sur l'objet technique (2008, p. 103) où il cite entre autres Séris (1974) qui se pose la question de savoir « à quels signes extérieurs reconnaît-on l'objet technique ? » (p. 24), lequel Séris apporte une réponse en évoquant explicitement le *faire* : « À sa forme ou à sa figure, qui ne peuvent lui avoir été données que par un agent (humain) et qui renvoient à un '*faire*' » (p. 24, nos italiques). D'une part, on peut noter qu'il n'est ici question que de l'objet technique, vu de manière instrumentale ; et d'autre part, que cela n'engage pas Sève à porter sa réflexion sur l'objet matériel en général dans son appartenance à la culture matérielle, i.e. comme artéfact, ou à discuter la question de l'« outil » dans l'intelligence pratique chez l'enfant dans l'approche vygotskienne.

2   La notion de « prérequis » est indûment employée ici par Vygotskij ; elle ne peut concerner qu'une séquence développementale strictement ontogénétique et non le passage de la phylo- à l'ontogenèse (Lehalle & Mellier, 2002).

de l'homme' » (Vygotskij, 1930/1992, p. 32, cité par Sève, 2008, p. 321, italiques de l'auteur). Ultime précision d'envergure : « ce qui manque décisivement aussi à l'usage simiesque de l' 'outil', c'est le recours à cette autre forme d'instrument qu'est le *signe* [entendu comme linguistique] » (Sève, 2008, p. 321, italiques de l'auteur), Sève relevant que dans l'usage simiesque, l' adaptation dite *passive*[3] (p. 321, nos italiques) se caractérise par « 'l'absence de maîtrise sur son propre comportement au moyen de ces 'signes artificiels qui constituent l'essence du développement culturel du comportement humain' » (Vygotskij, 1930/1992, p. 35, cité par Sève, 2008, p. 321). Et Sève de conclure : « L'usage du signe marque le 'tournant' dans le passage du singe à l'homme, pour qui la maîtrise naissante de son psychisme ouvre la voie à une tout autre maîtrise de la nature » (Sève, 2008, pp. 321-322).

Non moins singulière est la reprise par Sève de l'argument vygotskien de l'opposition entre outil et signe à partir d'*HDFPS*[4] (1928-1930/2014), lequel met en scène un des points névralgiques de l'œuvre, mais qui dans le même temps énonce ce qui constitue l'apport fondamental de Vygotskij – ce en quoi nous le rejoignons – à savoir la caractéristique essentielle du signe, celle d'être bi-orienté, en mettant en avant la communication avec soi-même qui prévaut dans les fonctions psychiques supérieures, i.e. culturellement orientées :

> [E]ntre outil et signe, il y a plus que différence : en un sens, il s'agit d'une vraie opposition. *L'outil*, souligne Vygotskij, *moyen d'action physique tournée vers l'extérieur, médiatise l'activité humaine visant à maîtriser la nature ; la fonction instrumentale du signe est orientée en sens contraire : c'est celle d'un moyen d'action psychique tournée vers l'intérieur, qui tend à une maîtrise du comportement d'autrui ou de soi-même* (nos italiques). La découverte de cette *fonction psychique* du signe, qui rend limpide la genèse des fonctions humaines supérieures, constitue le fondamental apport de Vygotskij à l'anthropologie théorique. Aussi bien est-il enclin, dans les travaux de ses dernières années, à voir dans le signe « le foyer » de tout le processus psychique, l'élément « central » pour expliquer les formes supérieures du comportement. (Sève, 2008, p. 327, italiques de l'auteur)

La position vygotskienne, reprise inconditionnellement par Sève, ne va pas sans aléas ni paradoxes : 1) le *statut culturel de l'outil*, défini en rapport au langage

---

3   « Passif » implique que « l'emploi d'outils [chez le chimpanzé] a de très étroites limites. Ainsi le bâton n'est-il de façon générale saisi que s'il se trouve à un même moment dans le même champ visuel que le fruit inaccessible » (Sève, 2008, p. 320).

4   *HDFPS* constitue un tournant dans l'œuvre. Vygotskij s'attache alors à souligner ce qui distingue l'outil du signe après en avoir posé ce qui les rassemblait.

(cf. aussi « *Tool and Symbol in Child Development*[5] », Vygotskij & Luria, 1930/1994, pp. 98-174, également abondamment cité par Sève), ne fait guère l'objet de discussion, alors que la forme psychique spécifique de l'outil n'est pas évoquée – position étrange si l'on considère d'une part la définition assertée par Sève de l'essence comme « logique propre de l'objet en propre » (cf. la *Critique du droit politique hégélien*, cité par Sève, 2014b, p. 183), d'autre part sa dénonciation de l'hégémonie du symbolique dans la définition de « *l'homme* », comme du « tout-linguistique » (Sève, 2008, pp. 156s. ; pp. 162s., italiques de l'auteur), les emprunts directs à Köhler et autres Bühler ou encore Lewin étant repris sans l'ombre d'un commentaire ; 2) enfin, la convocation de l'opposition outil-signe d'*HDFPS* (1928-1930) non moins contradictoire, actant l'impossibilité définitive de considérer l'outil comme œuvre humaine signifiante, i.e. comme ayant un statut sémiotique à part entière, que l'appel à la version de l'activité médiatisante (cf. schéma in *HDFPS*, Vygotskij, 1928-1930/2014, p. 205), et donc à l'approche instrumentale vygotskienne comme « ruse de la raison » inspirée de Hegel (Vygotkij, 1928-1930/2014, pp. 206s.), ne contribue guère à désambiguïser (cf. notre critique in Moro, 2022), en ce qu'elle ne permet pas de saisir au fond la question de la signification, i.e. la *face interne du signe*, pourtant évoquée par Sève (2008, p. 326), le signe étant aussitôt ramené par Sève à sa fonction instrumentale, l'ambiguïté étant par ailleurs perpétuée par l'emploi d'« outil mental » pour le « signe » (Sève, 2008, p. 326).

Pour conclure ce bref excursus sur l'outil selon Sève, nous faisons l'hypothèse que Sève se montre davantage préoccupé par la question de l'outil dans sa dimension phylogénétique, en contradiction frontale avec la définition de « *l'humanitas* excentrée » (Sève, 2014b, p. 152), suggérée par la 6ᵉ *thèse*, en lien avec la conception originale de l'activité (*Tätigkeit*), où l'outil en tant que concrétion de l'activité vivante (e.g. 2014b, pp. 285s.) recèle « du psychique cristallisé » (Sève, 2014a, p. 48), i.e. de la signification, dont la transmission de génération en génération, i.e. à l'échelle ontogénétique, requiert l'intervention d'autres êtres humains au moyen de signes, condition de *son appropriation* par l'enfant, mais aussi de *sa reconstruction-intériorisation*, permettant l'agir volontaire et informé de l'enfant dans le monde, l'« acte libre » évoqué par ailleurs par Sève (2014a, p. 52).

---

5   Dans cet opus, au quasi-statut d'ouvrage (Van der Veer & Valsiner, 1994), la perspective simiesque vs culturelle de l'outil est énoncée de manière on ne peut plus claire dans le passage suivant : « The child's use of tools is comparable to that of an ape only during the former's pre-speech period. As soon as speech and the use of symbolic [linguistic] signs are included in the operation, it transforms itself along entirely new lines, overcoming the former natural laws and for the first time giving birth to authentically human uses of implements » (1930/1994, pp. 108-109).

Relire l'« outil » à partir de la 6e thèse sur Feuerbach

Comme nous venons d'en faire état, l'approche de l'outil selon Vygotskij est difficilement soutenable, rapportée à l'approche anthropologique marxienne dont Sève considère qu'elle est à la source de la pensée vygotskienne. L'option alternative que nous proposons repart précisément de la *6ᵉ thèse sur Feuerbach* et des commentaires de Sève. Dans sa version ultime, Sève en produit l'énoncé suivant : « L'essence humaine n'est pas une abstraction inhérente à l'individu pris à part. Dans sa réalité effective, c'est l'ensemble des rapports sociaux » (Marx, *6ᵉ thèse*, traduction révisée, Sève, 2014b, p. 128).

Récusant la conception de l'essence comme « entité idéelle et/ou naturelle » (p. 127), cette nouvelle approche de l'essence est « censée faire de nous les humains que nous sommes » (p. 127). Ce faisant, Marx inaugure une nouvelle conception de l'essence, ouvrant la voie à une « interprétation inédite » des « propres anthropologiques » (Sève, 2014b, p. 138) où les « éléments de nature ont été entièrement repris et transformés par une histoire qui ne vient pas du dedans mais du dehors de la biologie de l'espèce » (p. 138).

Rapportons les points forts de l'argument de Sève que nous versons à l'appui de notre propre argument, en repartant du concept cardinal d'activité, qui renvoie lui-même aux catégories de forme et de rapport, également cruciaux s'agissant de notre propos (2014a, pp. 237s.). Dans les *Thèses sur Feuerbach* (p. 104) et le matérialisme de l'activité (*Tätigkeit*) (p. 105), s'esquisse selon Sève « une réélaboration catégorielle décisive de l'objectif et du subjectif » (p. 104). Ainsi :

> L'activité humaine, à la différence de toute activité animale, existe sous *deux* formes d'activité opposées bien qu'ayant un fond identique. L'une – la seule qu'on ait en vue lorsqu'on parle d'*activité* humaine – est celle qu'il [Marx] appelle « vivante », « mobile » ; et qu'on peut dire aussi *subjectale* puisqu'elle est par définition celle de « sujets » humains individuels. L'autre, dont l'inscription sous la même rubrique peut sembler un défi au bon sens, est la forme apparemment « morte », « en repos » que prend l'activité une fois métamorphosée en *mode d'être* dans ce qu'elle a objectivement et objectalement produit » (Sève, 2008, p. 99, italiques de l'auteur), [cette dernière étant appelée à constituer historiquement] « le monde de l'homme ». « L'homme, c'est *le monde de l'homme* » (Sève, 2014b, p. 105, citant la *Critique du droit politique hégélien*, 1844/1975, p. 197) [dont l'outil et le signe] « concrétions de notre agir psychique » (Sève, 2008, p. 102) [seraient] « les deux grandes familles » ou formes « génériques » emblématiques « […et] sont bien, sous leur superficielle inertie, de l'*activité potentielle* condensée prête à redevenir actuelle chez l'individu qui s'en saisit ». (p. 102, italiques de l'auteur)

Puis de la catégorie du « rapport », Sève précise qu'elle « est aussi centrale et développée chez Marx que celle de forme » (Sève, 2014b, p. 237), soulignant que « *le rapport est plus essentiel que la chose* » (p. 237, italiques de l'auteur) et que « sous toute chose, il y a des rapports – conviction dialectique cohérente avec la conception fondatrice de l'essence » – (p. 237) et que ces rapports incluent « de façon générique 'la culture', c'est-à-dire les acquis objectivement cumulés de l'histoire » (note 54, in présentation à HDFPS Sève, 2014b, p. 42) – donc l'outil et le signe.

À partir de là, comme le souligne encore Sève, se pose la question de « faire *retour* [de la « forme-chose » ou « forme objectale »] *à la forme dynamique-subjectale* en induisant chez les individus humains des activités psychiques du même ordre que celles qui l'ont produite » (2008, p. 101, italiques de l'auteur). Ces « créations médiatisées des activités psychiques entendues comme formes objectales [ont] bel et bien [cette] propriété » (p. 101). Sauf, ajoute Sève, que la forme objectale « *n'indiqu[e] pas de soi le procès productif dont elle est la concrétion* » (Sève, 2014b, p. 140, nos italiques), « l'essence d'une chose [étant] constituée par les rapports et/ou procès qui la produisent telle qu'elle nous apparaît » (Sève 2014b, p. 134). Cette remarque est centrale s'agissant de l'outil dont Sève déclare qu'il s'agit de « psychique cristallisé » (Sève, 2014a, p. 48). Ce qui ne lui permet toutefois pas de sortir de l'impasse « instrumentale » dans laquelle il s'est enfermé lors même qu'il convoque à la rescousse les philosophes contemporains dont Séris (1974) qui réfléchit à l'objet technique (dont l'ancêtre est précisément l'outil) en lien avec l'objet archéologique, Séris qui pose pourtant des questions essentielles et centrales s'agissant de notre propos : « devant l'objet technique inconnu, on est partagé entre l'évidence du 'c'est étudié pour...' et la perplexité du 'à quoi ça peut-il bien servir ?' » (Sève, 2008, p. 103). Questions qui ont été les nôtres à l'heure d'interroger le rapport du tout jeune enfant au monde matériel – et donc à la culture matérielle – aux prémices de l'ontogenèse.

Mais alors comment résoudre l'énigme du « *devenir-homme* », énoncée par Sève, en dépassant l'acception phylogénétique du *Menschwerdung* (Engels, 1876, cité par Sève, 2008, p. 104, italiques de l'auteur) pour envisager « le corollaire ontogénétique à la fois homologue et très spécifique que constitue le devenir-homme *individuel* ?» (Sève, pp. 104s., italiques de l'auteur), étant entendu que le petit d'homme n'advient pas dans un monde simiesque mais bien dans un monde humanisé au sens de Marx et de la 6e thèse[6] ? *La question devient donc de savoir*

---

6 En ce sens, nous récusons de la manière la plus ferme le terme de « préhistoire du développement » qui tend à rapprocher le tout petit enfant du singe et du primitif dans une logique qui n'a plus lieu d'être aujourd'hui.

comment réinterpréter l'ontogenèse en la situant à la fois dans la logique de l'essence telle que proposée par Marx tout en prenant au sérieux la culture matérielle[7].

Cette question s'envisage au travers d'une redéfinition de l'objet (c'est ainsi que dorénavant nous dénommerons l'outil) qui, sans exclure ses dimensions physiques, le reconsidère dans son artéfactualité, i.e. dans ses dimensions culturelles, en lien avec la culture matérielle, i.e. son usage, et singulièrement à cette étape développementale, son usage canonique[8] –, l'objet dans sa « chosalité » (Sève, 2008, p. 102) recelant de l'activité psychique objectivée pour reprendre Sève. L'objet présente dès lors une double face, physique et sémiotique. Sous cette acception, qualifiée de pragmatique, une distinction méthodologique fondamentale entre objet et usage s'impose. *Ce qui se construit, c'est* l'usage. Et l'usage se construit par le *faire*. L'usage renvoie à la communauté humaine au sens où il est un lieu de conventions, de communication et de significations. Autrement dit, l'objet est le lieu des signes *par excellence* au sens où les objets sont produits par l'homme non de manière improvisée mais dans un but spécifique, celui de satisfaire à une fonction, voire même à plusieurs fonctions, dans un sens pratique. Ces fonctions sont généralement partagées par une communauté de sujets à un moment donné de l'histoire collective (cf. « l'invariant relatif » évoqué par Sève, 2014a, p. 42).

---

7   « Material culture, we must recognize, is a kind of culture – a term that has hundred of definitions » (Berger, 2014, p. 17). Berger souligne que la définition qu'il retient – et que nous faisons nôtre également – est celle « [which] shows the relationship between culture and artifacts [provided] by Henry Pratt Fairchchild and [which] is found in his *Dictionary of Sociology and Related Sciences* » (1966, p. 80). Les *Material Culture Studies* à la frontière de l'archéologie et de l'anthropologie (e.g. Hicks & Beaudry, 2010) permettent de donner une visibilité à cette partie non négligeable des productions humaines – constitutive du monde matériel, appartenant de droit au monde de l'homme – qui de surcroît est le monde prioritaire auquel s'affronte l'enfant aux premières étapes de son développement. À cet égard, Miller (2010), l'un des pionniers de cette ligne de recherche, souligne que l'invisibilité de la culture matérielle est due au fait que les choses « work by being invisible and unremarked upon, a state they usually achieve by being familiar and taken-for-granted » (p. 50).

8   L'usage canonique se définit comme « *ce que l'on doit faire avec l'objet* » et se construit sur un temps long pour les premiers usages (i.e. entre 7 et 13 mois), donc il n'est en rien immédiat, contrairement à ce qu'asserte Vygotskij dans le jeu (1933/2022), qui reprend Lewin (Vygotskij & Luria, 1930/1994) (cf. critique Moro, 2022). Option qui sera prolongée par l'option affordantique de Gibson (1979) en vogue aujourd'hui chez les théoriciens de la perception (voir Niveleau, 2006 ; Rosenthal & Visetti, 1999 ; cf. Moro & Rodríguez, 2005, pour une critique).

On retrouve ici de manière explicite l'approche de « l'essence-rapport productif » (Sève, 2014b, pp. 121s.).

Faire ensemble, faire émancipé et *faire semblant* : une approche de la subjectivité historique à partir de l'anthropologie marxienne

Ces éléments théoriques étant posés à la faveur des éclairages fournis par Sève à partir de l'anthropologie marxienne, nous allons illustrer leur pertinence pour comprendre de manière plus approfondie certains éléments du développement de l'enfant que nous réinterprétons à travers la figure génétique dialectique du *faire* et que nous déclinons selon le triptyque *faire ensemble, faire émancipé* et *faire semblant, avec pour focus la question de la production par l'enfant d'une subjectivité historique au contact de la culture matérielle durant la période préverbale*. Trois exemples paradigmatiques[9] nous permettent de montrer les transformations du *faire* au fil de la genèse. Dans cette démonstration, notre attention se portera plus spécifiquement sur les signes ostensifs, et en particulier sur l'*ostension à soi*[10], dont l'importance est considérable à cette étape développementale.

Les trois exemples à la suite témoignent des transformations du *faire ensemble* initial en *faire émancipé*, puis du *faire émancipé* en *faire semblant*. Deux objets sont utilisés, qui présentent un tropisme différencié eu égard au développement psychologique[11] : 1) dans les deux premiers exemples, l'objet utilisé, la *tour du chat*, dite « tour de Hanoï du jeune enfant », est spécifiquement orienté vers l'agir dans la canonicité du quotidien (nous dirions aujourd'hui, en langage cognitiviste, les

---

9 Ces trois exemples sont issus d'une étude portant sur les formes de conscience advenant au contact de la culture matérielle dans le cadre de l'intériorisation des significations des objets par l'enfant entre 8 et 20 mois – étude réalisée dans le cadre d'un doctorat (Dupertuis, 2020). À cet égard, nous remercions Virginie Dupertuis pour la récolte des données et une première préparation de celles-ci. Les analyses ici sont nôtres.

10 L'ostension à soi consiste en une présentation de l'objet à soi-même. Aussi bien, l'ostension à soi – tout comme l'ostension à autrui – présente la particularité d'inclure l'objet en son sein. Dans la littérature, le signe d'ostension est considéré dans la seule communication avec autrui (e.g. Eco, 1976/1992) et ne concerne pas l'ontogenèse.

11 Ni les objets, ni les usages ne sont ici détaillés, pas plus que la méthodologie de recueil des données et d'analyse au demeurant d'une grande complexité. Seules les informations permettant de comprendre les exemples à la suite sont dévoilées.

fonctions exécutives[12]). Cet objet, par les usages canoniques concurrentiels qu'il offre, permet de suivre avec une grande précision les choix en termes de significations opérés par l'enfant, au fil de la réalisation de la tour, au principe du *faire émancipé*, et leur discrétisation si nécessaire. Sans entrer dans le détail, précisons qu'il s'agit d'une tour à construire avec différents anneaux *à enfiler* le long d'un axe (à sérier ou non), une tête de chat qu'il s'agit *de déposer* au sommet de l'axe, venant en quelque sorte couronner l'ouvrage – sachant qu'une souris écrasée doit être placée au bas de la tour – ce, pour les principaux usages concernés, que des usages canoniques connexes viennent compléter ; 2) dans le troisième exemple, l'objet utilisé, une poupée-dînette avec biberon et tasse à bec [tasse d'apprentissage], présente un tropisme vers les usages symboliques. Cet objet permet dès lors de suivre le passage du *faire émancipé* au *faire semblant*. Dans les trois situations, la consigne donnée à l'adulte est la suivante : « Jouez ensemble comme vous avez l'habitude de le faire ».

Pour précision, les deux premiers exemples concernant l'agir dans la canonicité du quotidien sont à concevoir unitairement du point de vue de la genèse du *faire émancipé*. Ils ont valeur de contre-exemple à la définition de l'outil selon Vygotskij, et illustrent, dans la problématisation alternative de l'outil proposée ci-dessus, la « *dialectique de l'essentiel et du phénoménal, une dialectique pleine d'antagonismes, de renversements*, de faux-semblants, où c'est bien toujours en un sens l'essence qui se manifeste […] » (Sève, 2014b, p. 140). « *La distinction à laquelle fait référence le couple catégoriel de l'essence et du phénomène […] est le pain quotidien de la connaissance commune* » (p. 122, nos italiques).

Échec du faire émancipé et émergence d'une contradiction entre réalité phénoménale et réalité essentielle

Après avoir inséré quelques anneaux le long de l'axe avec l'aide d'un adulte (le *faire ensemble*), Matteo[13], un enfant de 12 mois et 9 jours, s'empare de l'axe qu'il désencastre de la base de la tour. Puis, un anneau dans une main, l'enfant s'empare de la tête de chat de l'autre main et se la présente, *visage du chat* orienté *face à son*

---

12 Les fonctions exécutives sont présentes dans nombre de situations de la vie quotidienne. Elles focalisent les processus cognitifs permettant l'adaptation de l'action au but. Elles sont traditionnellement considérées indépendamment de la signification et leur étude relève de la psychologie cognitive et de la neuropsychologie expérimentale. Nous avons montré (e.g. Moro, 2024) que ces processus cognitifs de haut niveau peuvent être redéfinis selon une approche historico-culturelle et sémiotique dès le plus jeune âge, impliquant notamment des habiletés réflexives de la part de l'enfant, indispensables à la régulation de l'action.

13 Nom d'emprunt.

propre visage[14] (*ostension à soi*). L'adulte dit « toi tu aimes bien la tête ». L'enfant se présente ensuite l'anneau (*nouvelle ostension à soi*) puis regarde l'action de l'adulte qui touche l'axe de l'index plusieurs fois de suite et dit « mais la tête faut la mettre là-dessus / c'est la fin la tête doudou ». L'enfant approche la tête de chat de l'axe mais échoue l'usage de la déposer à son sommet.

Dans cet exemple, nous retiendrons qu'il y a *contradiction entre la réalité perceptuelle* (i.e. *phénoménale*) de l'objet, ce qui se marque par l'intérêt de l'enfant pour les caractéristiques physiques de l'objet (au travers de la tête de chat dont le visage[15] est présenté face à soi), *et la réalité culturelle de l'objet* (i.e. *essentielle*) que l'on dénote à travers *un aller vers* l'unité culturelle de l'objet (amorce d'usage canonique). Pour reprendre Sève, on pourrait dire qu'ici se montre « l'acte productif de la négativité [...] à l'œuvre dans la contradiction [sans toutefois conduire à] la *sursumer* » (Sève, 1999, p. 223, italiques de l'auteur), la signification canonique de l'objet n'étant pas avérée et, à fortiori n'étant pas au principe de l'action, le retour dans le monde s'avère non concluant.

Faire émancipé, dépassement de la contradiction et agir libre et informé dans le monde sous l'égide de la signification

Dans un premier temps, Matteo, le même enfant âgé de 16 mois et 5 jours, avec l'aide d'un adulte, enfile des anneaux le long de l'axe. Puis, dans un deuxième temps – le plus informant pour notre propos –, l'enfant s'émancipe des médiations de l'adulte, poursuivant sa visée de réaliser l'usage d'enfiler l'anneau par lui-même. À cet effet, il *suspend son action*, et *dans une posture réflexive, se présente la signification « enfiler »* de l'anneau, de manière particulièrement explicite, articulant une *ostension à soi* (il s'auto-présente l'anneau) et procède à un *pointing immédiat* (touchant l'objet) de l'orifice central de l'anneau, pointant la signification canonique (i.e. *essentielle*) de l'anneau, celle d'être enfilé le long de l'axe. Bravant à nouveau le commentaire de l'adulte, l'enfant poursuit son objectif sans sourciller et re-déploie la signification dans le monde, réalisant avec succès l'usage canonique (signification inférence : SI anneau [percé de part en part] ALORS *l'enfiler* le long de l'axe). Puis l'enfant dit *euh / oh* [ø] / [o], prend l'anneau restant de la main gauche et, dirige la tête de chat, tenue dans sa main droite, vers le sommet de l'axe tandis que l'adulte l'en dissuade, via un *pointing immédiat multiple* (touchant plusieurs

---

14 L'attrait pour les visages humains et leurs caractéristiques physiques est attesté dans la littérature très tôt dans le développement (e.g. Haith, Bergman & Moore, 1977).

15 Se présenter la tête de chat, visage face à son propre visage, signifie que c'est la réalité perceptuelle (i.e. l'objet dans ses caractéristiques physiques) qui domine.

fois de suite) l'anneau que l'enfant tient dans son autre main, en disant « tu ne crois pas que c'est celle-là d'abord ? ». L'enfant accède[16] cette fois à la demande de l'adulte, et enfile l'anneau restant (le dernier) le long de l'axe. Puis immédiatement après, poursuivant de manière déterminée son agir, l'enfant se présente de manière fugace[17] *lors d'une nouvelle ostension à soi*, la tête de chat, puis dépose celle-ci avec succès au sommet de l'axe, usage canonique immédiatement réussi (signification inférence : SI tête de chat [percée à sa base] ALORS *la déposer* au sommet de l'axe). A dit « bravo chouchou » et applaudit.

Ces deux significations relatives à la canonicité différenciée de l'*anneau* vs la *tête de chat*, dont les significations respectives sont désormais disponibles, permettent à l'enfant de se soustraire à la réalité perceptuelle de l'objet et au *faire ensemble*[18] initiaux, et d'entrer dans un *faire émancipé* témoignant d'une inversion dans l'ordre des dépendances en ce sens que la signification est désormais au principe de l'action « novation décisive » (Sève, 1999, p. 223) aboutissant à un « *développement transformateur* dont se tisse une histoire ouverte » (p. 223, italiques de l'auteur) où « le travail du négatif » a opéré (p. 223), et implique l'existence d'un véritable « saut qualitatif » que l'« *Aufhebung* » a permis de concrétiser. Cette transformation majeure – qui ne s'opère pas d'un bond – s'accompagne de transformations non moins importantes telles que notamment l'alternance de dominance entre l'action et l'attention qui tendent à devenir de plus en plus flexibles, faisant monter en première ligne soit la pensée, soit l'action. L'attention, sollicitée au travers d'une « concentration intense focalisée sur le moment présent » durant l'ostension à soi, change tendanciellement de nature pour s'orienter vers le « contrôle de l'activité »[19] lors du retour de la signification dans le monde (Csíkszentmihályi, 1990).

Cette observation atteste la présence de formes d'émancipation dès l'agir quotidien au travers des fonctions exécutives via les significations émanant de la

---

16 Témoignant de la flexibilité de la communication alternant celle avec soi et celle avec autrui.

17 La signification canonique de la tête de chat est disponible. En effet, précédemment dans la même séance, l'enfant a réalisé une ostension à soi, se présentant explicitement la base de la tête de chat, percée d'un trou (mais non transpercée de part en part comme l'anneau), signifiant par là que la tête de chat *doit être déposée* (signification canonique), et non enfilée comme l'anneau, au sommet de l'axe. La signification de l'ostension à soi est ici de l'ordre de la préparation à l'action.

18 La réponse positive à la demande de l'adulte n'entame en rien la détermination de l'enfant à agir de lui-même. Elle est en ligne avec la sagacité de l'enfant qui vise à la complétude de la tour. À cette étape rappelons que la sériation n'est évidemment pas encore sémiotisée.

19 Deux des caractéristiques du *flow* (Csíkszentmihályi, 1990).

culture matérielle, leur reconstruction et intériorisation par l'enfant en dehors de l'action, puis leur redéploiement dans le monde à travers un *faire émancipé*, entendu comme généralisation, où le signe d'ostension à soi, moteur de la réflexivité, joue un rôle incontestable. Le *faire semblant* se constituera en généralisation de généralisation à partir des significations matérielles désormais libérées, et l'usage canonique se transformera en usage symbolique. Ce sera l'objet de notre dernière observation.

Nous voyons ici aussi en œuvre la fameuse loi de Vygotskij du passage de l'inter- à l'intrapsychique. L'enfant d'abord interprète des signes qu'autrui lui adresse, devient progressivement producteur de signes dans l'interaction avec autrui, s'emparant de l'objet et produisant des ostensions à l'adresse de l'adulte. Mais aussi simultanément, ou en léger décalé, l'enfant s'institue à la fois comme producteur et récepteur de signes, produisant des ostensions à son adresse, soit *dans la communication avec soi-même*, via le signe d'ostension à soi. Ce signe intervient dans la *reconstruction-intériorisation* par l'enfant des significations recelées dans les usages des objets, l'usage étant dès lors inactivé, la fonction de présentation se muant progressivement en fonction de re-présentation par le « redoublement » induit (Vygotskij, 1925/2017). Ce signe joue un rôle moteur dans l'avènement du *faire émancipé* et du *faire semblant*. Avec l'ostension à soi, on retrouve la bi-orientation du signe selon Vygotskij dont Sève faisait remarquer la cardinale importance. Bi-orientation et pivotabilité du signe que Sève réfère à l'*Aufhebung* de Hegel. Citons Sève (dont les mots sont encore très marqués par la version instrumentale de la médiation) :

L'auto-stimulation instrumentale [via le signe, c'est nous qui rajoutons] constitue un « saut dialectique », une Aufhebung, un dépassement hégélien : les processus inférieurs ne disparaissent pas, ils passent dans les supérieurs en s'y métamorphosant. C'est un ordre inédit de l'activité psychique qui commence ici : celui qui va révolutionner la maîtrise de l'objet en inaugurant la maîtrise du sujet. (Sève, 2008, p. 325)[20]

---

20 Cet ordre inédit de l'activité psychique n'est pas immédiat. La reconstruction des significations s'opère dialectiquement selon un mouvement spiralaire permettant à l'enfant de progressivement se libérer des assignations premières, i.e. *de la physicalité de l'objet et de l'activité seulement perceptuelle* ainsi que *du faire ensemble*, jusqu'à la discrétisation de l'unité culturelle, i.e. des significations correspondant à la canonicité de l'objet. Ainsi, la polysémie de ce signe, qui constitue un obstacle dans la communication chez l'adulte, se révèle être un avantage dans l'ontogenèse.

Flexibilité de la signification et transformation du faire émancipé en faire semblant

Le même enfant, cette fois-ci à 20 mois et 8 jours, réalise un usage symbolique de « donner à boire à la poupée » à l'aide du biberon, i.e. sans le contenu et pratiqué sur un autre destinataire que soi, la poupée. L'adulte dresse la table tout en restant attentive à l'action de l'enfant, puis elle saisit la tasse à bec, la dépose au sol face à l'enfant (ostension distale de l'adulte à l'enfant) en disant « ça c'est pour le bébé / tiens » enjoignant l'enfant à réaliser l'usage symbolique de « donner à boire à la poupée » avec la tasse à bec. L'enfant y répond de façon congruente, i.e. lâchant immédiatement le biberon pour s'emparer de la tasse à bec, et après une brève *ostension à soi* (durée : 1.5 sec.) (dont la fonction est dorénavant celle de préparation à l'action), l'enfant réalise l'usage demandé par l'adulte.

On constate que la signification, dont on a étudié la libération progressive permettant l'instauration d'un *faire émancipé* dans l'agir quotidien via les fonctions exécutives, s'émancipe ici encore davantage pour se déployer en usages symboliques – ainsi que nous renommons les premiers *faire semblant* (e.g. Rodríguez & Moro, 2002) – pratiqués sans contenu, appliqués à un autre que soi, la poupée, flexibles, dans le cas présent réalisés d'abord en solo puis en réponse à la demande de l'adulte, avec des objets différents tels que le biberon ou la tasse à bec.

Dans cette situation, où la signification opère comme généralisation de généralisation, *l'amorce d'un nouveau renversement est observable*, la communication avec soi-même tend à s'émanciper des signes ostensifs[21], l'ostension à soi étant d'ailleurs appelée à disparaître – *où l'on retrouve l'obsolescence signalée plus haut par Sève (2014b). Ce changement de dominance* s'opère entre la communication, initialement inscrite dans l'objet, qui devient plus distale via *l'attention conjointe* avec l'alternance de regard de l'enfant entre le visage de l'adulte et l'objet poupée (Moro, 2014). On remarque – et cela est cardinal – la présence d'une « situation imaginaire » dans un scénario impulsé par l'adulte (Béguin, 2019) où l'enfant s'intègre immédiatement de manière consensuelle, démentant radicalement l'assertion vygotskienne (1933-1934/1987, p. 267) d'une telle absence dans les premières conduites symboliques, reléguées par Vygotskij au rang de quasi-jeu (p. 268).

---

21 L'ostension à soi perd son statut prioritaire et est exercée de manière fugace avec la fonction de préparation à l'action, dont d'autres recherches nous montrent qu'elle va tendanciellement s'éteindre et perdre sa fonction gnoséologique pour rejoindre la « pure » fonction de communication.

Enfin *last but not least : la conscience de l'enfant de sa nouvelle puissance d'agir*, exprimée dans un « haaa » jubilatoire, partagé à la cantonade (i.e. non seulement avec l'adulte, partenaire officiel de l'interaction, mais également avec la chercheuse derrière la caméra).

Au final, ces trois observations montrent combien le signe et la signification à partir de la culture matérielle jouent un rôle moteur dans la vie psychologique et dans son exercice dans le monde au sein d'une psychologie authentiquement concrète que nous avons dialectiquement réenvisagée par le *faire*. Où l'enfant se constitue en véritable acteur de son agir et témoigne de *l'avènement d'une subjectivité historique* advenant avant le *faire semblant*, qui comme nous l'avons asserté, nécessite une repensée de la question de l'outil en termes d'objet-artéfact recelant des propres psychiques pour reprendre les termes de Sève dont nous montrons qu'ils ne peuvent être exemptés de la signification (cf. « la face interne du signe »), significations qui elles-mêmes sont au principe tant du *faire émancipé* que du *faire semblant*. D'où l'impérieuse nécessité de reconsidérer le milieu spécifique au sein duquel le développement se réalise, ici le monde matériel et sa culture, Vygotskij énonçant explicitement que « chaque âge a son milieu » (1934/2018, p. 112).

Coda

Dans cette conversation avec Sève, nous avons tenté d'aller plus loin au travers d'une reconceptualisation par le *faire* de l'ontogenèse à ses prémices – point aveugle de la théorisation historico-culturelle –, dans la ligne de la *6ᵉ thèse sur Feuerbach* en nous appuyant sur les catégories de la dialectique marxienne repérées par Sève dans l'œuvre vygotskienne. Cette exploration à partir de l'activité enfantine, conçue comme dialectique des deux formes antagoniques de l'activité (*Tätigkeit*), nous a permis de réenvisager le développement selon la « logique [matérialiste] du développement en spirale » (Sève, 2018b, p. 62), permettant de rendre visible les deux transformations capitales qui s'opèrent dans l'avènement d'une subjectivité historique chez l'enfant durant la période préverbale : 1) le changement de dominance au principe de la transformation du *faire ensemble* en *faire émancipé*, les significations canoniques recelées dans les objets-artéfacts afférant à la culture matérielle (voie par laquelle nous avons reconsidéré l' « outil »), reconstruites et intériorisées, devenant source de l'agir enfantin dans l'activité quotidienne – où se montre une première figure du renversement dialectique ; 2) puis les significations dès lors devenues plus flexibles, plus mobiles, vont être alors au principe de la nouvelle transformation dialectique qui s'opère cette fois du *faire émancipé* en *faire semblant*, les significations canoniques se métamorphosant en significations symboliques, dans un nouveau renversement. Ces trois modalités du *faire* nous ont ainsi permis de retracer l'avènement d'une subjectivité historique chez l'enfant dès la période préverbale.

L'anthropologie marxienne amorcée dans la *6ᵉ thèse* en faisant monter en première ligne le rapport essence-phénomène (Sève, 2014b, p. 134) et par là « le rapport entre objectif et subjectif », fait de l'essence *l'atout maître* dans l'approche du développement historico-culturel et sémiotique depuis l'agir quotidien jusqu'à l'agir symbolique, qui fait d'elle, pour reprendre Sève, « la catégorie des catégories » à la fois « gnoséo-ontologique - catégorie du connaitre – ou onto-gnoséologique – catégorie de l'être ». Qui plus est, « [p]enser les choses à l'aide de la catégorie d'essence-procès productif signifie considérer le monde non comme fait mais comme se faisant […] non comme ultimement mystérieux mais connaissable – seule vision pratiquement émancipatrice » (pp. 134-135). L'*humanitas* ainsi revisitée nous a permis d'aller au-delà des mots, hors de toute « choséité » (p. 237 ; Sève, 2008, p. 102), dans le rapport à l'essentiel, chercher la forme d'individualité historique « propre » à l'agir du jeune enfant. Ce que nous avons tenté ici de montrer à travers une ré-analyse en surplomb de nos données, à l'aide du tryptique *faire ensemble*, *faire émancipé* et *faire semblant*.

Références bibliographiques

Béguin, M. (2019). *Le rôle du monde matériel et de ses objets dans l'ontogenèse du langage : une approche historico-culturelle et sémiotique* (Thèse de doctorat non publiée). Université de Lausanne.

Berger, A. A. (2014). *What Objects Mean. An Introduction to Material Culture* (2ⁿᵈ Ed.). Left Coast Press Inc.

Csíkszentmihályi, M. (1990). Flow: The Psychology of Optimal Experience. *Journal of Leisure Research, 24*(1), 93-94.

Dupertuis, V. (2020). *Culture matérielle et formes de conscience chez l'enfant entre 8 et 20 mois : une approche historico-culturelle et sémiotique* (Thèse de doctorat non publiée). Université de Lausanne.

Gibson, J. J. (1979). The Theory of Affordances. In *An Ecological Approach to Visual Perception* (pp. 127-143). Houghton Mifflin.

Eco, U. (1976/1992). *La production des signes*. Le Livre de Poche.

Haith, M. M., Bergman, T. & Moore M. J. (1977). Eye Contact and Face Scanning in Early Infancy, *Science, 198*, 853-855.

Hicks, D. & Beaudry M. C. (Eds.) (2010). *The Oxford Handbook of Material Culture Studies*. Oxford University Press.

Lehalle, H. & Mellier, D. (2002). *Psychologie du développement. Enfance et adolescence*. Dunod.

Luria, A. & Vygotskij, L. S. (1930/1992). *Ape, Primitive Mind and Child. Essays in the History of Behavior.* Harvester Wheatsheaf.

Miller, D. (2010). *Stuff.* Polity Press.

Moro, C. (2014). Le rôle de l'usage de l'objet dans la construction de l'attention conjointe et dans l'accès aux intentions d'autrui. In C. Moro & N. Muller Mirza (Eds.), *Sémiotique, culture et développement psychologique* (pp. 55-77). Septentrion.

Moro, C. (2018). Pragmatique de l'objet : fonctions exécutives et émancipation du psychique avant le langage articulé. In A. Iannaccone, Cattaruzza, E. & E. Schwab (Eds.), *Expériences socio-matérielles : objets, interactions et espaces* (27-53). Alphil.

Moro, C. (2022). Jeu et développement psychologique dans l'essai de 1933 : La signification comme ruse de la raison. In B. Schneuwly, I. Leopoldoff Martin & D. N. H. Silva (Eds.), *L. S. Vygotskij : Imagination, Textes choisis. Avec des commentaires et des essais sur l'imagination dans l'œuvre de Vygotskij* (pp. 473-489). Peter Lang.

Moro, C. & Rodríguez, C. (2005). *L'objet et la construction de son usage chez le bébé. Une approche sémiotique du développement préverbal.* Peter Lang.

Niveleau, C.-E. (2006). Le concept gibsonien d'affordance : entre filiation, rupture et reconstruction conceptuelle. *Intellectica, 43*(1), 159-199.

Ottavi, D. (2001). *De Darwin à Piaget. Pour une histoire de la psychologie de l'enfant.* CNRS Éditions.

Parot, F. & Richelle, M. (1994). *Introduction à la psychologie. Histoire et méthodes.* PUF.

Rodríguez, C. & Moro, C. (2002). Objeto, communicación y símbolo. Una mirada a los primeros usos simbólicos. *Estudios de Psicología, 23*(3), 323-338.

Rosenthal, V. & Visetti, Y.-M. (1999). Sens et temps de la Gestalt. *Intellectica, 1*(28), 147-227.

Séris, J.-P. (1974). *La technique.* PUF.

Sève, L. (1989). Dialectique et psychologie chez Vygotskij. *Enfance, 42* (1-2), 11-16.

Sève, L. (1999). Quelles contradictions ? À propos de Piaget, Vygotskij et Marx. In Y. Clot (Ed.), *Avec Vygotskij* (pp. 221-240). La Dispute.

Sève, L. (2008). *Penser avec Marx aujourd'hui. « L'homme » ?* (t. 2). La Dispute.

Sève, L. (2014a). Présentation. In L. S. Vygotskij, *Histoire du développement des fonctions psychiques supérieures* (édité par M. Brossard & L. Sève ; pp. 7-76). La Dispute.

Sève, L. (2014b). *Penser avec Marx aujourd'hui. « La philosophie » ?* (t. 3). La Dispute.

Sève, L. (2018a [2022 pour la version anglaise]). Où est Marx dans la pensée de Vygotskij ? Communication au 7ème Séminaire International Vygotskij, Genève, juin 2018. Repéré à <https://www.unige.ch/SIV2018/files/Seve_2018_Vygotski-Marx.pdf>.

Sève, L. (2018b). Vygotskij : Une démarche dialectique en psychologie. In J. Y. Rochex, C. Joigneaux & J. Netter (Eds.), *6ème Séminaire International Vygotskij : Questions théoriques, recherches empiriques* (pp. 51-65). Équipe CIRCEFT-ESCOL, Université Paris 8 Saint-Denis et CRTD-CNAM. Repéré à <https://www.researchgate.net/publication/340081035>.

Van der Veer, R., & Valsiner, J. (1991). *Understanding Vygotsky : A quest for synthesis*. Blackwell Publishing.

Vygotskij, L. S. (1925/2017). La conscience comme problème de la psychologie du comportement. In *Conscience, inconscient, émotions* (édité par Y. Clot, pp. 61-94). La Dispute.

Vygotskij, L. S. (1926-1933/2022). *Imagination, Textes choisis. Avec des commentaires et des essais sur l'imagination dans l'œuvre de Vygotskij* (édité par B. Schneuwly, I. Leopoldoff Martin & D. N. H. Silva). Peter Lang.

Vygotskij, L. S. (1927/2010). *La signification historique de la crise en psychologie* (édité par J. P. Bronckart & J. Friedrich). La Dispute.

Vygotskij, L. S. (1928-1930/2014). *Histoire du développement des fonctions psychiques* supérieures (édité par M. Brossard & L. Sève). La Dispute.

Vygotskij, L. S. (1933-1934/1987). Early Childhood. In *The Collected Works of L. S. Vygotskij* (Volume 5 *Child Psychology*; édité par R. W. Rieber ; pp. 261-283.). Kluwer Academic/Plenum Publishers.

Vygotskij, L. S. (1933/2022). Le jeu et son rôle dans le développement psychologique de l'enfant. In *L. S. Vygotskij : Imagination, Textes choisis. Avec des commentaires et des essais sur l'imagination dans l'œuvre de Vygotskij* (édité par B. Schneuwly, I. Leopoldoff Martin & D. N. H. Silva ; pp. 295-334.). Peter Lang.

Vygotskij, L. S. (1934/2018). Le problème du milieu en pédologie. In *La science du développement de l'enfant. Textes pédologiques (1931-1934)* (édité par B. Schneuwly & I. Leopoldoff Martin ; pp. 111-130). Peter Lang.

Vygotskij, L. S. & Luria, A. S. (1930/1994). Tool and Symbol in Child Development. In R. Van der Veer & J. Valsiner (Eds.), *The Vygotsky Reader* (pp. 99-174). Blackwell.

Bernard Schneuwly

Quelques figures de la dialectique chez Vygotskij Analyse d'un texte sur le développement de la formation du concept[1]

Sève et la dialectique chez Vygotskij

Sève, dans son impressionnante série de textes qu'il a consacrés à Vygotskij, ne manquait jamais de mettre au cœur de ses interprétations la question de la dialectique. Certes encore absente dans son bref avant-propos à l'édition de *Pensée et langage* enfin traduit en français en 1985, la dialectique apparaît dans le titre même de sa première contribution aux rencontres francophones qui vont dorénavant jalonner la réflexion sur l'œuvre vygotskienne : « Dialectique et psychologie chez Vygotskij » (1989). Relativement superficielle – si l'on ose un tel adjectif dans son travail – il esquisse seulement quelques idées : opposant d'emblée la pensée vygotskienne à celle de Piaget avec son engendrement de structures[2], il décèle chez Vygotskij « une psychologie véritablement dialectique » dont la « dialecticité » se manifeste dans une série d'analyses comme celle de la double racine génétique de pensée et langage, du développement inverse du langage phonétique et sémantique et du rapport entre enseignement et développement. Allant bien au-delà de ces quelques remarques, Sève (1999) analyse la radicale différence de la forme et de la fonction de la contradiction chez Piaget et Vygotskij. Il propose quelques « éclaircissements préalables sur la dialectique » (p. 246), mentionnant trois éléments essentiels : unités des contraires, travail du négatif et surtout, transformant de fond en comble la conception hégélienne du déploiement génétique, l'idée de contradictions irréconciliables qu'il appelle « antagoniques ». Il s'agit là d'un élément essentiel de la conception dialectique de Sève qu'il développe longuement dans plusieurs ouvrages (*Introduction à la philosophie marxiste*, 1980 ; *Science et dialectiques de la nature*, 1998 ; « *La Philosophie* » ?, 2014a) : ces contradictions permettent un « développement transformateur » qui implique un renversement de la domination et – dimension plus difficilement transposable de manière

---

1   Je remercie Rita Hofstetter, Irina Leopoldoff Martin, Thérèse Thévenaz-Christen et Bruno Védrines pour leurs commentaires d'une première version du présent texte.

2   Rappelons ici le jugement plus général de Sève qui considère que le structuralisme s'inscrit dans une « culture radicalement non dialectique de la forme » (1984, p. 237).

générale à la théorie vygotskienne me semble-t-il – abolition de l'un des termes de la contradiction, ce paradigme étant issu de l'analyse de la lutte des classes (il ne reviendra d'ailleurs pas sur cette dimension dans ses textes sur Vygotskij). Il reprend alors certaines des caractéristiques de la dialectique et, dans un exercice d'application pourrait-on dire, transpose son concept général de la dialectique sur un texte vygotskien essentiel, à savoir le chapitre 5 de *Histoire du développement des fonctions psychiques supérieures* (1928-1930/2014). Cela lui permet de montrer que l'unité des contraires qui meut le développement se situe entre individu et milieu. Contrairement aux apparences, il s'agit là bien de fait d'une contradiction interne résultant de l'unité des contraires puisque l'externe n'est pas « ici vraiment *autre chose* que *l'interne* » (p. 254), les fonctions psychiques supérieures n'étant en réalité que des « rapports réels entre les hommes », une « métamorphose de rapports sociaux en fonctions psychiques », écrit Vygotskij. Le développement est appropriatif, un « développement *interne* d'essence *externe* », pour prendre une autre formulation dont Sève a le secret ; il est « négation de la négation, le dépassement dialectique de cette opposition » (pp. 258-259).

Réfléchissant sur la révolution anthropologique réalisée par Vygotskij, Sève (2008) analyse la « ruse de la raison » (Hegel) que constitue la médiation, l'activité médiatisante, le fait d'utiliser les propriétés des choses pour transformer la nature et que Vygotskij transpose sur le signe comme outil pour agir sur d'autres et soi-même. L'autostimulation, écrit Sève, par exemple le nœud du mouchoir, « constitue un 'saut qualitatif', une *Aufhebung*, un dépassement hégélien » (p. 325). Les fonctions élémentaires que transforme fondamentalement l'autostimulation en fonctions supérieures grâce à la médiation des signes ne disparaissent pas, mais passent à un stade supérieur.

Dans sa longue introduction à *Histoire du développement des fonctions psychiques supérieures* (2014b), il revient sur la question de la dialectique, insistant fortement sur le fait que ce n'est que dans *Le Capital* qu'on peut trouver la « *logique de la contradiction* non pas comme mouvement de l'Idée, mais comme essence de tout réel » (p. 41). Et que c'est de fait ici que Vygotskij l'a puisé pour l'essentiel, mettant en œuvre sa fameuse phrase « La psychologie a besoin de son propre *Capital* » (1927/2010, p. 273) ; et Sève de déployer autrement encore son concept de dialectique, soulignant plus particulièrement que l'évolution résultant du déploiement des contradictions est jalonnée de crises, concept dont on connaît la fécondité dans la conception vygotskienne qui va de pair avec les nécessaires ruptures constituant des sauts qualitatifs dans le développement psychique. Non moins importante, cette autre figure de la dialectique : le renversement des rapports essentiels, le primat d'un des éléments sur l'autre devenant dépendance de la domination de l'autre. Il termine par ce qui traverse continuellement le rapport entre les contraires, leur nécessaire lutte qui met sans cesse l'unité en danger, et il donne, de manière surprenante, l'exemple de l'éducation : « Là où l'ancienne théorie pouvait parler de concordance, écrit Vygotskij, la nouvelle parle de lutte » (1928-1930/2014, p. 494).

Ces « figures » de la dialectique se trouvent partout dans le texte vygotskien affirme Sève. Dans son essai pour le 7ᵉ Séminaire international Vygotskij tenu à Genève en 2018[3], il remet l'ouvrage sur le métier en posant la question « Où est Marx dans l'œuvre et la pensée de Vygotskij ? » (texte publié dans le présent volume également). Il aborde la question autrement encore, en décrivant d'abord comment fonctionne la dialectique, reconfigurée par Marx à partir du « système clos des essentialités pures de tout ce qui est » proposé par Hegel, en un « *réseau ouvert* des catégories universelles de la pensée rationnelle – par exemple essence et apparence, abstrait et concret, universel et particulier, matière et forme » (p. 7) : la « *logique* du Capital » est ce qu'a légué Marx comme systématisation de la dialectique et que Vygotskij s'est appropriée au point d'en faire sa boussole dans la pensée qu'il propose, tout en avançant d'autres catégories, propres à la psychologie. Et Sève de citer : analyse et synthèse, structure et processus, interne et externe, naturel et social. Sève développe un exemple en discutant la catégorie d'essence. On connaît bien à ce propos la fameuse 6ᵉ thèse de Feuerbach sur l'essence de l'homme à laquelle Vygotskij fait régulièrement référence. Sève montre concrètement comment Marx reconceptualise le concept d'essence, notamment dans cette 6ᵉ thèse, en inversant la définition classique, idéaliste, d'idéalité, inhérence et invariance : l'essence n'est pas idéalité seulement, mais aussi profondément matérielle ; elle n'est pas interne à l'origine, mais externe pour s'intérioriser ; elle n'est pas invariante, mais évolutive. On reconnaît sans peine dans cette révolution fondamentale du concept d'essence un mode de pensée qui est constant dans tout le travail de Vygotskij. Sa critique du concept de structure chez les Gestaltistes est nourrie du même mode de pensée : la « Gestalt », la structure, n'est pas invariable, mais recèle des contradictions qui la rendent nécessairement évolutive. Autre endroit où l'essence est pour ainsi dire mise en mouvement : l'analyse du rapport entre pensée et mot conçu comme processus. Ou plus généralement encore, comme le formule Sève, « l'essence du psychisme humain est toujours à chercher en dernière analyse dans les *rapports historiques* où il se produit » (p. 9). La dialectique – ici cette profonde révision d'une catégorie fondamentale de la dialectique hégélienne, l'essence, en son contraire ; ce qui constitue l'une des

---

3   Pour un historique de ces séminaires, voir l'introduction aux textes de Sève dans le présent volume.

significations du renversement qu'opère Marx avec la dialectique idéaliste – fait totalement corps avec la pensée de Vygotskij.

La formation du concept[4] : une néoformation au cœur du travail de Vygotskij

Sève nous lègue ainsi de précieuses analyses de l'usage de la dialectique chez Vygotskij et ouvre des pistes. Et il nous incite explicitement à continuer la quête pour mieux comprendre encore le mode de pensée et d'analyse de Vygotskij. C'est ce que nous allons faire dans la suite du développement en analysant en profondeur les dimensions dialectiques que le savant russe met en œuvre dans un texte que nous considérons comme essentiel, mais qui n'est guère commenté systématiquement. Nous allons y suivre à la loupe ce qu'on pourrait reconnaître comme des figures dialectiques telles que nous venons de les rappeler brièvement grâce aux pénétrantes analyses de Sève. Il s'agit du chapitre « Le développement de la pensée chez l'adolescent et la formation du concept » dans *Pédologie de l'adolescent* (1931)[5]. Plusieurs raisons président à ce choix. La première est superficielle : la lecture, même rapide, du texte révèle immédiatement que les figures dialectiques y jouent un rôle fondamental : le texte paraît donc propice pour approfondir les analyses entamées par Sève. Mais il y a bien plus. La question de la formation du concept est certes régulièrement discutée dans la littérature secondaire[6], mais il me paraît que sa place centrale dans la pensée vygotskienne à partir de 1930 n'est guère systématiquement prise en considération. Le concept et la formation du concept comme « néoformation » qui se stabilise à l'âge de transition seulement ainsi que

---

4   Je reprends la traduction de Françoise Sève qui utilise le singulier pour « concept » ; elle est proche de la traduction allemande « Begriffsbildung » ; en anglais, on trouve aussi bien « concept formation » que « formation of concepts » avec le pluriel ; idem pour l'italien, portugais et espagnol.

5   Nous nous basons sur les versions allemande (1931/2003) et anglaise (1931/1987), tout en vérifiant dans la version russe originale. Je cite en général le texte anglais sans le traduire, mais réfère parfois, quand la version anglaise est trop insatisfaisante, voire incomplète, à la version allemande en traduisant les passages cités.

6   Voir par exemple Blunden (2012) ; Dafermos (2019) ; Kozulin (1990) ; Van der Veer (1998). Souvent, c'est le concept scientifique qui est travaillé : Bazile et Mayen (2002) ; Brossard (2008) ; Glassman, Lin, Tzu-Jung & Yon (2023) ; Howe (1996) ; Vergnaud (1989) ; Wardeker (1998). Towsey (2009) a inauguré une riche réflexion sur le développement des concepts (voir aussi Towsey & Macdonal, 2009). Le recueil des interventions au symposium sur le concept est particulièrement enrichissant : Towsey, Kellogg, & Cole (2010).

l'unité qui permet l'analyse de son développement, à savoir la signification du mot, unité contradictoire s'il en est, sont peu au centre de ses préoccupations. Et pourtant, pour ses travaux de la dernière période[7], il n'y a guère d'unité qui recèle plus d'importance pour Vygotskij que la formation du concept. Très prosaïquement d'abord, la formation du concept constitue le point d'aboutissement du développement à l'âge de transition. Il s'agit d'une construction psychique nouvelle, d'une « néoformation » comme dit régulièrement Vygotskij, qui constitue un système englobant tout en transformant de nombreuses fonctions psychiques développées auparavant et qui, dans une configuration inédite, rend possible la formation du concept qui domine dorénavant les autres (voici justement une figure dialectique décrite par Sève : le primat qu'acquiert l'un des éléments sur d'autres devenant dépendants). Autrement dit, loin de constituer un phénomène isolé, il s'agit de la transformation de la personnalité dans son ensemble, y compris les affects ou émotions.

Cette manière de poser le problème est esquissé en détail dans le texte programmatique que constitue « Sur les systèmes psychologiques » (Vygotskij, 1930/1987). Il s'agit d'une intervention de Vygotskij devant son équipe de recherche, sténographiée le 9 octobre 1930. La manière d'introduire le texte en écrivant « what I plan to report surpasses in complexity the system of concepts with which we have operated thus far » (p. 1[8]) annonce un changement radical. Je pense donc que cette intervention suit la rédaction de *Histoire du développement des fonctions psychiques supérieures* que Sève a très justement situé comme étant rédigé à partir de 1928, mais que Vygotskij n'a précisément jamais voulu publier, voire n'a pas complètement achevé. L'intervention sur les systèmes psychologiques

---

7   Nous proposons de distinguer quatre périodes (voir l'introduction in Vygotskij, 1926-1933/2022), avec bien entendu des frontières fluides : celle de Gomel démarrant en 1919 avec son engagement comme formateur d'enseignants débouchant sur *Pédagogie psychologique* et *Psychologie de l'art* ; celle débutant avec son engagement à Moscou en 1924 et se terminant par *La signification de la crise en psychologie* ; celle, « instrumentale », démarrant vers 1927 et débouchant sur son ouvrage *Histoire du développement des fonctions psychiques supérieures* ; et la dernière, qu'initie notamment son texte « Sur les systèmes psychologiques » (1930/1987); tournant « sémiotique » avec la signification et la formation du concept au cœur, et comme publications marquantes – nous ne citons que les titres ici – le dernier volume de *Pédologie de l'adolescent*, *Leçons de pédologie*, *Leçons de psychologie* et bien sûr *Pensée et langage* et *Théorie des émotions*.

8   Je cite le texte Vygotskij (1930/1987) selon la version non paginée, accessible sous <https://www.marxists.org/archive/vygotsky/works/1930/psychological-systems. htm>. Le lecteur trouvera facilement les passages en téléchargeant le document.

en permet de comprendre une raison. Elle met en question l'une des caractéristiques fondamentales de l'ouvrage sur les fonctions psychiques supérieures :
elles sont analysées sans, pour l'essentiel, penser les relations entre elles formant
systèmes, critique que Vygotskij s'adresse à lui-même et son équipe. Les autres
raisons possibles de la non-publication de l'ouvrage *Histoire du développement
des fonctions psychiques supérieures* semblent être (voir El'konin, 2003), selon
Vygotskij lui-même, la difficulté de théoriser la question des affects ; ceci est en
lien avec une autre raison, l'absence d'une théorie de la formation du concept
que Sève considère comme l'une des raisons possibles de la non-publication
(ce qui d'ailleurs, comme nous l'avons montré ailleurs, ne lui permet pas non
plus encore de théoriser la question de l'imagination et son rapport à la pensée ;
Schneuwly, 2022)

Dans son intervention sur les systèmes psychologiques, la place du concept
est déjà centrale et l'on peut considérer la suite du travail vygotskien comme
une mise en œuvre du programme de recherche que constitue en réalité ce
texte. Voyons plutôt : « Adolescence is the age when world view and personality
take shape, when self-consciousness and coherent notions of the world develop. Thinking in concepts is at its basis » (p. 13). La formation du concept doit
être conçue comme un système qui met en connexion plusieurs autres. Loin
cependant de constituer un processus d'abstraction croissante selon la logique
formelle qui aboutit à une vision du concept comme appauvri, loin de la réalité,
« dialectical logic demonstrated that the concept is not such a formal schema.
It is not the totality of features abstracted from the object. It yields much richer
and more complete knowledge of the object transfert » (p. 12). Les concepts ainsi
définis fonctionnent en un système complexe également avec les affects comme
il le montre à travers un petit exemple sur la jalousie. Mais plus encore : il paraît
bien que la schizophrénie et d'autres maladies mentales consistent en la perte
des constructions psychologiques les plus récentes dans le développement, et
plus particulièrement de la formation du concept : développement et désintégration de la formation du concept s'éclairent mutuellement, donnant une autre
dimension encore à l'analyse de cette néoformation. Il semblerait bien que cette
manière de voir ait été fortement influencée par sa lecture, en 1929, des *Cahiers
bernois* de Lénine (j'y reviendrai plus bas) qu'il cite à un endroit crucial du texte
pour montrer l'importance du concept :

> La plus simple *généralisation*, la première et la plus simple formation de *concepts* (juge-
> ments, syllogismes, etc.) signifie la prise de connaissance par l'homme de la liaison
> *objective* de plus en plus profonde de l'univers. C'est ici qu'il faut chercher le sens véri-
> table, la signification et le rôle de la logique de Hegel. (Lénine, 1914-1915/1973, p. 169)

Anatomie d'un texte essentiel, mais peu lu, de Vygotskij

Nous allons donc mettre au crible de l'analyse de la dialectique telle qu'envisagée par Sève le texte sur le développement de la pensée chez l'adolescent et la formation du concept. Il est nécessaire dans un premier temps de situer ce texte.

En fait, il constitue un chapitre qui fait partie d'un cours à distance sur la *Pédologie de l'adolescence* paru en trois volumes. Le premier, paru en 1929, contient une présentation de la pédologie proche du texte *Fondements de pédologie* publié en français (Vygotskij, 1934/2018). Le deuxième (1930) porte sur les conflits et complications de l'âge de transition (en général considéré comme se situant entre 12 et 16 ans, l'adolescence justement) sur la base d'une définition d'emblée dialectique, contradictoire, des caractéristiques du développement à l'âge de transition : « Sexual maturation begins and ends earlier than the end point of overall general-organic development in the adolescent, and before the teenager takes the final step in his own socio-cultural formation » (1929-1930/2022, p. 81). Dans les deux premiers volumes, Vygotski explore plus particulièrement les deux premières caractéristiques du développement – maturation sexuelle et développement général-organique – pour se consacrer dans le troisième (1931) à la question de la formation socio-culturelle. Celle-ci est abordée en deux parties : la psychologie de l'adolescent et les problèmes sociaux (profession, comportement social, travail). La partie consacrée à la psychologie comprend à son tour quatre chapitres dédiés aux intérêts, à la pensée et la formation du concept, à une vue d'ensemble du développement des fonctions psychiques supérieures du point de vue systémique et de leur désintégration dans l'hystérie, l'aphasie et la schizophrénie, et à l'imagination et l'activité créatrice. L'ouvrage se termine par un chapitre dédié à la dynamique et structure de la personnalité de l'adolescent. Le chapitre dédié à la formation du concept est central dans la mesure où toutes les fonctions psychiques (y compris celle appelée « pensée pratique » ou « agir en pensée ») subissent une transformation fondamentale à travers le développement de cette néoformation, tout comme inversement la désintégration porte sur cette dernière construction psychologique ; et l'imagination – on notera qu'elle n'est pas traitée comme une fonction parmi d'autres ; de fait elle est considérée comme un système autonome – entre dans un rapport complexe et particulier avec la pensée à travers la formation du concept (voir à ce propos notamment Schneuwly, 2022). La structure même du texte montre donc encore une fois la centralité de la construction du système de formation du concept. À cela s'ajoute l'étendue du texte : la plupart des chapitres comprennent entre 20 et 30 pages, celui sur le développement et la désintégration des fonctions psychiques supérieures du point de vue systémique une soixantaine, celui sur la formation du concept fait environ 100 pages (dans la version anglaise) : il faut en effet additionner aux pages dédiées à ce chapitre dans le volume 5 des *Collected works* le chapitre 5 de *Pensée et langage* sur l'analyse expérimentale du développement des concepts que Vygotskij a extrait à l'identique de *Pédologie de l'adolescence* pour l'inclure dans son dernier livre, ce qui montre une fois encore la place centrale qu'il accorde à la formation du concept. Il s'agit donc d'un chapitre de la taille d'un livre.

Voici brièvement la construction de ce volumineux texte qui aborde la construction psychologique centrale du système de la personnalité de l'adolescent et de l'adulte, idée qu'il développera notamment dans *Pensée et langage* à travers tous les chapitres, en prenant comme objet d'analyse la signification du mot ; mais également, nous l'avons vu, dans ses analyses de la psychopathologie, y compris des enfants déficients, de l'imagination et des affects. Les quatre premiers volets du chapitre sont dédiés à une critique fondamentale des théories du développement des concepts en montrant qu'elles ne donnent pas une explication suffisante pour le changement des contenus de pensée sur lesquels elles insistent pourtant forte-ment puisqu'elles ne théorisent pas les outils nécessaires pour penser ces contenus, à savoir les *formes* de pensée ; ces dernières sont conçues comme invariables. Pour comprendre les changements de la pensée des adolescents, il est nécessaire d'aborder le développement de la pensée du point de vue de l'unité de forme et contenu, figure dialectique s'il en est (je vais y revenir). Les 18 volets suivants, qui forment donc le chapitre 5 de *Pensée et langage*, abordent le développement des concepts chez l'enfant selon deux points de vue entièrement différents. Les neuf premiers rendent compte des résultats de la fameuse expérience conçue par Sakharov (1929/1994) transformant la démarche d'Ach en y introduisant le prin-cipe de double stimulation. L'analyse des résultats met en évidence trois formes principales de généralisation, minutieusement décrites : la « pensée syncrétique par tas » ; la « pensée par complexes » dont la forme la plus aboutie est le pseu-do-concept ; et la « pensée par concepts » à proprement parler. Notons cependant que cette dernière, de fait, n'est abordée et définie de manière approfondie que dans le dernier volet, de manière relativement sommaire d'ailleurs[9]. À partir du volet 10, Vygotskij développe certains aspects de la « pensée réelle et vivante de l'enfant » (1934/1985, p. 172) dans laquelle le pseudo-concept domine ; autre-ment dit, l'analyse expérimentale est complétée par une analyse génétique, his-torique, fonctionnelle qui comprend également l'autre racine de la formation du concept, non historique, non guidée par le mot, que sont les concepts potentiels

---

9   On trouve un bon résumé in IRES de Toulouse (sans date).

qui apparaissent déjà chez l'animal et le petit enfant et constituent la base biologique de la potentialité des concepts, des « concepts potentiels » justement[10].
Le volet 18 final entre enfin en matière sur la question du concept s'ouvrant par
l'affirmation que la pensée conceptuelle n'apparaît qu'à l'âge de transition. Ce volet
aborde quelques limitations de la pensée adolescente, puis, après une nouvelle
critique de Bühler, aboutit à ce fameux passage, mais qui de fait n'est pas démontré
dans le chapitre[11] :

> À sa formation [du concept] participent toutes les fonctions psychiques élémentaires en
> une combinaison spécifique, l'élément central de cette opération étant l'emploi fonction-
> nel du mot comme moyen de diriger volontairement l'attention, d'abstraire, de différen-
> cier les traits isolés, d'en faire la synthèse et de les symboliser à l'aide d'un signe. (p. 204)

À l'adolescence apparaît donc « cette structure significative spécifique que nous
pouvons appeler concept dans la véritable acception de ce mot » (p. 206). Une
lecture superficielle pourrait alors laisser accroire que c'est le chapitre suivant
concernant les « concepts scientifiques » qui aborderait le « vrai » concept[12]. Il
n'en est rien : de fait, l'essentiel vient ailleurs, à savoir dans la suite du texte dans
Pédologie de l'adolescence[13]. L'analyse plus approfondie et systématique de la pensée
conceptuelle des adolescents est réalisée dans les volets 25 à 30, ce dernier

---

10 Notons entre parenthèses que dans l'analyse de Miller (2012) le concept potentiel
     constitue l'essentiel du développement de la formation du concept, ce qui lui permet
     de rapprocher Vygotski de Piaget. Ceci ne nous paraît pas tenable : Miller absolutise
     ainsi justement le biologique par rapport à l'historique. Prot (2003, 2012) propose,
     quant à lui, une réinterprétation intéressante du concept potentiel comme permettant
     d'articuler concept quotidien et concept scientifique.
11 Il le sera plutôt dans le chapitre suivant de *Pédologie de l'adolescence*, dédié aux fonctions
     psychiques supérieures à l'âge de transition.
12 Cette confusion a été critiquée par un certain nombre d'auteurs, notamment Fleer
     (2009) qui observe le rapport dialectique entre concepts quotidiens ou spontanés et
     concepts scientifiques au jardin d'enfants, ou Clarà (2017), qui fait une analyse très
     pertinente de cette confusion.
13 Curieusement, dans les versions anglaise et allemande il est dit que les volets 5 à 24
     du chapitre sur le développement de la pensée à l'âge adolescent ont été intégralement
     repris dans le chapitre 5 de *Pensée et langage*. Mais de fait, ce chapitre contient 18 et
     non pas 20 volets. Et en ajoutant aux 4 volets les 18 de *Pensée et langage* on arrive à 22.
     Or, dans les deux versions, le texte reprend avec le volet 25 : où sont passés les volets 23
     et 24 ? Nous sommes en train d'essayer d'élucider ce problème avec Irina Leopoldoff.

comprenant notamment une théorie plus générale de ce qu'est un « vrai » concept. Dans ces volets, le rapport forme-contenu joue à nouveau un rôle central[14]. Cette partie essentielle se termine par un paragraphe qui contient la phrase suivante :

> With this we can conclude the review of the changes that occur in the content of an adolescent's thinking. We can assert that all changes in the content, as we have pointed out repeatedly, necessarily also presuppose a change in the form of thinking. (1931/1987, p. 57)

Et pourtant le texte continue encore sur 10 volets : il porte alors essentiellement sur la question de la manière de décrire la pensée de l'enfant chez de nombreux auteurs – avant tout Piaget d'ailleurs – pour préciser la question de la transition. Ce n'est que dans le bref chapitre final que Vygotskij reprend la thèse centrale : la capacité de penser en concepts constitue l'élément central de l'âge de transition qui transforme toutes les autres fonctions et plus généralement la personnalité de l'adolescent. Nous laisserons donc de côté ces 10 derniers volets.

Unité de forme et contenu

Entrons maintenant plus en profondeur dans le texte pour y repérer la manière d'analyser la formation du concept comme néoformation, restructurant tout le psychisme de l'adolescent. Et prenons la porte que Vygotskij lui-même propose pour y pénétrer. Il fait, comme à l'accoutumée, une présentation des principaux auteurs ayant travaillé sur la pensée des adolescents, à savoir notamment Charlotte Bühler (mais aussi Karl, avec cependant pour ce dernier une analyse plus approfondie encore qui sera menée plus avant dans le texte), Kroh et, bien sûr, Spranger, théoricien incontournable de la problématique des adolescents qui en a fait un

---

14 Ce rapport n'apparaît pas du tout dans le chapitre 5, à une occurrence près en parlant de Ach. Ceci nous incite à penser que les volets publiés dans le chapitre 5 de *Pensée et langage* constituent une couche antérieure du chapitre sur le développement de la pensée chez l'adolescent, probablement écrit comme condensé de l'expérience de Sakharov, en 1928-1929 déjà, à l'exception du dernier volet où apparaît l'idée du système interfonctionnel (voir citation plus haut dans le texte). Notons que dans la brève présentation faite au *Premier congrès pansoviétique sur l'étude du comportement humain*, du 25 janvier au 1er février 1930, Vygotskij mentionne dès le début l'implication de toutes les fonctions intellectuelles fondamentales dans la formation du concept (Vygotskij 1930/2009). La véritable théorie des concepts n'était pas encore à la portée de Vygotskij à ce moment-là (voir à ce propos les raisons de l'abandon de la publication de *Histoire du développement des fonctions psychiques supérieures*) : il avait besoin précisément d'une nouvelle manière de penser le rapport forme-contenu comme figure dialectique essentielle ; et aussi d'un concept de concept plus développé.

domaine de recherche à partir des théories de Dilthey notamment. Vygotskij reconnaît leurs contributions qui consistent à décrire en détail l'enrichissement progressif des contenus dans la pensée des adolescents en lien avec l'élargissement substantiel de leurs cercles d'intérêts et connaissances. Au centre de la crise que constatent tous ces auteurs, se trouvent les changements émotionnels qui se manifestent dans ces contenus. Tout se passe donc comme si les formes de pensée, qui restent constantes, étaient remplies de nouveaux contenus. La rupture entre forme et contenu caractérise la pensée dualiste et métaphysique des auteurs cités. Cette idée de séparation provient notamment aussi du fait que les contenus sont considérés comme historiquement donnés, tandis que les formes de pensée, quant à elles, seraient biologiquement déterminées. Or, affirme Vygotskij, forme et contenu ne peuvent être séparés ; certains contenus impliquent des formes spécifiques de pensée tout comme inversement de nouvelles formes permettent de nouveaux contenus. Friedrich (1993) a décrit ce processus en détail en le caractérisant de manière générale comme « ein Forminhalte generierender Prozess » (p. 118), un processus générant des formes-contenus, à travers notamment une démarche de généralisation créant de nouvelles formes de concepts dans le développement, la signification du mot jouant un rôle essentiel dans cette activité médiatisante (voir plus bas). Forme et contenu constituent une unité contradictoire, mais unité néanmoins que leur contradiction même fait avancer. Cette unité de forme et de contenu est l'un des postulats essentiels de la *Science de la logique* de Hegel que Vygotskij étudie en détail à travers les *Cahiers bernois*[15] de Lénine. On trouve ici des formules très proches de celles que Vygotskij utilise pour critiquer les auteurs cités. Citant Hegel, Lénine écrit :

> il n'est pas vrai que les Denkformen soient seulement des 'Mittel', 'zum Gebrauch'. Il n'est pas vrai non plus qu'elles soient des 'äussere Formen, 'Formen die nur *an dem* Gehalt, nicht der Gehalt selbst sein' (des formes qui soient attachées au contenu et non le contenu lui-même).

Et il paraphrase : « Hegel quant à lui, exige une logique dont les formes soient des *gehaltvolle Formen*, des formes au contenu réel vivant, des formes inséparablement unies au contenu » (1914-1915/1973, p. 90).

Cette idée d'unité de forme et contenu a des conséquences essentielles que tire Vygotskij. La première consiste à dire que seule l'unité de forme et contenu

---

15 Pour cette appellation, nous nous référons à Zhang (2012) : il s'agit de la partie des *Cahiers philosophiques* de Lénine consacrés à la science de la logique et quelques autres textes philosophiques écrits à Berne entre fin 1914 et début 1915 ; ce sont ces textes que Vygotskij a lus et qu'il cite assez régulièrement (voir la note de Zavershneva & Van der Veer, 2018, p. 133).

permet de dépasser le gouffre entre développement historique et biologique de l'enfant et de créer un point de vue pour comprendre la dynamique du développement de la forme et du contenu de la pensée dans leur unité dialectique. Le moment historique donné permet de comprendre les relations d'interdépendance qui caractérisent aussi bien le contenu que la forme de notre pensée. Cette unité contradictoire fait que le passage à la pensée par concepts constitue une véritable révolution : où l'on trouve l'idée fondamentale de crise et rupture comme caractéristique de la pensée dialectique.

Logique dialectique – concret/abstrait/concret pensé

La deuxième conséquence est plus importante encore. En séparant forme et contenu, de fait les auteurs que critique Vygotskij se réfèrent à la logique formelle décrivant la forme de la pensée de manière anhistorique. Le développement des concepts est par conséquence aussi considéré exclusivement comme processus d'abstraction qui par essence s'éloigne du réel selon la loi de la proportionnalité inverse : plus un concept est abstrait, plus son contenu est limité. La pensée abstraite est considérée comme éloignement de la réalité. Cette approche est en général appliquée aussi en psychologie. À cette théorie abstraite, sèche, vide et grise comme dit Vygotskij citant Goethe, il oppose la logique dialectique selon laquelle la pensée inclut non seulement le général, mais à travers le général aussi le particulier. Penser un objet en termes de concepts signifie le mettre dans un système complexe de connexions et relations afin de saisir un objet de la réalité. Plus encore : un concept doit être vu comme un agrégat de jugements, un ensemble d'actes de pensée, une réflexion profonde, longue d'un objet de la réalité qui vise « a thorough and penetrating reflection of an object of reality in all its complexity and diversity, in connections and relations to all the rest of reality » (1931/1987, p. 55). La construction des concepts implique toujours un long processus de pensée, un mouvement continuel de mise en relation avec d'autres. Du point de vue des contenus, leur maîtrise constitue pour les adolescents un moyen de connaître systématiquement la réalité et le monde extérieur, mais également un moyen essentiel pour comprendre autrui, s'approprier l'expérience et adapter sa propre pensée à celle plus générale du monde extérieur, et finalement un moyen pour systématiser son propre monde intérieur, de construire une conscience de soi. Cette définition abstraite, générale du « vrai » concept concentrée notamment dans le volet 29, est clairement inspiré de la lecture de Hegel à travers Lénine. Deux idées paraissent essentielles à cet égard. L'une apparaît dans le passage qu'il cite dans le texte sur les systèmes psychologiques et dans lequel Lénine reformule un aspect essentiel de la théorie des concepts de Hegel que nous avons déjà cité plus haut : « La première et la plus simple formation de *concepts* (jugements, syllogismes, etc.)

signifie la prise de connaissance par l'homme de la liaison *objective* de plus en plus profonde de l'univers » (1914-1915/1973, p. 169) ; et peut-être plus important encore : « L'analyse des concepts, leur étude, 'l'art d'opérer avec eux' (Engels) réclame toujours l'étude du *mouvement* des concepts, de leurs liaisons, de leurs passages réciproques » (pp. 238-39). L'autre idée est formulée dans un passage où Vygotskij est encore plus précis : abordant la question de savoir ce que la pensée par concepts apporte de neuf pour la connaissance de la réalité comparée à la pensée concrète, intuitive (« anschaulich » en allemand), il insiste sur le fait que, certes, le concept ôte une série de dimensions de la perception concrète, mais contestant la vision à la Galton ou de la logique formelle, il montre que l'essentiel réside dans le fait que le concept apporte dans la perception toute la richesse des relations multiples qui ne lui sont pas accessibles. « Le concept ne reflète pas seulement la réalité, mais il la systématise aussi, intègre les informations de la perception concrète et développe les relations et rapports inaccessibles à la simple perception ». Et Vygotskij de citer le fameux commentaire de Lénine citant Hegel :

> Sur le fond, Hegel a entièrement raison contre Kant. La pensée, en s'élevant du concret à l'abstrait, ne s'éloigne pas – si elle est *correcte* (NB) [...] – de la vérité, mais s'approche d'elle. [...] De l'intuition vivante à la pensée abstraite, et d'elle à la pratique tel est le chemin dialectique de la connaissance de la *vérité*. (Vygotskij, 1931/2003, p. 459, citant Lénine, 1914-1915/1973, pp. 160-161)

Vygotskij termine cette analyse du concept dans le contexte de la logique dialectique en revenant à la question du rapport contenu et forme :

> Consequently, from our point of view, the structure of a concept is disclosed in a system of judgments, in a complex of acts of thinking that represent a single whole formation which has its own principles. In this representation, we find the main idea on the unity of form and content as the basis of the concept realized. (1931/1987, p. 56)

Ailleurs, à la fin du chapitre de *Pédologie de l'adolescent* qui suit celui sur la formation du concept et dans lequel il fait la synthèse des travaux sur les différentes fonctions psychiques supérieures participant au système de la formation du concept, il dit autrement encore ce qu'apporte de nouveau cette néoformation pour l'adolescence et qui va bien au-delà de la transformation des contenus de la pensée : il s'agit de la formation de la personnalité et de la vision du monde.

Mais il va de soi que cette analyse, qui d'ailleurs curieusement termine, comme nous l'avons vu, son approfondissement et sa définition de la pensée en concept, ne nous dit rien de fait sur les contenus. Des éléments à ce propos sont donnés dans des volets précédents et la dernière partie du chapitre sur la formation du concept y est de fait dédié. Mais il est important maintenant d'analyser d'autres aspects du développement et du fonctionnement des concepts dans lesquels se manifestent des dimensions de pensée dialectique.

Médiation par la signification du mot

L'origine dialectique du concept de médiation chez Vygotskij – « la ruse de la raison » – est largement connue, et d'ailleurs Sève l'a amplement commentée comme nous l'avons noté plus haut. Ce concept constitue la matrice fondamentale des analyses proposés dans *Histoire du développement des fonctions psychiques supérieures*. De fait, à première vue, la signification du mot qui est l'outil médiateur du développement de la pensée en concept, se situe dans le prolongement direct de cette conception. C'est ainsi qu'on peut lire l'analyse du développement des concepts dans le chapitre 5 : il s'agit bien d'utiliser le mot (la signification du mot, de fait ; mais Vygotskij utilise régulièrement « mot ») comme moyen – outil psychologique – avec lequel l'adolescent peut maîtriser ses propres processus psychiques et ainsi résoudre des problèmes qu'on lui pose. Mais il y a une différence spécifique essentielle qu'introduit Vygotskij : la signification du mot ne se limite nullement à la pensée, à la résolution de problèmes. Le processus est bien plus général : à travers le mot, il est possible d'intégrer de nombreuses fonctions psychiques dans un système cohérent qui constitue précisément la formation du concept comme néoformation. Le tout détermine la fonction des fonctions subordonnées. La formation du concept présuppose cette maîtrise des processus tout comme inversement leur maîtrise se réalise par l'intégration dans le système. C'est ce dernier comme synthèse de relations interfonctionnelles qui apporte une nouvelle perspective au processus de médiation, la création du système – la formation du concept sous la forme que nous avons vue plus haut ordonnançant une large série d'autres fonctions : attention, mémoire, pensée pratique, perception pour citer les plus importantes. Les restructurations profondes que subissent des fonctions en devenant partie du système sont décrites plus en détail dans le chapitre qui suit celui sur la formation du concept dans *Pédologie de l'adolescent*. Globalement, on peut le décrire, en reprenant une analyse proposée par Sève, comme processus de renversement : des fonctions dominantes, notamment mémoire et perception, dans le processus de construction, deviennent dominées, parties d'un tout que structure la formation du concept[16].

---

16 Notons que l'imagination non seulement n'est pas intégrée dans ce système et traitée dans les chapitres sur le développement de la formation du concept ou le développement des fonctions psychiques supérieures : un chapitre entier lui est consacré. Comme nous le montrons ailleurs (Schneuwly, 2022), l'imagination est considérée par Vygotskij comme un système propre qui fonctionne comme « unité de contraires » avec la pensée conceptuelle, créant une autre forme de dynamique encore et constitue la condition de la volonté et de la liberté humaines.

Ce n'est que l'usage du mot qui permet cette restructuration : « le concept est impossible sans les mots, la pensée conceptuelle est impossible sans la pensée verbale » (Vygotskij, 1934/1985, p. 157). Cette pensée en système rendue possible par la signification du mot se réfère à une autre figure de la dialectique que Lénine a décelée dans son analyse de la science de la logique en tentant d'en faire la synthèse en 16 points, un texte dont on est certain que Vygotski l'a lu (il y puise le concept d'automouvement ; voir point suivant). L'examen objectif d'une chose implique qu'on considère « la totalité entière des *rapports* multiples et divers de cette chose aux autres, le *développement* de cette chose (respectivement de ce phénomène), son mouvement propre, sa vie propre » (1914-1915/1973, p. 209).

Automouvement

À plusieurs endroits du texte, Vygotskij se pose la question des conditions de la possibilité du développement de la formation du concept à l'âge de transition. Tout développement, toute néoformation est le résultat de contradictions qui impliquent unité de contraires comme le montre Sève dans ses pénétrantes analyses. Nous avons vu que la contradiction essentielle est bien celle entre extérieur et intérieur, et Vygotskij y fait en effet d'emblée référence dans le chapitre 5 de *Pensée et langage*. On retrouve cette manière de voir parfaitement explicitée : « la force motrice qui déclenche le processus qui met en mouvement un mécanisme de comportement en voie de maturation et le pousse à se développer plus avant, est située non pas au-dedans de l'adolescent, mais en dehors » (1934/1985, p. 158). Il s'agit des tâches que lui imposent le milieu social et qui se transforment au fur et à mesure qu'il entre dans la vie culturelle, sociale, voire professionnelle de la société. Tout en insistant cependant sur l'importance de ces facteurs externes, fonctionnels, comme condition indispensable de la possibilité de développement, il introduit une distinction essentielle en disant que ce facteur fonctionnel qui nourrit et oriente le développement ne permet pas de donner une explication causale-dynamique : le mécanisme de développement de la pensée conceptuelle doit être trouvé ailleurs, à savoir dans l'emploi significatif du mot qui permet le contrôle des propres processus et qui incarne les concepts que peut s'approprier l'adolescent, précisément grâce à la néoformation : exigences sociales externes/internes et capacités psychologiques construites par l'appropriation d'outils psychologiques sémiotiques s'appellent ainsi mutuellement. Concrètement, il s'agit d'analyser le lien concret entre ces deux rapports : contradictions d'une part entre externe et interne du point de vue fonctionnel, d'autre part entre ce que l'adolescent sait faire et ce qu'il peut et doit construire par l'appropriation d'outils impliquant une profonde transformation de sa pensée et plus généralement de sa personnalité et vision du monde : « a contradiction of developement, a contradiction of a transitional form, a contradiction of the transitional age » (1931/1987, p. 46).

C'est ici que prend toute sa place le concept d'automouvement que Vygotskij emprunte à Lénine. « La condition pour connaître tous les processus de l'univers dans leur '*automouvement*', dans leur développement spontané, dans leur vie vivante, est de les connaître comme unité des contraires », c'est cela la source du mouvement, la source de l'activité. Aborder les processus avec cette conception « donne la clef de l''automouvement' de tout ce qui est ; seule elle donne la clef des 'sauts', de l''interruption dans la gradation', du 'changement en contraire', de l'abolition de l'ancien et de la naissance du nouveau » (1914-1915/1973, p. 344). Le concept d'automouvement permet à Vygotskij de dépasser une vision encore largement téléologique du développement dans *Histoire du développement des fonctions psychiques supérieures* et de penser le développement comme non prédéterminé, avec au centre le concept de zone de développement prochain et la dialectique enseignement – développement (entre autres) (Schneuwly, 1999). Mais précisément : c'est l'unité des contraires externe-interne (ou pour reprendre la formule de Sève « développement *interne* d'essence *externe* ») qui rend possible et nécessaire l'automouvement : « La caractérisation de la dialectique : automouvement, source de l'activité, mouvement de la vie et de l'esprit » (p. 217). Point de développement, point de zone de développement prochain sans activité. « La formation du concept ou le fait qu'un mot acquiert une signification est le résultat d'une activité complexe (maniement du mot ou du signe) à laquelle participent toutes les fonctions intellectuelles essentielles dans une combinaison spécifique » (1934/1985, p. 156). Cette activité se déploie, nous venons de le voir, dans le sens d'un double mouvement contradictoire enfant-milieu et zone actuelle de développement et « formes idéales », pour utiliser cet autre terme que Vygotskij utilise dans le chapitre de *Fondements de la pédologie* dédié au problème du milieu (1934/2018, p. 123).

Le double mouvement contradictoire, source de la formation du concept, que nous venons d'observer dans le texte de Vygotskij, donne au concept une autre profondeur encore. On pourrait dire que la contradiction entre exigences sociales et possibilités individuelles comme facteur externe fonctionnel crée le motif du développement tandis que celle entre niveau actuel et niveau potentiel – la dimension causale-dynamique – crée la tension caractéristique de la zone de développement prochain. L'automouvement se réalise évidemment à travers le mouvement créé par la deuxième contradiction pour répondre aux exigences de la première. Il s'agit de fait d'un mouvement d'intériorisation, les significations des mots historiquement constitués, porteuses de concepts, orientant le processus de construction, en articulation avec les exigences sociales auxquelles les adolescents répondent.

La théorisation proposée par Vygotskij pour comprendre la dynamique complexe de la construction de la néoformation qu'est la formation du concept permet ainsi une vision renouvelée des forces et conditions du développement.

Considérations finales

Le bref parcours que nous avons effectué dans l'immense texte que propose Vygotskij ne lui rend évidemment pas du tout justice et met de côté de nombreuses dimensions abordées. Mes objectifs étaient plus limités. Il s'agissait d'abord de suivre la voie ouverte par Sève en continuant à analyser dans le détail des textes le fonctionnement de la pensée dialectique de Vygotskij. Pour ce faire, j'ai choisi un texte, le chapitre sur le développement de la formation du concept dans *Pédologie de l'adolescent*, relativement peu commenté dans la littérature, qui pose les jalons d'une théorisation du développement d'un système psychique au cœur de tout le travail de Vygotskij dans sa période qu'on pourrait appeler « sémiotique », à savoir qui met au cœur la question de la signification et de son développement, à savoir la formation du concept. Son interprétation à partir d'un certain nombre de figures dialectiques, dont certaines déjà repérées et discutées par Sève, permet une compréhension certes partielle, mais néanmoins renouvelée du texte et la mise en évidence de thèses vygotskiennes concernant le développement plus généralement, comme celle de la double contradiction comme condition de développement, qu'il s'agira d'approfondir. En arrière-fond de ces réflexions se trouvait en plus l'hypothèse que le travail philosophique effectué par Vygotskij pour approfondir sa pensée dialectique et son concept de concept, notamment la lecture des *Cahiers bernois* de Lénine, lui a permis de résoudre certains nœuds théoriques qui sont apparus à travers l'immense travail empirique au sein de son équipe de recherche.

Références bibliographiques

Bazile, J., & Mayen, P. (2002). Le développement des concepts scientifiques à partir des conceptualisations dans l'action. Proposition de didactique professionnelle. *Aster : Recherches en didactique des sciences expérimentales, 34*(1), 75-96.

Blunden, A. (2012). *Concepts: A critical approach*. Brill.

Brossard, M. (2008). Concepts quotidiens/concepts scientifiques : réflexions sur une hypothèse de travail. *Carrefours de l'éducation, 2*, 67-82.

Clarà, M. (2017). How instruction influences conceptual development: Vygotsky's theory revisited, *Educational Psychologist, 52*, 50-62.

Dafermos, M. (2019). Developing a dialectical understanding of generalization: An unfinalized dialogue between Vygotsky and Davydov. In C. Højholt, E. Schraube (Eds.), *Subjectivity and Knowledge, Theory and History in the Human and Social Sciences* (pp. 61-77). Springer.

El'konin, D. B. (2003). Einleitung. In L. S. Vygotskij, *Ausgewählte Schriften* (Band, II, pp. 11-52). Lehmans.

Fleer, M. (2009). Understanding the dialectical relations between everyday concepts and scientific concepts within play-based programs. *Research in science education, 39*, 281-306.

Friedrich, J. (1993). *Der Gehalt der Sprachform. Paradigmen von Bachtin bis Vygotskij*. Akademie Verlag.

Glassman, M., Lin, T.-Ju. & Yon Ha, S. (2023). Concepts, collaboration, and a company of actors: a Vygotskian model for concept development in the 21st century. *Oxford Review of Education, 49*, 137-152.

Howe, A. C. (1996). Development of science concepts within a Vygotskian framework. *Science Education, 80*(1), 35-51.

IRES de Toulouse (sans date). *Vygotski : le développement des concepts*. Repéré à <https://gpc-maths.org/data/documents/cr-atelier-concepts-geom.pdf>.

Kozulin, A. (1990). The concept of regression and Vygotskian developmental theory. *Developmental review, 10*(2), 218-238.

Lénine, V. I. (1914-1915/1973). *Cahiers philosophiques*. Éditions sociales.

Miller, R. (2012). *Vygotsky in perspective*. Cambridge University Press.

Prot, B. (2003). *Le concept potentiel : une voie de développement des concepts* (Thèse de doctorat). CNAM Paris.

Prot, B. (2012). Formation d'un concept potentiel et transformation de l'activité. In Y. Clot (Ed.), *Vygotski maintenant* (pp. 307-330). La Dispute.

Sakharov, L. (1929/1994). Methods for investigating concepts. In R. Van der Veer, & J. Valsiner (Eds.), *The Vygotsky reader* (pp. 73-98). Blackwell.

Schneuwly, B. (1999). Le développement du concept de développement chez Vygotski. In Y. Clot (Ed.), *Avec Vygotski* (pp. 267-280). La Dispute.

Schneuwly, B. (2022). « Tout ce qui peut être imaginé, est réel ». L'évolution de la conception du rapport entre imagination et réel chez Vygotskij. In *L. S. Vygotskij. Imagination. Textes choisis* (pp. 381-402). Peter Lang.

Sève, L. (1980). *Introduction à la philosophie marxiste*. Éditions sociales.

Sève, L. (1984). *Structuralisme et dialectique*. Messidor.

Séve, L. (1985). Avant-Propos. In L. S. Vygotski, *Pensée et langage* (pp. 7-19). Éditions sociales.

Sève, L. (1989). Dialectique et psychologie chez Vygotski. *Enfance, 42*, 11-16.

Sève, L. (1998). *Sciences et dialectiques de la nature*. La Dispute.

Sève, L. (1999). Quelles contradictions ? À propos de Piaget, Vygotski et Marx. In Y. Clot (Ed.) *Avec Vygotski* (pp. 245-264). La Dispute.

Sève, L. (2008). « *L'homme* » ? La Dispute.

Sève, L. (2014a). « *La Philosophie* » ? La Dispute.

Sève, L. (2014b). Présentation. In L. S. Vygotskij, *Histoire du développement des fonctions psychiques supérieures* (pp. 7-76). La Dispute.

Sève, L. (2018). *Où est Marx dans l'œuvre et la pensée de Vygotski ?* Communication au 7ᵉ Symposium international Vygotskij. Genève, juin 2018 (dans le présent volume).

Towsey, P. M. (2009). More than a footnote to history in cultural-historical theory: The Zalkind summary, experimental study of higher behavioural processes, and « Vygotsky's blocks ». *Mind, Culture, and Activity, 16*, 4, 317-337.

Towsey, P. M. & Macdonald, C. A. (2009). Wolves in sheep's slothing and other Vygotskian constructs. *Mind, Culture, and Activity, 16*, 234-262.

Towsey, P. M., Kellogg, D., & Cole, M. (2010). *The symposium on Vygotsky's concepts: Part one*. Repéré à <http://lchc.ucsd.edu/mca/Vygotsky_Concept_Symposium.pdf>.

Van der Veer, R. (1998). From concept attainment to knowledge formation. *Mind, Culture, and Activity, 5*, 89-94.

Vergnaud, G. (1989). La formation des concepts scientifiques. Relire Vygotski et débattre avec lui aujourd'hui. *Enfance, 42*(1), 111-118.

Vygotskij, L. S. (1927/2010). *La signification historique de la crise en psychologie*. La Dispute.

Vygotskij, L. S. (1928-1930/2014). *Histoire du développement des fonctions psychiques supérieures*. La Dispute.

Vygotskij, L. S. (1929-1930/2022). *Pedology of the adolescent I : pedology of the transitional age* (contient les volumes I et II de la version russe). Springer.

Vygotskij, L. S. (1930/1987). On psychological systems. In *Collected Works* (vol. 3, pp. 91-108). Springer.

Vygotskij, L. S. (1930/2009). Experimental research on higher behavioural processes. In P. M. Towsey (Ed.), More than a footnote to history in cultural-historical theory: The Zalkind summary, experimental study of higher behavioural processes, and « Vygotsky's blocks ». *Mind, Culture, and Activity, 16*, 4, 317-337.

Vygotskij, L. S. (1931/1987). Development of Thinking and Formation of Concepts in the Adolescent. In *Collected Works* (vol. 5, pp. 29-82). Springer.

Vygotskij, L. S. (1931/2003). Die Entwicklung des Denkens beim Jugendlichen und die Begriffsbildung. In *Ausgewählte Schriften* (pp. 359-464). Lehmans.

Vygotskij, L. S. (1934/1985). *Pensée et langage*. Éditions sociales.

Vygotskij, L. S. (1934/2018). Fondements de la pédologie. In *La science du développement de l'enfant. Textes pédologiques (1931-1934)* (pp. 49-192). Peter Lang.

Wardekker, W. L. (1998). Scientific concepts and reflection. *Mind, Culture, and Activity, 5*(2), 143-153.

Zavershneva, E. & van der Veer, R. (2018). *Vygotsky's notebooks*. Springer.

Zhang, Y. (2012). *Lenin Revisited: His Entire Thinking Process on Marxist Philosophy: a Post-textological Reading of Philosophical Notes*. Canut International Publishers.

Jean-Yves Rochex

Marxisme et sciences du psychisme
Penser avec et en dialogue avec Sève[1]

Marxisme et sciences psychiques, tel est le titre d'une émission de télévision locale réalisée par Antoine Spire en 1985, et consacrée à l'œuvre de Lucien Sève, émission à laquelle Lucien m'avait fait l'honneur et l'amitié de me demander de participer, et à laquelle ont également contribué Gérard Vergnaud et Annick Weil-Barais[2]. Titre qui faisait explicitement écho à celui de l'ouvrage majeur de Sève, *Marxisme et théorie de la personnalité*, publié pour la première fois en 1969, quatre fois réédité depuis et traduit en 20 langues, et que revisite son auteur dans son ouvrage « *L'homme* » ?, paru en 2008[3], lequel est au centre de l'émission d'Antoine Spire, au terme de laquelle celui-ci faisait le parallèle entre le travail de Sève et l'œuvre majeure du psychologue soviétique Vygotski.

De fait, tout l'effort de l'immense travail de Sève auquel je m'intéresserai ici est signifié par les deux termes de chacun des deux titres qui viennent d'être rappelés : d'une part, une réflexion sur l'œuvre de Marx, et visant à répondre à la « pressante obligation (de) remettre à l'ordre du jour la révolution anthropologique engagée par Marx » (2008, p. 169) ; de l'autre une réflexion philosophique critique, exigeante, serrée, sur les sciences du psychisme, visant à jeter les bases heuristiques permettant à celles-ci de tirer toutes les conséquences, pour elles-mêmes, de cette révolution anthropologique, pour dépasser les oppositions entre, d'un côté leurs théories et fondements idéalistes ou spiritualistes, et, de l'autre, les théories opposées, réductionnistes et associationnistes (relevant de ce que Marx aurait qualifié de « matérialisme vulgaire », aujourd'hui représenté pour une large part par l'espoir ou la prétention de pouvoir rendre compte du fonctionnement

---

1   Ce texte est paru sous le même titre dans la revue *La Pensée*, n° 402, 2020, pp. 5-18. Nous remercions cette revue de nous avoir autorisé à le reproduire ici.

2   On peut retrouver cette émission sur le site personnel d'Antoine Spire, à l'adresse : <https://www.antoinespire.com/Marxisme-et-sciences-psychiques> (consultée le 02/07/2024).

3   Cet ouvrage est le deuxième tome d'une entreprise intitulée *Penser avec Marx aujourd'hui*, qui devait comprendre quatre volumes et que Sève n'aura malheureusement pas eu le temps d'achever complètement (dans ce qui suit, nous utiliserons l'édition de 1974 de *Marxisme et théorie de la personnalité*).

du psychisme par la connaissance du fonctionnement du cerveau[4]). Cette double visée, dont on tentera de montrer plus tard le caractère asymétrique – variable au demeurant selon les ouvrages et les époques de sa pensée – se fonde sur deux principes de base, deux pierres de touche, sans cesse rappelés dans pratiquement tous les travaux importants de Sève. D'une part, la 6e Thèse sur Feuerbach, dans laquelle Marx affirme que « L'essence humaine n'est pas une abstraction inhérente à l'individu pris à part. Dans sa réalité, c'est l'ensemble des rapports sociaux », selon la traduction qu'en donne lui-même Sève et qu'il défend et argumente contre d'autres traductions qu'il juge inappropriées. D'autre part, la formule ou l'aphorisme utilisé par Politzer en 1928, selon lequel « la psychologie ne détient nullement le 'secret' des faits humains, simplement parce que ce 'secret' n'est pas d'ordre psychologique », aphorisme que Sève reproduit (avec une citation de Pierre Janet) en exergue de *Marxisme et théorie de la personnalité* (MTP dans les références qui suivent). Développons cela avant que d'examiner – avec l'exigence critique dont Sève ne se départissait jamais à l'égard des travaux qui lui importaient, exigence critique dont il appréciait que l'on fasse usage à son propre égard – la manière dont il s'est efforcé de penser et de remettre sans cesse en chantier le rapport entre une pensée inspirée de l'œuvre de Marx, d'une part, et les sciences du psychisme telles qu'il pouvait les lire et telles qu'il aurait souhaité qu'elles fussent, d'autre part.

Excentration et néoténie : le psychisme est un terme dans un rapport

Sève subsume la 6e thèse sur Feuerbach en parlant d'« excentration » de l'essence humaine, conséquence de la spécificité de l'humanité par rapport au monde animal. Cette spécificité ne tient pas tant au caractère social des conditions de la survie de chaque membre de l'espèce, caractéristique que l'homme a en commun avec d'autres espèces animales, qu'à la constitution d'une mémoire et d'un patrimoine hors de l'organisme. Comme l'écrivait Leroi-Gourhan (1965) que Sève se plaisait à citer :

> À partir de l'Homo-sapiens, la constitution d'un appareillage de la mémoire sociale domine tous les problèmes de l'évolution humaine. [...] Toute l'évolution humaine concourt à placer en dehors de l'homme ce qui, dans le reste du monde animal, répond à

---

4   Dénoncer le caractère illusoire de cet espoir ou de cette prétention ne signifie évidemment pas, ni pour Sève ni pour moi, que le psychisme et les activités humaines n'auraient pas de supports biologiques et neuronaux, ni que les recherches permettant de mieux connaître le fonctionnement du cerveau seraient inutiles et ne devraient pas être développées.

l'adaptation spécifique. Le fait matériel le plus frappant est certainement la « libération » de l'outil, mais en réalité le fait le plus fondamental est la libération du verbe et cette propriété unique que l'homme possède de placer sa mémoire en dehors de lui-même, dans l'organisme social. (pp. 24 et 34)

Le produit de l'évolution de l'humanité est ainsi conservé, non plus (ou de manière infinitésimale) sous formes de modifications biologiques de l'espèce, mais sous formes extérieures d'artéfacts, d'outils et d'instruments, de significations et d'œuvres. Cette accumulation externe aux individus du patrimoine humain a une double conséquence. D'une part, s'émancipant de manière exponentielle des limites de l'organisme et du psychisme individuels, ce patrimoine peut connaître un développement sans commune mesure avec celles-ci, relevant de l'histoire et non plus du biologique. D'autre part et en retour, ce patrimoine social dépassant de beaucoup ce qu'un sujet pourra en assimiler dans les limites de son existence, la construction de chaque sujet est toujours nécessairement singulière :

> En somme, le secret de l'individualité psychique humaine la plus essentielle réside dans la connexion de ces deux données capitales : *l'extériorité sociale et par suite le développement illimité du patrimoine humain total*, de l'essence humaine réelle ; et par rapport à elle, *les limitations naturelles et sociales de l'individu*, dont la conséquence est qu'il ne peut s'approprier l'essence humaine qu'à travers une division sociale dont la forme est indépendante de sa volonté, voire de sa conscience, et dont le contenu détermine toute sa personnalité concrète. (*MTP*, p. 347)

Cette substitution de l'histoire à l'évolution biologique ne concerne pas seulement l'histoire sociale, celle des sociétés humaines, mais aussi l'histoire individuelle, la production des sujets sociaux. Elle y découle d'une autre composante de la spécificité humaine, que Sève évoque – quoiqu'elle soit sans doute moins au centre de sa réflexion, nous y reviendrons – : la néoténie, le caractère prématuré, inachevé, de l'être humain à la naissance. Incapable de rien effectuer par lui-même, celui-ci est entièrement dépendant d'autrui pour les conditions mêmes de sa survie, insuffisance vitale que Lacan a pu qualifier de « déficience biologique positive du premier âge » (Lacan, 1938/1984, p. 31), parce qu'elle inscrit d'emblée le sujet humain dans un rapport social, dont l'autre terme, l'autrui n'est pas seulement celui par lequel est possible la satisfaction des besoins biologiques du nouveau-né, mais celui qui l'inscrit dans un univers de significations et de désirs, celui qui est le représentant et l'intercesseur du patrimoine social accumulé hors des organismes individuels. L'accumulation des acquis du développement socio-historique de l'espèce humaine sous une forme extérieure et objective, artéfactuelle et donc émancipée des contraintes et des limites de l'organisme biologique et de l'étroitesse de toute expérience individuelle, contraint chaque sujet humain à ne pouvoir, tout au long de sa vie, s'approprier ce patrimoine que de manière à la fois partielle et partiale.

Le développement et la biographie sont des procès de transformation des modes
d'échange et de relation entre le sujet et le monde qui l'entoure, au travers desquels
ils se spécifient réciproquement. Le, ou plutôt les milieux dans lesquels s'inscrit
chaque sujet humain ne sont dès lors plus, comme dans le monde animal, simple
environnement agissant de l'extérieur avec pour effet de faciliter, accélérer, spécifier ou obérer différentes conduites faisant partie des potentialités biologiques
internes de l'espèce, ou se développant à partir d'elles, plus ou moins vite, plus
ou moins facilement, sur un modèle « embryologiste » ou « génétique », modèle
individualiste ou « solipsiste » quant au fond[5]. Au contraire d'un tel modèle, le
« centre », le moteur du développement humain ne sont pas d'origine endogène,
mais exogène ; ils se situent dans le rapport, dans le conflit ou la contradiction
entre le sujet et son ou ses milieux. Le développement spécifiquement humain se
réalise donc non « à partir du dedans organique mais à partir du dehors social,
moyennant le vaste travail individuel d'appropriation des capacités objectivisées
dans le monde humain, réalité sans équivalent dans le monde animal » (Sève,
2008, p. 202). Dès lors, pour paraphraser Canguilhem (1965), le sujet humain et
sa construction, sa conscience, sa sensibilité, son psychisme, sa personnalité ne
sont pas une origine, une entité, une essence ou une intériorité, préalable à tout
procès de socialisation ou à toute forme d'expérience. Ils sont *un terme dans un
rapport*, dans une contradiction ; *ils se spécifient, se différencient comme produits du
développement de ce rapport*, de cette contradiction entre « les formes culturelles
évoluées du comportement avec lesquelles l'enfant entre en contact et les formes
primitives qui caractérisent son propre comportement », selon la formulation de
Vygotski (1928-1930/2014). Où l'on retrouve l'aphorisme de Politzer et la formule
de celui-ci selon laquelle « la psychologie tout entière n'est possible qu'enchâssée
dans l'économie », formule sur laquelle nous aurons à revenir.

Alors que les acquis du développement phylogénétique de chaque espèce animale sont, pour l'essentiel, *donnés* à chacun de ses représentants, les acquis du
développement historique ne le sont jamais au petit d'homme ; ils lui sont *proposés*
par autrui et dans les objets et phénomènes, les situations et relations constitutifs
du monde qui l'entoure ; il lui faudra donc se les approprier, au travers d'activités
qui sont toujours problématiques et dont l'issue n'est jamais acquise d'avance.
Ce développement culturel, et non plus seulement biologique, n'est dès lors plus
d'ordre génétique, mais appropriatif (Sève, 1999), et relève d'une psychologie historique plutôt que génétique, selon la formule de Malrieu (1978). Cette genèse

---

5   Cf. sur ce point et pour un examen critique du concept de *développement* Canguilhem,
    Lapassade, Piquemal et Ulmann (1962/1985).

sociale interdit de considérer les besoins (autres que biologiques), les « talents » ou les « aptitudes », l'intelligence, les intelligences (dites multiples) ou formes d'intelligence, comme étant des caractéristiques propres aux individus, voire relevant de leur nature ; ils sont au contraire les produits sociaux du développement et de la transformation de leurs rapports avec leurs milieux. D'où le combat récurrent de Sève contre toutes les idéologies qui, au nom de la « diversité » de ces caractéristiques supposées propres aux individus, justifient les inégalités et l'échec scolaires, et contre les termes de sens commun, aujourd'hui de plus en plus proliférants, dans lesquels ces idéologies se donnent à voir. Non, les « dons » n'existent pas, comme il l'écrivait dans son article retentissant de 1964 ; non, la responsabilité de l'école n'est pas de s'adapter aux rythmes ou aux besoins de l'enfant, au sens où le « respect » de ceux-ci entérinerait une supposée nature ou un déjà-là de l'enfant, elle est au contraire d'œuvrer sans relâche à faire advenir chez celui-ci de nouveaux besoins, de nouveaux « rythmes » ou cours d'activité (Beauvais, 1969 ; Sève, 1964).

Formes historiques d'individualité et emploi du temps

Lorsqu'il entreprend la rédaction de *Marxisme et théorie de la personnalité*, Sève ignore jusqu'à l'existence de l'œuvre de Vygotski, laquelle n'est qu'évoquée (sans pour autant figurer à l'index) dans la postface de 1974 à la troisième édition française, en une note de bas de page où est annoncée la publication « dans la prochaine période » d'un ouvrage de celui-ci[6]. La découverte de cette œuvre – dont la diffusion, la réception et l'influence en France, lui doivent énormément, ainsi qu'à son épouse, Françoise Sève qui en assurera une traduction minutieuse – sera décisive pour la suite du travail de Sève : « En découvrant Vygotski, j'ai bien mieux compris ce que je cherchais un peu à tâtons dans *Marxisme et théorie de la personnalité* », écrit-il en 2015 (p. 59). Avant que d'examiner en quoi cette découverte a été, à ses propres yeux, une avancée importante, et d'en pointer quelques limites, restons un moment sur les thèses et les concepts majeurs de *Marxisme et théorie de la personnalité*. On en a déjà souligné les fondements à partir de la 6ᵉ thèse et de l'aphorisme de Politzer, et du concept d'« excentration » de l'essence humaine, fondements argumentés sur un repérage et une analyse très précis de l'œuvre de Marx et sur la discussion critique de nombre des commentaires et interprétations auxquels elle a donné lieu. Tout d'abord, et suivant en cela Politzer appelant de ses vœux une « psychologie concrète » « prenant pour objet les vies humaines dans tout ce qui constitue leur contenu aussi bien que leurs formes, leur 'drame' au

---

6   Il s'agit de toute évidence de *Pensée et Langage*, dont la traduction française paraîtra en 1985.

sens étymologique du mot », ce qui intéresse Sève est « l'élucidation de concepts fondamentaux pour penser *la personnalité*, formation psychique productrice d'une vie singulière (une biographie) par laquelle elle est elle-même produite » (2008, p. 21 et 469), ce qui le conduit à contester l'affirmation selon laquelle il n'est de science que de l'universel et à argumenter en faveur d'une « science du singulier ». Science de la biographie et théorie de la personnalité ne sauraient être pensées qu'à partir des rapports sociaux, et d'abord des rapports sociaux de production, de la place qu'y occupent les sujets sociaux et des activités – notamment des activités de travail – qu'ils y mènent. L'inscription de ces sujets sociaux dans une formation sociale et dans les rapports sociaux qui la constituent contribue à définir ce que Sève nomme « les formes historiques d'individualité », soit les figures de l'individualité, les modes d'être un individu – voire d'être un individu de tel âge, sexe ou condition – propres à une formation sociale[7]. Ces formes historiques d'individualité sont à la fois formes formées, produits des rapports sociaux, et formes formantes, formes d'individuation à partir desquelles s'élaborent, de manière toujours singulière, la personnalité de chacun et le sens que prennent pour lui ses différentes activités.

Si l'étude de ces formes historiques d'individualité relève de la science des rapports sociaux, la psychologie de la personnalité doit viser à « construire […] la topologie[8] de la production, reproduction, transformation de la personnalité dans des conditions historico-sociales données et, par-là, rendre possible de saisir la logique concrète d'une personnalité concrète », écrit-il dans la postface de 1974 à *Marxisme et théorie de la personnalité*. Cette logique, parce qu'historique, nécessite d'être saisie dans sa temporalité. D'où la proposition du concept d'emploi du temps comme « la réelle infrastructure de la personnalité développée », concept défini comme étant « le système des rapports temporels effectifs entre les diverses catégories objectives des activités d'un individu » (*MTP*, p. 410). Définition reformulée six pages plus tard comme « système des rapports entre les grandes catégories d'activité, c'est-à-dire essentiellement l'activité personnelle concrète et l'activité sociale abstraite », dichotomie étroitement inspirée de l'opposition entre travail concret et travail abstrait que fait Marx dans *Le Capital*. Loin de faire de l'étude de l'emploi du temps ainsi défini la seule comptabilité des budgets-temps, Sève conjugue à cette

---

7   La réflexion de Sève rejoint ici celles de Meyerson (1973, 1987) ou de Vernant (1989) sur les variations socio-historiques de la notion de personne ou des manières d'être un individu, mais aussi celle de Chamboredon (2015) sur les variations socio-historiques des âges de la vie ou des figures de l'enfance.

8   Sève ne cessera de défendre l'intérêt et le caractère heuristique des approches topologiques contre les insuffisances des entreprises typologiques.

opposition concret *versus* abstrait, la distinction entre les activités formatrices de capacités nouvelles et celles mettant en œuvre des capacités déjà existantes. D'où l'idée de « composition organique de l'emploi du temps », définie comme le rapport entre la part de l'emploi du temps relevant des activités formatrices (du travail libre, concret, manifestation de soi) et celle qui relève du second type (du travail aliéné), et l'idée de « baisse tendancielle du taux de progrès » dans une société capitaliste dans laquelle le travail aliéné, abstrait ne cesse de repousser le travail concret dans les marges de la vie sociale. On voit dans ce qui précède que ce qui intéresse alors au premier chef Sève est « la personnalité développée », pour l'essentiel celle du travailleur adulte, et que le concept d'emploi du temps visant à en permettre l'étude est directement inspiré de ceux de la critique de l'économie politique chez Marx, au risque, d'une part, de réduire « l'ensemble des rapports sociaux » évoqués dans la 6ᵉ thèse aux seuls rapports de production et, d'autre part, de restreindre ainsi notablement la portée heuristique de son concept d'emploi du temps.

Économie politique et psychologie : un parallélisme en question

Le premier des risques que l'on vient d'évoquer est lié au poids bien plus important accordé dans *Marxisme et théorie de la personnalité* à la pensée et à l'œuvre de Marx qu'aux sciences du psychisme, y compris, au sein de celles-ci, aux travaux de psychologues qui se réfèrent très explicitement au marxisme. Ainsi, si les noms de Wallon ou de Meyerson et certains de leurs travaux sont cités par Sève, celui-ci ne fait guère que les évoquer, sans vraiment présenter et discuter ces travaux pour eux-mêmes, pour ce que seraient leurs apports et leurs limites à ses yeux. Dans un texte ultérieur, publié en 1987, il écrit dans une note de bas de page :

> De Wallon, nous ne connaissions alors [durant les années de gestation et d'écriture de *Marxisme et théorie de la personnalité*] que *L'Évolution psychologique de l'enfant* (Colin, Paris 1941). Paru en 1942, *De l'acte à la pensée*, introuvable dès cette époque, ne fut réédité par Flammarion qu'en 1970. Quant aux textes essentiels de *La vie mentale*, parus en 1938 dans le tome VIII de *L'Encyclopédie française* et également introuvables, ils ne sont disponibles que depuis leur republication aux Éditions sociales en 1982 par les soins d'Émile Jalley. (1987, p. 219)

Sans doute, mais comment expliquer que le travail de Wallon demeure aussi peu discuté pour lui-même dans la postface de 1974, rédigée après la réédition de *De l'acte à la pensée* et la publication par la revue *Enfance*, en 1959, 1963 et 1968, de trois numéros spéciaux reprenant de nombreux textes majeurs de Wallon ? Au-delà de la connaissance partielle qu'avait alors Sève de telle ou telle œuvre, il nous semble que l'on peut y voir un effet d'une certaine minoration de la question du développement ou de la genèse de la personnalité, au profit de la personnalité développée et du primat des rapports de production sur « l'ensemble des rapports sociaux ».

Ainsi écrit-il, en 1974, que les structurations des phases initiales de la biographie s'opèrent « à un moment où la logique d'une activité socialement excentrée n'intervient encore que de manière indirecte ou limitée, et où par suite peuvent suffire des schémas explicatifs relevant de la relation interpersonnelle, notamment familiale » ; ou encore que la personnalité développée « est normalement précédée par des formations plus précoces, issues de l'insertion de la biographie dans des rapports sociaux dérivés, secondaires, etc. par rapport aux rapports de production, comme les rapports familiaux, les structures de langage, etc. » (*MTP*, p. 537 et 588). On peut lire dans ces deux passages une relative méconnaissance du travail de Wallon, pour qui la genèse sociale du psychisme et de la pensée chez l'enfant est bien loin de relever des seules relations familiales interpersonnelles, mais requiert l'appropriation d'« instruments intellectuels et de formules différenciées d'action », qui constituent « un matériel qu'il n'appartient pas à chacun d'inventer à son propre usage » (Wallon, 1934 ; 1942), qui sont socialement construits et doivent être socialement transmis. Et on peut penser que cette relative méconnaissance est liée à l'idée selon laquelle si le primat des rapports de production sur l'ensemble des rapports sociaux vaut pour l'histoire des formations sociales, il vaut tout autant, au-delà du seul registre métaphorique, pour celle des sujets sociaux.

Ce parallélisme ou cette équivalence feront l'objet de discussions critiques lors d'une journée de l'Académie des Sciences de RDA consacrée, en 1973, à *Marxisme et théorie de la personnalité*. Sève y fait allusion dans sa postface de 1974, en citant les propos de Gerhart Neuner, organisateur de cette journée : « Des remarques critiques ont été faites sur le parallélisme qu'on rencontre en partie chez lui [Sève] entre les structures de la société, spécialement de l'économie, et celles de la personnalité » (*MTP*, p. 578). Ce à quoi Sève répond deux choses : d'une part qu'il s'accorde avec l'un de ses critiques qui soutient alors que

> la psychologie de la personnalité, sur la *base* d'une exacte analyse des rapports sociaux qui déterminent la personnalité, a justement à rechercher les lois du *passage*, de la transformation de ces rapports sociaux en conduites concrètes, mieux : en mécanismes psychiques de régulation des activités de la personnalité, en tant qu'activités d'un individu historique concret. (p. 586)

Ce après quoi il affirme, dans les termes cités ci-dessus, le caractère dérivé, secondaire, des rapports sociaux dans lesquels se construit la personnalité précoce par rapport aux rapports de production. D'autre part, il conteste la critique qui lui est faite de parallélisme économico-psychologique, qu'il assimile à une transposition mécanique, pour dire qu'il s'efforce plutôt de dégager des homologies ou des connexions fonctionnelles, tout en redisant qu'il lui paraît « tout à fait naturel que la théorie de la personnalité soit conduite à reprendre à son compte des *figures dialectiques* dont l'économie politique marxiste fournit l'exemple » (p. 592), autre manière de reprendre l'idée politzérienne d'une psychologie « enchâssée dans l'économie ».

De *Marxisme et théorie de la personnalité* à « *L'homme* » ?

Qu'en est-il 35 ou 40 ans plus tard, quand Sève publie « *L'homme* » ? (2008) ou la préface à la quatrième édition allemande de *Marxisme et théorie de la personnalité* (2015), soit bien après l'avancée majeure qu'a été pour lui l'assimilation de l'œuvre de Vygotski et le retour en arrière qu'elle lui a permis pour mieux comprendre ce qu'il cherchait à tâtons dans *Marxisme et théorie de la personnalité* ?[9] La place manque ici pour présenter et examiner les principaux apports et les évolutions majeures de l'ouvrage de 2008 par rapport à *Marxisme et théorie de la personnalité*. Parmi ceux-ci figure la reprise du travail minutieux sur l'œuvre de Marx qui conduit Sève à proposer une architecture théorique « pour penser la vie personnelle aussi bien que sociale », architecture faite des « cinq concepts anthropologiques fondamentaux » que sont les concepts d'activité (*Tätigkeit* plutôt que *Praxis*), de médiation (par l'outil ou par le signe), d'objectivation (l'activité médiatisée produisant de façon cumulative un immense « monde de l'homme » matériel et idéel), d'appropriation, et d'aliénation[10]. Ces cinq concepts constituent pour lui la base d'une anthropologie d'inspiration marxienne, d'une dialectique des rapports entre objectivation et subjectivation, entre rapports sociaux et développement du psychisme dans toutes ses dimensions, entre histoire collective et histoire singulière, qui sont de grande portée pour l'ensemble des sciences humaines. Pour celles-ci, l'œuvre marxienne doit être pensée comme étant « moins un tuteur qu'un terreau », écrit-il, contre les tentations d'application mécanique et dogmatique de cette œuvre. En retour, ajoute-t-il, en invitant à penser « avec Marx, au-delà de Marx », « la perspective marxienne n'a pu être féconde pour toute la diversité des sciences humaines que dans la mesure où, aux antipodes de la doctrine préétablie,

---

9 Il faudrait également ici faire la part, dans l'évolution de son travail, de son expérience, entre 1983 et 2000, de membre du Comité consultatif national d'éthique pour les Sciences de la vie, ce que nous n'avons pas la place de faire ici.

10 Nous reprenons ici pour une part le résumé qu'en produit lui-même l'auteur dans son texte de 2015.

elle s'est elle-même instruite peu à peu des leçons qui s'en dégageaient » (2008, pp. 313-314). Penser avec Marx, au-delà de Marx, c'est constater que celui-ci

n'a pas poussé l'examen des rapports sociaux qui président de façon spécifique à la production non des biens mais des hommes comme êtres historico-socialement et par là psychiquement développés, la dénomination théorique de ces rapports restant chez lui en suspens.

Pousser cet examen, c'est dès lors, au-delà de Marx, travailler à « discerner, dans l'ensemble immense des formes sociales, les principaux rapports formateurs d'individualité et leurs formes propres » (pp. 110s.).

L'économie politique n'y suffit plus et, sur ce point, l'œuvre de Vygotski permet d'aller plus loin que le Politzer de 1929, en ce qu'elle s'intéresse centralement aux modalités et processus par lesquels s'effectuent la production, la transmission et l'appropriation des objets et des œuvres constitutifs de la culture, à ce qu'on pourrait appeler, avec Bourdieu, l'économie des biens symboliques, et aux dialectiques entre objectivation, appropriation et subjectivation par lesquelles elle se réalise.

Dès lors, la centration de la réflexion sur la personnalité développée fait place à une approche prenant mieux en considération ses formations précoces et leurs processus formateurs. Sont alors à considérer « les formes d'individuation *directes* (que sont) les institutions, activités, idéalités de la formation sociale qui prennent à tâche en des sens et des mesures variables de *former* les individus selon des finalités générales préalables », et le fait que « ces formes directes sont elles-mêmes sous-tendues en profondeur par les rapports les plus déterminants d'une formation sociale donnée – ceux par exemple, dans un pays comme le nôtre, du mode de production capitaliste en son état présent » (p. 114). D'où la poursuite de la révision déjà opérée par Sève de sa critique de la psychanalyse et de l'œuvre de Freud, à propos desquelles il avait déjà écrit que « [son] livre de 1969 ne prenait pas toute la mesure de la subjectivité et de ses problèmes » (1987, p. 234). Sève leur reconnaît le grand mérite de s'intéresser à l'étude de la formation très précoce d'une identité, d'une subjectivité qui ne cessera plus de faire sens pour la personnalité et la biographie, et souligne la fécondité, pour ce faire, du concept d'identification qui est un des processus par et dans lesquels se constitue et se rejoue sans cesse la dialectique objectivation-subjectivation. Il n'en demeure pas moins vigilant quant au risque de penser que ces formations et processus précoces détermineraient de manière inéluctable et unilatérale la suite de l'histoire des sujets, dont les actes ultérieurs ne feraient que révéler et répéter les formes et processus constitutifs de l'histoire infantile, sans être en mesure d'exercer un effet en retour sur les formations qui en sont issues, ou encore quant aux insuffisances du concept de sublimation et au risque que celui-ci demeure indifférent au contenu des activités dites sublimatoires et des productions auxquelles elles donnent lieu[11]. C'est bien encore et toujours de dialectique qu'il est question, contre la triple réduction à l'inférieur, à l'intérieur et à l'antérieur que partagent bien des théorisations psychologiques essentialistes, biologisantes, solipsistes ou génétiques (au sens étroit de ce terme évoqué ci-dessus) ; dialectique entre formes et processus de niveaux inférieur et supérieur, d'origine intérieure et extérieure, de temporalité antérieure et postérieure, permettant de penser et d'étudier les effets en retour du second terme de ces couples catégoriels sur les premiers.

Activités laborieuses et activités symboliques : une distinction à dialectiser plus avant

On mesure à la fois la continuité et les évolutions par rapport à *Marxisme et théorie de la personnalité*, qui conduiraient à parler de psychologie enchâssée dans l'histoire plutôt que dans l'économie et à mieux spécifier les processus et rapports sociaux de production des biens ou de production des hommes. Est-ce à dire que toutes les questions et critiques suscitées par le parallélisme entre structures de la société et structures du psychisme et de la personnalité qui a pu être reproché – y compris ci-dessus – à cet ouvrage auraient disparu ? Ce n'est pas sûr, et il nous semble possible de lire quelques traces ou résurgences du primat naguère accordé par Sève à l'économie politique sur les élaborations propres aux disciplines du psychisme dans la manière dont il traite, dans le chapitre 4 de « L'homme » ?, des similitudes et différences entre outil et signe, entre activités laborieuses, productives, et activités signifiantes, langagières ou symboliques, et ce de manière, nous semble-t-il, différente de ce qu'il écrit à propos de Vygotski environ 170 pages plus tard, dans le chapitre 7. Dans ce chapitre 7, il rappelle combien l'apport décisif de Vygotski consiste à se saisir de la notion d'outil ou d'instrument pour l'élargir aux conduites sémiotiques : de même que l'action de l'homme sur la nature passe, comme y insiste Marx, par la médiation de l'outil, intermédiaire entre l'organisme et le milieu physique, entre l'anticipation de l'action et sa réalisation, de même l'action de l'homme sur sa conduite ou sur celle d'autrui (et réciproquement l'action d'autrui sur sa propre conduite) passe par la médiation du signe et des systèmes et productions sémiotiques. Ce qui conduit Vygotski à écrire en 1931 qu'« histoire

---

11 Outre certaines critiques de ce concept émanant de l'intérieur même du champ psychanalytique (en particulier de Jean Laplanche), Sève cite ici la formule de Ricœur selon qui « la sublimation est autant le titre d'un problème que le nom d'une solution » (Ricœur, 1969, p. 205, cité dans Sève, 2008, p. 271, note).

du travail et histoire du langage peuvent difficilement être comprises l'une sans l'autre » (Sève, 2008, p. 327), l'une et l'autre (et en leur double dimension histoire sociale et histoire individuelle) faisant l'objet d'un développement « non plus évolutif, naturel, biologique, mais historique, culturel et social ».

Pourtant dans le chapitre 4, dans une visée polémique avec les tenants du « tout linguistique » ou d'une conception de la spécificité humaine comme essentiellement langagière (visée avec laquelle nous nous accordons), Sève argumente une distinction entre outil et signe, entre activités laborieuses et symboliques qui mérite discussion, laquelle nécessite que nous le citions longuement[12].

> Le propre de la *Tätigkeit* (l'activité), écrit-il, est qu'elle s'accomplit de façon systématiquement médiatisée, ses médiateurs génériques étant l'outil et le signe. Le monde humain dans lequel elle s'objectivise est ainsi le produit conjoint d'activités de deux ordres : laborieuses et langagières.

Pour autant, poursuit-il, si l'activité productive outillée a vocation « à se métamorphoser en réalités chosales », tel n'est pas le cas de l'activité langagière ou symbolique :

> Autant la production objectale est immédiatement inhérente à l'activité outillée, autant elle est étrangère à la fonction de l'activité signifiante, activité socialement réglée de communication interpersonnelle dont la visée n'est pas la production d'un objet mais l'entrée en rapport avec un sujet. […] Parce qu'elle s'objectalise hors des organismes qui l'effectuent, l'activité outillée n'est pas bornée dans son expansion par les capacités appropriatives de chaque individu et peut donc connaître une *cumulation en elle-même illimitée*. […] Au contraire, ce que le signe a d'irréductiblement subjectal s'oppose à une cumulativité se déconnectant du grand nombre des individus. […] En somme, semble-t-il, ce qui repose sur le signe a en tant que tel une histoire de type évolutif bien plutôt que *cumulatif.*

Osons le dire, nous ne sommes pas d'accord avec les distinctions qui sont ainsi faites, qui nous paraissent méconnaître à la fois l'objectivation des activités symboliques, au-delà de la parole et de la communication interpersonnelle, dans des œuvres – scientifiques, littéraires, artistiques –, dans des discours, des textes et des intertextes, et leur « cumulation » – certes spécifique et ne relevant pas du même type d'histoire et de développement que les outils ou les forces productives, mais où se déploie bien quelque chose qui relève de l'ordre d'une certaine nécessité interne – dans l'histoire humaine et celle de ce que Meyerson, et après lui Malrieu,

---

12 Toutes les citations qui suivent sont tirées de Sève (2008, pp. 157-169) ; les mots ou passages soulignés le sont par l'auteur.

ont pu nommer « les classes d'œuvres »[13]. Certaines notes de bas de page semblent attester que Sève éprouve quelque difficulté à maintenir aussi tranchées les différenciations entre activités outillées et activités symboliques, lorsqu'il évoque le cas de la science ou celui de l'œuvre du sculpteur ou du peintre (laquelle est « une sorte très paradoxale d'objet », écrit-il), ou encore lorsqu'il affirme que l'invention de l'écriture ou celle de l'imprimerie ne modifient pas fondamentalement le caractère « subjectal » et non cumulatif des activités symboliques, lesquelles seraient « inscrites dans des processus transformateurs qui les stimulent du dehors ». Il nous semble que c'est là faire peu de cas de ce que nous ont appris les travaux de Jack Goody sur l'écrit comme « technologie de l'intellect » (Goody, 1979 ; Goody & Lejosne, 2006) ou ceux de Roger Chartier sur les rapports entre histoire du livre et histoire du lire, sur l'invention – laquelle répond bien à des nécessités internes du travail de pensée – de dispositifs symboliques matériels tels que les listes, les tables des matières et les index, les bibliographies, commentaires et notes de bas de page, dispositifs qui contribuent à faire de l'écrit mais aussi, plus largement de l'activité langagière, moins un outil de communication qu'un instrument de pensée et de production d'œuvres, production non limitée par les capacités appropriatives des individus (cf. entre autres Chartier, 1985).

Au-delà de ce qui vient d'être dit, il est permis de se demander si ne se donne pas à voir dans toute cette partie du chapitre 4 en question, la tentation sous-jacente de rabattre la question de la cumulativité sur celle de la commensurabilité. Ainsi, écrit Sève, l'hétérogénéité des productions symboliques

> ne semble pas sans analogies avec la division des activités outillées. Mais entre diversité des créations et division du travail il y a une différence cardinale. L'échange généralisé des marchandises ramène la variété des activités laborieuses à l'identité du temps de travail socialement nécessaire, substance de la valeur au sens économique du mot [...]. Pareille réduction est aux antipodes de ce qui fait la valeur propre d'une production spirituelle : *la* création n'est pas une identité abstraite par quoi ses œuvres se mesurent mais une inventivité concrète qui les rend incommensurables.

---

13 Cf. Meyerson (1948) et Malrieu (1996). Il est d'ailleurs frappant que l'œuvre de Meyerson et sa thèse centrale selon laquelle « l'esprit humain est dans ses œuvres » soient aussi peu prises en considération, au-delà d'allusions et critiques rapides, pour la plupart situées en notes de bas de page, aussi bien dans *L'homme ?* que dans *Marxisme et théorie de la personnalité*. Il en est d'ailleurs de même concernant les travaux de Malrieu, lesquels se situent dans la double filiation de ceux de Wallon et de ceux de Meyerson.

À cela répond

> une radicale différence des *modes d'historicité*. Dans l'ordre des activités outillées, une progression quantitative persévérante [...] fait périodiquement entrer en crise structurelle des rapports sociaux rendus peu labiles par des privilèges de classe, induisant dans le processus global des épisodes de révolution technologique et/ou politique, jusqu'à créer des présupposés pour un passage de l'humanité à une autre phase – sans classes – de son histoire. Dans l'ordre des activités symboliques, à ne considérer que leur logique propre, nulle cumulation quantitative indéfinie n'induit semblable mûrissement de brutales mutations d'ensemble.

Ne voit-on pas ici ré-affleurer le parallélisme entre les catégories propres à l'économie politique et celles qui sont propres aux sciences du psychisme, voire le primat des premières sur les secondes ? Ne peut-on pas, par ailleurs, tout en accordant à Sève que les crises et les mutations dans l'ordre des activités outillées et dans l'ordre des activités symboliques ne sont pas de même nature, et ne sont pas liées de la même façon avec les transformations sociales, faire observer que ce qui se joue dans l'ordre des activités symboliques peut être source de contradictions et de revendications et transformations sociales aussi bien que subjectives. Ainsi en est-il des paradoxes de la démocratisation scolaire (dont on sait combien Sève était soucieux) : l'élévation du niveau de formation des nouvelles générations et les progrès de la démocratisation ne cessent de se heurter au renouvellement des processus de production des inégalités, voire des ségrégations sociales et scolaires, lesquelles nourrissent en retour les exigences de démocratisation, en animant les rapports entre la société et son école de contradictions et contenus nouveaux. De même, l'ouverture à des contenus culturels nouveaux et l'élargissement des pouvoirs d'agir et de penser au-delà de son expérience sociale et familiale que ces contenus confèrent à une part notable de jeunes – notamment de milieux populaires – peuvent, lorsque ces jeunes se confrontent au rétrécissement des possibles et à la déception des espoirs dans une société qui malmène de plus en plus les hommes et les femmes, conduire aussi bien à des replis dévastateurs qu'à des mobilisations fécondes, tant sociales qu'individuelles.

À plusieurs reprises, Sève a écrit combien certaines critiques rencontrées par telle ou telle des propositions de *Marxisme et théorie de la personnalité* avaient contribué à l'avancée de son travail, et notamment combien les échanges avec le psychologue italien du travail Ivar Oddone ou avec Yves Schwartz et Yves Clot l'avaient conduit à revisiter la dichotomie qu'il faisait à la toute fin de *Marxisme et théorie de la personnalité* entre les activités concrètes et les activités abstraites aliénées. Ces interlocuteurs lui ayant fait valoir combien le travail réel ne saurait se réduire au travail prescrit, combien toute l'expérience ouvrière témoigne de ce que « le temps de travail abstrait, régi par l'exploitation capitaliste, est inséparablement aussi temps de travail concret où se forment des capacités, se font jour des compétences et du même coup s'enracinent des volontés de lutte sociale et politique transformatrice » (2015, p. 46). Sève avait convenu du caractère trop schématique de la distinction entre ces deux types d'activités sur laquelle se fondait pour une large part sa proposition théorique d'emploi du temps, et de la nécessité d'aller au-delà d'une visée de classification des activités sociales sous deux registres séparés, pour œuvrer à « une intelligence dialectique des contraires très variablement unis en toute activité », intelligence dialectique qui apparaît au demeurant la « seule façon qui offre d'ailleurs chance de saisir l'individu en ce qu'il a de singulier ». Ne peut-on risquer, pour conclure ce point, d'affirmer qu'une telle nécessité et une telle exigence vaudraient sans doute concernant les différenciations que l'on vient de discuter entre activités laborieuses et activités symboliques ?[14] Y travailler plus avant ne serait-il pas une manière de contribuer à redonner toute sa fécondité au concept d'emploi du temps en tant qu'il renvoie à la nécessité et à l'intérêt d'étudier les systèmes de rapports qu'un sujet établit entre ses différentes catégories d'activités, entre ses différentes sphères d'expérience, entre ses différents milieux et formes de vie, et les modalités selon lesquelles il régule et arbitre les conflits et discordances entre ses différents milieux, « ceux où il vit et ceux dont il rêve », selon la formule de Wallon (1954/1985).

Je voudrais terminer ce texte en hommage au travail de Sève par un souvenir personnel et un regret. Souvenir d'avoir initié la discussion qui précède sur le chapitre 4 de « L'homme » ?, lors d'une journée d'études autour de ce livre organisée en 2012 par Michel Brossard et le regretté Frédéric François, discussion à laquelle Sève s'était montré sensible, mais que nous avions laissée par la suite en jachère. Regret immense que, ayant souhaité la reprendre pour souligner l'importance majeure du travail de Sève, je ne puisse en obtenir de retour de sa part, retour qui aurait été à coup sûr extrêmement éclairant.

Références bibliographiques

Beauvais, J. (1969, septembre). Sur la notion de « besoins de l'enfant » en psychologie. *L'École et la Nation*.

Canguilhem, G. (1965). *La connaissance de la vie*, Vrin.

Canguilhem, G., Lapassade, G., Piquemal, J. & Ulmann, J. (1962/1985). *Du développement à l'évolution au XIXᵉ siècle*. PUF.

Chamboredon, J.-P. (2015). *Jeunesse et classes sociales*. Éditions Rue d'Ulm.

Chartier, R. (1985). *Du livre au lire*. Éditions Payot-Rivages.

---

14 Même si elle ne saurait s'y réduire, une telle entreprise ne peut pas ne pas prendre en considération que s'interpénètrent de plus en plus, avec la « révolution informationnelle », les activités dites laborieuses et les activités dites symboliques.

Goody, J. (1979). *La raison graphique*. Édition de Minuit.

Goody, J. & Lejosne, J. C. (2006). La technologie de l'intellect. *Pratiques, 131*(1), 7-30.

Lacan, J. (1938/1984). *Les complexes familiaux* dans *la formation de l'individu*. Navarin éditeur.

Leroi-Gourhan, A. (1965). *Le geste et la parole* (*La mémoire et les rythmes*, tome 2). Albin Michel.

Malrieu, Ph. (1978). Psychologies génétiques et psychologie historique. *Journal de psychologie normale et pathologique, 3,* 69-83, repris dans Bubion-Broye, A. & al. (2013). *Penser la socialisation en psychologie. Actualité de l'œuvre de Philippe Malrieu*, Érès (pp. 71-83).

Malrieu, Ph. (1996). La théorie de la personne d'Ignace Meyerson. In F. Parot (Ed.), *Pour une psychologie historique. Écrits en hommage à Ignace Meyerson* (pp. 77-93). PUF.

Meyerson, I. (1948). *Les fonctions psychologiques et les œuvres*. Vrin, rééd. Albin Michel, 1995.

Meyerson, I. (1973). *Problèmes de la personne*. Mouton.

Meyerson, I. (1987). *Écrits 1920-1983. Pour une psychologie historique*. PUF.

Politzer, G. (1928/1967). *Critiques des fondements de la psychologie*. Presses universitaires de France.

Ricœur, P. (1969). *Le conflit des interprétations*. Seuil.

Sève L. (2008). « *L'homme* » ? (*Penser avec Marx aujourd'hui*, tome II). La Dispute.

Sève, L. (1964). Les « dons » n'existent pas. *L'École et la Nation, 132*.

Sève, L. (1974). *Marxisme et théorie de la personnalité* (1re édition 1969). Éditions sociales.

Sève, L. (1987). La personnalité en gestation. In Collectif (Eds.), *Je. Sur l'individualité* (pp. 209-249). Éditions sociales.

Sève, L. (1999). Quelles contradictions ? À propos de Piaget, Vygotski et Marx. In Y. Clot (Ed.), *Avec Vygotski* (pp. 245-264). La Dispute.

Sève, L. (2015). *Pour une science de la biographie.*, Éditions sociales.

Vernant, J.-P. (1989). *L'individu, la mort, l'amour*. Seuil.

Vygotski, L. S. (1928-1930/2014). *Histoire du développement des fonctions psychiques supérieures*. La Dispute.

Wallon, H. (1934). *Les origines du caractère*. Boivin.

Wallon, H. (1942). *De l'acte à la pensée*. Flammarion.

Wallon, H. (1954/1985). Les milieux, les groupes et la psychogenèse de l'enfant. *Enfance* (numéro spécial « Henri Wallon. Psychologie et éducation de l'enfance. Buts et méthodes de la psychologie », hors-série), 95-104.

Yves Clot

Une différence entre L. Vygotski et L. Sève

À l'approche des années 1960, lorsque Lucien Sève prépare déjà ce qui deviendra son *Marxisme et théorie de la personnalité* publié en 1969[1], il ignore jusqu'au nom de Vygotski alors inconnu en France. Il dira plus tard qu'en découvrant Vygotski il a justement mieux compris « ce qu'il cherchait un peu à tâtons » dans *Marxisme et théorie de la personnalité* (2015, p. 58). Trente ans avant, note-t-il, Vygotski avait écrit que la psychologie avait besoin de son *Capital* et lui, sans en rien savoir, avait repris un chemin analogue (2015, p. 20). Devenu en 1970 directeur des Éditions sociales, il prépara l'édition de *Pensée et langage* avec Françoise Sève sur l'exemplaire personnel qu'Alexandre Leontiev leur avait prêté lors d'une soirée passée ensemble à Moscou.

On peut noter que le nom de Vygotski apparaît pourtant dans *Marxisme et théorie de la personnalité*. Mais c'est seulement de façon indirecte, à travers une référence admirative à Alexander Luria. Ce dernier rapporte que, pour Vygotski, la psychologie n'a pas à avoir peur de s'occuper de l'âme. Elle doit seulement la chercher dans l'histoire sociale et non pas dans la sphère intime de l'esprit : « Pour trouver l'âme, il faut la perdre », écrit Luria dans une formule que Sève rapproche immédiatement (1974, p. 281) de l'interprétation de la 6e thèse sur Feuerbach qui fonde tout son travail théorique sur l'individualité : « L'essence humaine n'est pas une abstraction inhérente à l'individu isolé. Dans sa réalité c'est l'ensemble des rapports sociaux » (Marx & Engels, 1968, p. 33).

Quelle différence ?

Au cours de la préparation de la première édition de *Pensée et langage* parue en 1985 commence un travail d'appropriation de l'œuvre de Vygotski par Sève dont le texte de sa conférence *Où est Marx dans l'œuvre et la pensée de Vygotski ?* en juin 2018 est l'une des toutes dernières manifestations publiques. Dans ce texte c'est encore sur cette 6e thèse sur Feuerbach que la réflexion de Sève se focalise. Il a toujours insisté sur l'exceptionnelle intelligence théorique de Vygotski à ce propos : « nul psychologue n'a mieux compris l'immense portée pour sa discipline de cette vue géniale du jeune Marx » (2015, p. 59).

---

1   J'ai rappelé ailleurs le rôle que cet ouvrage a joué, paradoxalement jusque dans la critique du système bureaucratique de la RDA par le dissident R. Bahro (Clot, 2020a). Nous citons l'édition de 1974.

Mais ce travail d'appropriation a toujours été circonspect. Pour en prendre la mesure il suffit de lire l'un des textes de Sève où les critiques sur l'œuvre de Vygotski sont particulièrement nettes. Commentant *La signification historique de la crise en psychologie* (1999), il s'étonne de l'insistance du psychologue russe sur la méthodologie. Elle se fait, selon lui, au détriment d'une critique de l'objet même de la psychologie réduit au psychisme à la manière de la psychologie dominante : « La limite majeure de Vygotski est d'avoir voulu accéder à une pensée de la personnalité tout en demeurant pour l'essentiel sur le terrain d'une psychologie des fonctions » (2012a, p. 91). La formule est, pour le moins, sans nuance. Pourtant, dans ce qui suit, ce n'est pas de cette critique-là qu'il sera question, mais d'une autre qu'énonce clairement la conclusion de la conférence évoquée plus haut. Après avoir encore noté la puissance de la pensée marxienne chez Vygotski, il se demande si, malgré tout, son usage de la 6ᵉ thèse sur Feuerbach n'est pas resté unilatéral.

Pour Marx, insiste-t-il, les rapports sociaux ne sont pas seulement des relations sociales. Or « Vygotski ne dispose et ne fait usage que d'un terme russe unique : *otnošenie*, qui dit aussi bien relation que rapport. Ce concept indifférencié fait donc l'impasse sur la distinction tellement importante entre relation intersubjective et rapport social objectif ». Il s'ensuit, selon Sève, des conséquences multiples. Citons un peu longuement :

Vygotski a-t-il été assez attentif à toute la différence entre *Beziehung* et *Verhältnis* qui tend à s'effacer dans le seul *otnošenie*? Psychologue avant tout, n'a-t-il pas été principalement retenu par les relations sociales intersubjectives – par exemple les « formes de comportement » qu'il range sous la « loi de Janet » – plus que par des rapports sociaux pris dans leur objectivité chosifiée dont l'effet formateur sur le psychisme humain est immense – pensons par exemple à la *forme-argent* – mais bien plus indirect ? Qu'il n'y ait pas chez lui l'équivalent du concept marxien de *Vergegenständlichung* ne signalerait-il pas une certaine sous-estimation des processus de l'*objectalisation* sociale au sens fort du terme ? Vaste question. Là peut-être a flairé prétexte la grossière imputation stalinienne de non-marxisme brandie contre lui, et trouvé motif aussi la distance tout autrement prise avec lui par Léontiev. Là sans doute en tout cas se décide une part non négligeable du sens général de l'œuvre vygotskienne, et de ce qui est à élucider pour aller plus avant dans sa direction même. On discute aujourd'hui avec raison du sens qu'a chez lui le concept de *pereživanie*². N'y a-t-il pas à examiner avec autant de soin le sens et l'usage vygotskiens d'*otnošenie*? (Sève, 2018, p. 11)

2   Évitons un malentendu : Sève portait un grand intérêt au concept de *pereživanie*. Sollicité d'ailleurs à propos de la traduction du russe, il notait bien sûr que le mot est très proche de l'allemand *Erlebnis* couramment rendu par « expérience vécue » — comme l'a fait F. Sève pour *Pensée et langage* — mais, compte tenu du caractère événementiel qu'implique la *pereživanie*, il lui préférait une traduction par « l'éprouvé » (Communication personnelle du 17 Juin 2015). Ce choix est aussi celui de M. Zonina et J.P. Thibaudat, traducteurs du célèbre metteur en scène russe C. Stanislavski, pour qui cette même *pereživanie* était centrale dans l'activité théâtrale (Stanislavski, 1997, p. 10).

Dans ce qui suit je voudrais examiner cette question en mesurant d'abord toute l'importance que Sève lui accorde mais surtout la portée anthropologique effective qu'elle revêt. C'est peut-être dans « *L'homme* » ?, publié en 2008 que c'est le plus clair. On y trouve une reconceptualisation très instruite de la *Tätigkeit*, cette activité qui, au-delà du classique *yalta* entre le faire et l'agir, accomplit quelque chose dans le monde social et, ce faisant, importe ses contradictions au sein du sujet lui-même. Dans l'activité de travail, ce qui apparait à Marx du côté du travailleur sur le mode subjectif de la mobilité vivante apparaît du côté du produit comme propriété en repos : « in-quiétude », de l'*Unruhe* d'un côté et, de l'autre, « quiétude » du *ruhende* en repos dans le monde objectif, sur le mode de l'objectalité (Sève 2008, p. 97 et p. 99). L'*Unruhe* n'est pas abolie pour autant. Elle n'attend qu'une occasion de se réveiller. Car, en quelque sorte, l'objet dans ce qu'il a de plus objectal est toujours un objet-lien potentiel entre les hommes. Il est produit mais, en attente d'activités psychiques possibles, il est tout autant reproducteur si on en fait usage. Dans l'objet où s'éteint – où meurt – le psychique comme tel, il y a l'énigme d'une « présence-absence » possiblement médiatrice, disponible pour un renouveau de l'*Unruhe*. Il s'y trouve de l'activité potentielle « à l'arrêt » plus ou moins ouverte au procès de régénération de l'activité tout entière, laquelle est toujours finalement, si l'on peut se permettre cette expression, entre la vie et la mort.

En physique, argumente Sève, « dans un battement pendulaire, la même énergie se présente tantôt sous forme *cinétique*, tantôt sous forme *potentielle* : c'est assez exactement ce que nous disent les '*Unruhe*' et les '*ruhende*' de Marx ». Il peut donc « y avoir une quantité de mouvement virtuellement présente dans un objet immobile » (p. 102). De la même manière, tous les artéfacts objectifs, ces médiateurs techniques ou symboliques – affranchis de la cinétique des activités vivantes et subjectives qui les ont engendrés – peuvent virtuellement resservir pour des activités nouvelles (Sève, 2008, p. 98) ; toujours au risque de tomber en jachère, pourrait-on ajouter.

Il faut en tirer les conséquences : d'un côté, par l'activité, « la production sociale cumulative de ses médiateurs, multiplicateurs indéfinis de sa puissance » (p. 97), les hommes se sont donnés les moyens – déposés en dehors d'eux – de produire ou, éventuellement, de détruire leur propre monde. De l'autre, écrivait déjà en son temps Tosquelles, c'est « en faisant des choses que l'homme se fait lui-même d'autant plus que l'on ne peut pas faire quoi que ce soit sans compter avec les autres » (2009, p. 26). Au cours de cette activité pour faire quelque chose dans le monde, nous faisons l'épreuve pratique d'objets (matériels ou symboliques) ou de relations avec autrui qui équipent ou résistent à cette activité, qui la dévient et l'affectent de toute façon. C'est même au cours de cette activité extérieure que le cercle des processus psychiques s'ouvre au réel qui y fait irruption. Par cette activité nous retrouvons l'énergie potentielle laissée en repos dans les « choses » du monde par d'autres hommes. Stockée dans des artéfacts – outils, langues, œuvres d'art, règles et institutions – qui sont de véritables accumulateurs, cette énergie est prête à redevenir actuelle chez ceux qui peuvent s'en saisir pour la régénérer. Éteinte dans l'artéfact, l'activité est rallumée dans l'instrument[3] technique ou symbolique où se réalise le contact entre le sujet, l'objet et autrui dans l'activité en cours (Brossard, 2012). Elle est médiatisée et médiatisante (Friedrich, 2010, p. 67). Extériorisation et intériorisation sont donc les deux faces de la *Tätigkeit*.

Ce devenir chose de l'activité s'institue dans les œuvres d'un patrimoine historique et social, « phénomène cumulatif dont la seule invocation d'une transmission interpersonnelle directe est manifestement impropre à rendre compte » (Sève, 2008, p. 93)[4]. Il s'éteint sous formes d'opérations possibles endormies dans ces « artifices » qui se trouvent réveillés et recréés par l'appropriation dont ils peuvent faire l'objet, malgré les clivages plus ou moins hostiles de la vie sociale (p. 497) ; et ce, en devenant les instruments de nouvelles activités vivantes et partagées et « en induisant chez les individus humains des activités psychiques du même ordre que celles qui l'ont produit » (p. 101). Ou encore, selon Sève, des activités qui, sans être justement du même ordre, les renouvellent de façon créatrice ou, au contraire, les aliènent.

On reviendra, évidemment, sur cette dernière question de ce qu'il faut bien appeler une objectivation possiblement empoisonnée ; car elle est au cœur du souci qui s'exprime dans le commentaire de Sève ci-dessus sur l'œuvre de Vygotski. Mais pour prendre toute la mesure dès maintenant de la réalité historico-sociale ainsi désignée, on peut mentionner cette citation de Marx et Engels dans *L'Idéologie allemande* qui dit bien les choses pour Sève :

---

3   Il y a un devenir de l'artéfact dans l'instrument (Rabardel, 2002). Pour une discussion voir Kostulski (2004).

4   Ce phénomène cumulatif, propre à cette nouvelle espèce animale qu'est l'homme, s'accélère dans l'histoire sociale des générations à mesure que le répertoire des technologies culturelles (matérielles, symboliques) et institutionnelles s'affranchit toujours plus de ce que chaque individu pourra en faire dans sa seule histoire personnelle. Henrich, dans un bel ouvrage, a défini « cette immense réserve de logiciels mentaux puisés dans l'énorme stock de savoir-faire et de pratiques que la culture nous apporte en héritage » (2019, p. 454) comme un « cerveau collectif » dont le volume social se développe, indépendamment de chaque individu pris séparément mais équipant potentiellement chaque individu. Agencement d'artéfacts, de normes et d'institutions sociales interdépendants, ces « cerveaux » subdivisent nos tâches et nos savoirs comme un organe dont la taille et la structure fonctionnelle dépend des rapports sociaux propre à un territoire (p. 301). Sur cette question de l'extériorisation, voir aussi la contribution de Sigaut (2022).

> Cette fixation de l'activité sociale, cette pétrification de notre propre produit en une puissance objective qui nous domine, échappant à notre contrôle, contrecarrant nos attentes, réduisant à néant nos calculs, est un des moments capitaux du développement historique jusqu'à nos jours. (Marx & Engels, 1846/1968, p. 63 ; Sève, 2008, p. 498)

En résumé, l'activité est donc production d'un monde d'objets matériels ou symboliques et de rapports sociaux. Mieux, re-création d'un monde, non sans risque pour les hommes puisque cette puissance sociale coopératrice, dans la division du travail, peut leur apparaître, au contraire, comme une puissance étrangère « dont ils ne savent ni d'où elle vient, ni où elle va » (Marx & Engels, 1846/1968, p. 63). Du coup, l'activité – pratique et psychique – si elle est toujours le siège d'investissements vitaux qui transforment les objets du monde en moyens de vivre peut, effectivement, aussi échouer à le faire. C'est que cet apprivoisement possible ou impossible, si spécifique à l'espèce humaine fait de toute chose, non seulement un objet de l'échange social, mais simultanément l'objet d'une (re) production à part entière sédimentée et affranchie de l'activité vivante qui en est l'origine. À la différence de toute activité animale, insiste Sève, « l'activité humaine existe sous deux formes opposées bien qu'ayant un fond identique » (2008, p. 99). Elle a bien un moment subjectif traditionnellement bien repéré. Mais « pour le dire de façon provocante en un oxymore, il y a une forme-chose de l'activité psychique humaine » (p. 99). Et il apostrophe, non sans l'ironie dont il était capable, un lecteur présumé incrédule : « que 'l'homme' produise des outils et des signes, merci, nous n'avons pas besoin de Marx pour le savoir. Qu'on veuille les donner pour *du psychique objectivisé*, ce n'est plus une banalité mais une absurdité » (p. 101).

Comme Freud ?

Ici la démonstration de Sève prend un tour inattendu et largement inaperçu à ma connaissance. Elle n'est pourtant pas sans importance. Le paradoxe et l'absurdité possiblement imputée à l'idée d'un « psychisme objectivisé » sont exploités par lui dans une direction surprenante mais très convaincante. Il compare en effet cette réserve de possibilités non forcément réalisées aux représentations qui subsistent à l'état *latent* pour Freud. C'est une question parente de « celle que souleva Freud en posant l'existence d'un psychisme inconscient » (2008, p. 100). Freud a dû énormément batailler, note-t-il, contre l'idée qu'un état de latence puisse être une composante du psychisme, autrement dit pour distinguer ce dernier de la conscience. Or, puisque la pratique analytique montre qu'un tel état de latence, résultant d'un refoulement, peut être ramené, dans certaines circonstances, à la conscience[5], on est fondé à conclure, selon Sève, que, « sous ces deux modalités si différentes est bien pourtant à l'œuvre un *même* psychisme […] L'autre et le même vont ensemble : qu'elle soit liquide, glace ou vapeur, l'eau reste de l'eau » (p. 101).

Sève se sert ici de Freud comme d'un instrument pour soutenir la thèse d'un état latent du social. Vygotski, en psychologue, a bien vu aussi la portée de la question de l'inconscient : « que le phénomène soit moins conscient ne le rend pas pour autant moins psychique » (2017, p. 112). Il reprend même à Höffding l'idée que l'introduction du concept d'inconscient en psychologie possède « la même portée que celle d'énergie potentielle en physique » (p. 95). On saisit alors combien la physique de l'énergie potentielle, mentionnée aussi par Sève comme on l'a vu plus haut, fait ici le lien entre le social et l'individuel : il y a bien une « forme-chose » de l'activité psychique humaine pleine d'énergie ; que cette énergie soit créatrice ou destructrice, que cette forme soit « objectale » au plan social ou « subjectale » au plan psychique (Sève, 2008, p. 101).

Mais un problème retient immédiatement l'attention, décisif pour la suite. Vygotski ne définit pas la conscience et ses rapports avec l'inconscient de la même façon que Freud et ce n'est pas sans conséquence pour examiner la critique que lui adresse Sève (Clot, 2024). Du coup, un détour s'impose ici. Là où la conscience est, selon Freud, observatrice, pour Vygotski elle est un conflit en acte. Pour Freud, il faut voir dans l'inconscient l'essentielle réalité du psychisme : « L'inconscient est pareil à un grand cercle qui enfermerait le conscient comme un cercle plus petit » et « la conscience nous renseigne sur lui d'une manière aussi incomplète que nos organes des sens sur le monde extérieur » (Freud, 1987, p. 520). Il a lui-même qualifié de très proche du réel l'image un peu « fantaisiste » qu'il utilise d'un appareil psychique composé de l'inconscient, du préconscient et du conscient soumis à la censure du refoulement : c'est « l'hypothèse brute de deux locaux, avec le gardien se tenant sur le seuil entre les deux pièces et avec la conscience jouant le rôle de spectatrice au bout de la seconde pièce » (Freud, 1972, p. 277).

Or, Vygotski ne voit pas du tout le problème ainsi. Métaphore pour métaphore, chez lui, loin d'être « spectatrice » la conscience est actrice sur la scène. À l'opposé de tout mentalisme, il la définit comme « un contact social avec soi-même » (2017, p. 91). Loin d'être localisée dans une « pièce » de l'appartement psychique, elle n'est pas un état mental séparé. Elle ne nous « renseigne » sur le monde extérieur qu'en agissant sur lui pour l'apprivoiser. Organe de sélection, elle est « le tamis qui filtre le monde et le transforme de telle sorte qu'il soit possible d'agir » (1999, p. 167). Elle est un rapport réel aux évènements qu'on traverse et

---

5   On peut se référer ici à Freud (1972, p. 276).

qui nous traversent. C'est donc seulement en mouvement qu'elle montre ce qu'elle est, *entre* deux expériences : l'expérience *qu'on a* et l'expérience *qu'on fait*, d'un côté l'expérience déjà vécue et la pensée déjà-là et, de l'autre, l'expérience vivante en cours. Séverac (2022) note que nous devrions dire « pour définir la conscience au sens fort, 'expérience vivante d'expériences vécues' » (p. 218). Du coup, si nous séparons la conscience de cette épreuve dans la vie réelle nous la privons de sa fonction principale qui consiste, au travers de l'action, à nous affranchir, à nos risques et périls, des subordinations de la situation concrète. Pour Vygotski, l'arrachement de la conscience au réel est destructeur pour elle-même ; elle s'éteint, perd sa profondeur subjective et sa mobilité, sa capacité d'élargir et de renouveler ses fonctionnements dans des contextes neufs et vivants ; pour tout dire, elle meurt en tant que conscience car l'activité mentale vit en dehors d'elle-même, de son orientation vers l'extérieur.

La conscience n'est donc pas seulement conscience mentale mais d'abord conscience vitale. Pouvoir de se relier au monde, la conscience vitale agit bien sûr par l'entremise de la conscience mentale, mais non sans conflit possible justement. Contact social avec soi-même, elle reste une activité en conflit, un travail réel de liaison toujours soumis aux risques de la déliaison et de ses conséquences. Et c'est ainsi que se définit justement l'inconscient. Ce dernier peut sans doute, paradoxalement, être approché dans les termes de *L'Idéologie allemande* comme une « pétrification » qui nous domine, « échappant à notre contrôle, contrecarrant nos attentes, réduisant à néant nos calculs ». Vygotski le voit bien ainsi. Mais, pour autant, pour lui, l'inconscient n'explique pas l'activité de la conscience. C'est plutôt l'inverse, c'est la conscience en activité qui doit, aux deux sens du terme, *s'expliquer avec* l'inconscient.

Inconscient et conscience chez Freud et Vygotski

C'est que, pour Vygotski, le jeu de l'inconscient se joue à trois, en raison du « caractère double de la conscience », pour le dire dans les termes du texte de 1924 (2017, p. 90). C'est dans ce dédoublement répété que prend racine l'inconscient : la conscience est l'unité indécomposable mais conflictuelle de deux processus qui ne coïncident pas plus que la pensée et le langage : « la conscience sentante et la conscience pensante sont chacune des modes différents de reflet de la réalité, elles représentent aussi des types différents de conscience » (1997a, p. 499). Comme la pensée « se réalise » dans le langage en s'y développant, la conscience sentante « se réalise » dans la conscience pensante en s'y métamorphosant. Mais cette « réalisation » du rapport vital à l'événement extérieur peut échouer. Elle échoue quand la conscience sentante, vitale, prend la conscience pensante, mentale, de

court et met ses schèmes à découvert. C'est alors comme une traduction défail-
lante et cette traduction impossible laisse alors des résidus incontrôlés. Ils pro-
viennent d'une discordance destructrice au sein de l'unité disharmonique de la
conscience – pourtant possiblement créatrice aussi – entre les « deux types différents de conscience » ; autrement dit, ils naissent d'une collision structurelle :
l'expérience *que j'ai* est affectée par l'expérience *que je fais*.

Vygotski, à plusieurs reprises, a souligné l'importance pour le sujet des
impasses où cette expérience affective de la conscience peut le précipiter.
Là où, dans cette collision, la traduction entre « les deux types différents de
conscience » peut réussir, elle peut aussi échouer. Et l'inconscient n'est autre
que ce qui ne passe pas de l'une à l'autre (2017, p. 78). Dans l'article de 1924, il
notait que « l'inconscient, le psychique, ce sont aussi des réflexes qui ne passent
pas dans d'autres systèmes » (p. 78). L'inconscient est ce que le passage entre la
conscience sentante et la conscience pensante refoule, les « restes » dissociés
de ce passage.

Certes, sur ce point, Vygotski retrouve Freud. Quand elles sont refoulées, les
« possibilités non réalisées » de la conscience sentante dans la conscience pensante
ne disparaissent pas. Transformées en impossibilités, paradoxalement, elles se
réalisent « de travers ». Dans l'épreuve de l'opposition de la conscience à elle-
même il y a des résidus non traduits. Suite à ce « défaut de traduction », pour
reprendre d'ailleurs une expression de Freud, ce qui s'est vu refuser l'entrée et
l'inscription dans « la conscience pensante » laisse des traces : enclavées dans des
mots, enlisées dans la chair ou même échouées dans une destinée, les *réalisations*
inconscientes, résidus déconnectés, ont d'autant plus de forces qu'ils sont déliés.
Du coup ces résidus deviennent des « corps étrangers » dans la conscience. Corps
étrangers dans le tissu verbal de la conscience, pénétrant jusque dans l'organisme,
ils continuent à vivre sans lien avec l'ensemble ajoute Vygotski en citant Freud
(2018, p. 330). En 1926, Vygotski, toujours inspiré par Freud, mentionne d'ailleurs
les désordres engendrés par ces résidus attisés d'une excitation inhibée (Vygotski,
1997a, p. 209) qui tentent de forcer le passage et prennent le dessus dans la vie
psychique au moment propice et de façon inopportune, « réduisant à néant nos
calculs », pour reprendre les mots de *l'Idéologie allemande* cités ci-dessus. Comme
des parasites isolés, ils sont demeurés exilés au « royaume de l'inconscient » note
Vygotski (1997a, p. 209 ; Clot, 2017, p. 192).

Mais il montre – et ce point est capital – que leur puissance potentielle, cette
« quantité de mouvement virtuellement présente dans un objet immobile », pour
reprendre le vocabulaire de Sève (2008, p. 102), est sous la dépendance de l'énergie
cinétique des actions, pour reprendre la comparaison entre la psychologie et la
physique utilisée par nos deux auteurs. Elle ne s'exerce pas selon un déterminisme

extérieur à l'activité en cours. Un autre « contact social avec soi-même », avec ses inattendus, peut lui donner un destin différent que la simple répétition subie de cette puissance. Une répétition morbide n'existe, en fait, que si les résidus en question restent déliés de tout mouvement de renouveau de l'activité. Ils sont toujours *en mal de développement*. Vygotski mesure bien le rôle des excitations inhibées et inconscientes, issues des affects « coincés », dans la « déroute » éventuelle du travail de la conscience. Mais il voit bien aussi l'énergie potentielle qu'elles retiennent, la vitalité, même refoulée, de ces résidus. Cette idée d'« excitation inhibée » en mal de développement est d'ailleurs utile car elle permet de comprendre que l'énergie psychique n'est pas constante et peut changer d'origine tout au long du développement en se régénérant au cours de l'activité. Si l'inconscient, donc, échappe à notre contrôle et contrecarre nos attentes, pour reprendre encore les mots de *L'Idéologie allemande*, c'est que l'épreuve qui s'est trouvée traduite « de travers », au cours d'un évènement traversé (seul ou à plusieurs), est restée *en mal de développement* dans le travail de la conscience. Et on sait le cas que Vygotski faisait de ce travail-là : « Plus nous sommes capables de nous rendre compte et de rendre compte aux autres de l'expérience vécue plus elle est vécue consciemment (elle est ressentie, elle se fixe dans le mot, etc.) » (2017 p. 78). Plus ce qui est éprouvé ainsi prend des significations différentes pour le sujet, moins le déjà-vécu – inconscient compris – est inerte. Les expériences déjà vécues peuvent devenir de plus en plus vivantes si se multiplient les contacts sociaux avec soi-même. Dans ce travail, elles se rechargent en énergie potentielle intrinsèque qui prépare d'autant mieux le sujet à vivre d'autres expériences imprévues sans s'y dérober. S'ils sont régénérés, reliés à la source d'autres activités, dans et par une autre épreuve, les résidus inconscients peuvent y trouver un nouveau destin. Ils gagnent en pluri-potentialité. Les parasites isolés, regagnant le cours de l'activité vivante, s'y ressourcent et peuvent ainsi, en retour, recharger cette nouvelle expérience de leur énergie. Les résidus des expériences « mal vécues » deviennent alors le moyen de vivre d'autres expériences.

On mesure alors toute la différence avec Freud. Cette différence – on le sent bien – ne porte pas tant sur la pratique. Vygotski regarde d'ailleurs la méthode psychanalytique comme un moyen possible pour ce travail (2017, p. 84)[6]. « Je me connais, ajoute-t-il, seulement dans la mesure où je suis moi-même un autre pour moi » (p. 90). La différence est théorique. C'est particulièrement clair dans les pages des *Notebooks* où Vygotski résume ainsi le problème : bien sûr

---

6   On reconnaîtra dans le travail évoqué ici l'activité transférentielle dans la cure.

le refoulement de l'inconscient signifie en premier lieu l'exclusion du cours général du développement : un point immobile dans le développement. L'inconscient ne se développe pas. En tout cas, il ne participe pas au cours de développement de la conscience [...]. Mais Freud examine la conscience à la lumière de la théorie de l'inconscient, nous examinons l'inconscient à la lumière de la théorie de la conscience. Il n'a pas fourni de théorie de la conscience.

Certes Vygotski soutient avec la plus grande netteté qu'après Freud il ne s'agit pas de « découvrir l'Amérique » ou même de faire comme si elle n'était pas découverte. On ne doit pas « repartir de zéro » écrit-il. Mais si nous sommes bien arrivés au même problème ajoute-t-il, « arrivés enrichis au même point », il faut emprunter une autre voie :

> On ne peut pas simplement compléter Freud en ajoutant une théorie de la conscience ; nous devons remodeler ses faits et ses théories dans un nouvel ensemble [...]. Nous avons suivi une voie opposée à celle de Freud. Il a commencé par la théorie de l'inconscient, nous par l'organisation de la conscience. [...] Les différents chemins doivent se faire sentir. (Vygotski, 2018a, pp. 392-395)[7]

Ainsi, si l'inconscient dicte sa loi – ce qui est souvent le cas – ce n'est sûrement pas par nature mais en raison de l'histoire du développement conflictuel de la conscience, si l'on veut bien prendre au sérieux la théorie de la conscience exposée plus haut et ne pas contourner l'obstacle : le même mot n'est aucunement le même concept chez Freud et Vygotski même si l'inconscient est, dans leurs œuvres respectives, au cœur de la vie psychique. Vygotski et Freud sont d'ailleurs beaucoup plus proches dans la conceptualisation de l'inconscient que dans la conceptualisation de la conscience[8]. Pour Vygotski cette dernière peut sans doute être regardée comme un rapport entre « *ruhende* » et « *Unruhe* », entre conscience pensante et conscience sentante. Rapport du mort au vif que l'histoire des contacts sociaux avec soi-même, d'une certaine façon, promeut ou interdit.

Expérience sociale et expérience historique

Cette différence des chemins entre Freud et Vygotski se fait du coup sentir jusque dans l'examen de la vie sociale. Et peut-être davantage que Sève ne l'a vu. En effet, là aussi, chez Vygotski on retrouve ce rapport entre l'« *Unruhe* » de l'activité vivante et son devenir objectal dans le « *ruhende* », cette forme-chose du psychisme.

---

7   Je traduis ici à partir du texte en anglais édité par Zavershneva et Van der Veer (2018b). Il faudrait bien sûr revenir au texte russe.

8   Bien que dans son dernier ouvrage Freud associe *Kulturarbeit* et « élévation de la conscience de soi » (Freud, 1986, p. 217 ; Clot, 2020b, p. 107).

Il distingue, sans les confondre du tout, ce qu'il appelle « l'expérience sociale » des relations entre les hommes dans le vif de l'activité et « l'expérience historique », une mémoire externalisée qui n'est pas transmise par la naissance, cristallisée en dehors de ces échanges, conservée en dehors d'eux et qui se transmet d'une génération à l'autre (Brossard, 2012)[9]. Loin de faire l'impasse sur leur distinction, comme semble le penser Sève, il fait même de leur conflit une source de vitalité et d'énergie sociale et psychique (2017, p. 71 et p. 92)[10]. Mais il est vrai qu'il ne les oppose pas et qu'il ne fait surtout pas de l'expérience sociale une simple projection des structures chosifiées de l'expérience historique. Ce n'est pas la « forme-chose » de l'expérience historique qui explique l'expérience sociale de l'activité réelle, c'est cette activité réelle qui *s'explique avec* la « forme-chose » de l'expérience historique structurée. Pour parler comme Sève, ce n'est jamais, pour Vygotski, le rapport social objectif qui explique la relation intersubjective. C'est elle qui *s'explique avec lui*, à tous les sens du terme, comme la conscience *s'explique avec* l'inconscient, également aux deux sens du terme.

Le terme *otnošenie* – qui dit à la fois relation et rapport – est-il alors trop indifférencié comme le soutient Sève ? C'est bien possible mais Vygotski ne fait pas l'impasse sur la différence. Simplement, c'est en mouvement, en cours d'action que l'expérience historique devient sociale et inversement. C'est en mouvement qu'on mesure ce qu'elles sont. Car c'est là que s'opère – ou ne s'opère pas, bien sûr –, pour parler comme Bakhtine (1984), la transfiguration possible ou impossible du donné dans le créé. À la fin de l'article où sont distinguées l'expérience sociale et l'expérience historique, autrement dit le rapport social objectif et la relation inter-subjective, Vygotski indique : « L'expérience historique et l'expérience sociale ne sont pas, en soi, à l'évidence des choses psychologiquement différentes, puisque dans la réalité elles ne peuvent être séparées et sont toujours données ensemble » (2017, p. 92). Insistant sur le fait que leurs rapports dans la société obéissent au même mécanisme que celui de la conscience défini ci-dessus, il conclut : « c'est pourquoi on peut facilement désigner ces deux parties comme l'indice unique

---

9   Vygotski cite, par exemple, J. Dewey qui faisait de cette mémoire humaine spécifique l'essence même de la civilisation en remarquant que « nous érigeons délibérément des monuments et des statues pour ne pas oublier » (Vygotski, 2014, p. 201).

10 Sève semble pourtant hésiter. Ainsi, dans sa présentation de *Histoire du développement des fonctions psychiques supérieures*, où il traitait de ce problème en 2014, à propos des textes de 1924 que nous citons, il écrit : « même s'il n'en tire peut-être pas toutes les conséquences, Vygotski a toujours été clair sur ce point » (Vygotski, 2014, p. 73).

d'une expérience double » (p. 92). On se rappelle alors la métaphore de Sève mentionnée plus haut : « qu'elle soit liquide, glace ou vapeur, l'eau reste de l'eau » (Sève, 2008, p. 101).

Pour autant, Vygotski n'ignore pas plus les efforts qu'il faut consentir pour s'approprier ce qui nous échappe dans l'expérience historique et les rapports sociaux impersonnels[11] qu'il n'ignore le travail à faire pour relier à nouveau les corps étrangers de l'inconscient aux développements de la conscience. De son côté, Sève n'a d'ailleurs jamais fait des rapports sociaux impersonnels et objectifs des moules sociaux s'imposant à l'activité individuelle. Pour lui les formes historico-sociales d'individualité sont, comme rapports sociaux objectifs (de la subordination du salariat à l'argent, par exemple), des présupposés historiques dont on ne peut, bien sûr, faire abstraction qu'en imagination. Mais ces rapports matériels constitutifs d'une formation sociale restent pour les individus seulement « les formes nécessaires dans lesquelles leur activité matérielle et individuelle se réalise », écrit-il en expliquant que ce dernier texte de Marx dans sa lettre à Annenkov est l'inspirateur direct de l'expression « formes historiques d'individualité ». Il les définit comme des « matrices d'activités nécessaires » (2015, p. 73) dans lesquelles l'activité de chacun se « réalise », utilisant ainsi le même mot dont use Vygotski pour décrire les rapports de la pensée et du langage. La première « ne s'exprime pas » dans le second mais s'y « réalise » et il existe donc un devenir de l'un dans l'autre. Il en sort une signification imprédictible et unique du mot, propre à chaque situation. De même ce n'est pas trahir la pensée de Sève que d'écrire que, pour lui, les formes socio-historiques d'individualité *n'expliquent pas* non plus la personnalité biographique, même si chaque personnalité singulière doit bien, et nécessairement, *s'expliquer avec* elles (*MTP*, 2015). C'est d'ailleurs seulement ainsi que ces formes socio-historiques peuvent avoir une histoire.

Une « réalisation » aliénée ?

Du coup, on peut se demander si Sève rend complètement justice à l'originalité développementale de la perspective vygotskienne. Elle fait du devenir réciproque le sel des rapports entre l'objectif et le subjectif contre tout « réductionnisme socio-historique » (Friedrich, 2010, p. 66). Procédons pas à pas pour comprendre les avatars du *processus de réalisation* où se jouent justement les possibilités et les risques de ce devenir. Au sein de formes sociales d'individuation sommeille une énergie renouvelable par et pour l'activité. Ces matrices historiques

---

11   Il en a fait, par ailleurs, la cruelle expérience personnelle dans l'URSS de l'époque (voir, par exemple, Vygotski, 2018, p. 316)

distributrices ou inhibitrices d'activités psychologiques sont des accumulateurs et transformateurs sociaux potentiels pour cette activité. Cette dernière *s'y réalise* selon des déformations réciproques sans pouvoir exister en dehors d'elles bien sûr mais qu'elle réveille également. Elle peut aussi effectivement s'y perdre dans des réalisations aliénées. « Le pire de l'aliénation ordinaire », écrit Sève, « est l'inconscience de l'aliénation » car « être vraiment aliéné c'est ne pas même éprouver qu'on l'est » (2008, p. 505). On sait que Vygotski n'ignore rien des risques encourus par les sujets dans le passage de la pensée au langage qui soumet la réalisation de la première aux contraintes du second[12] sans jamais pouvoir exclure les refoulements asservissants qui en résultent. Mais, au bout du compte, c'est l'activité – simultanément tournée vers son objet et vers l'activité d'autrui portant sur cet objet – qui en décide : l'inconscient n'est l'objet immobile d'un corps étranger que s'il est immobilisé par cette activité vivante en cours. Il dégénère seulement s'il n'y est pas régénéré. Délié de tout développement cet objet enkysté peut pourtant s'y trouver relié à nouveau. Mort, il peut revivre, si l'activité prend un autre cours en redistribuant ses destinataires et ses objets ; si, en quelque sorte, d'autres objets y circulent, s'y transfèrent ou s'y révèlent, si un autre « contact social avec soi-même » relance donc le travail d'objectivation appuyé sur autrui. Dans la mesure, donc, comme on l'a vu, « où je suis moi-même un autre pour moi » (Vygotski, 2017, p. 90), la conscience peut étendre à nouveau son rayon d'action sur les choses. Autrement dit, le processus de « réalisation » est vectorisé. Il prend sa source dans les développements de l'activité vivante (l'« *Unruhe* ») et trouve ses ressources dans toutes les « formes-choses » du psychisme objectivé (« *ruhende* ») qui sont comme les exposants de ce développement. C'est d'ailleurs pourquoi la subjectivité, contrairement aux idées reçues, s'atteste dans le développement de l'objet.

On peut donc suivre Sève : « l'activité laborieuse n'est nullement aliénée par le simple fait d'être soumise à des contraintes *externes* » (2008, p. 504). Si elle le devient c'est comme objectivation empêchée, activité avortée. Car le travail aliéné n'est rien d'autre que la forclusion d'authentiques possibles dans l'activité d'appropriation du monde social. L'aliénation n'est pas engendrée par l'objectivation mais plutôt par une objectivation simultanément requise et interdite. La violence sociale vient de là, du ravalement imposé à l'appropriation des puissances humaines objectivées. C'est le mouvement d'objectivation qui est capturé par « la production de *travailleurs libres plumés*, sans existence objective »

---

12 Pour Vygotski, « ce qui existe simultanément dans la pensée se développe successivement dans le langage » (1997b, p. 49).

(Marx, 1980, p. 398), prisonniers d'objets fétichisés, eux-mêmes privés de toute multiplicité simultanée. Comme le note aussi Fischbach :

> Ce qui est aliénant, ce n'est pas de se rapporter à l'objectivité naturelle mais, au contraire, d'en être exclu, d'être privé du rapport naturel à ces objets essentiels que sont, pour un homme, les choses de la nature et les autres hommes. (2005, p. 60)

Et tel est bien effectivement l'idée de Marx. L'activité humaine est confisquée par une classe étrangère hostile aux intérêts vitaux des hommes non pas par l'amputation de ce que seraient toujours déjà les individus, mais en leur fermant les portes de ce qu'ils pourraient devenir. En imposant des buts étrangers à leurs motifs, leur activité est réifiée dans ce clivage, soumise à des forces aveugles immaîtrisées par eux et, pour cette raison, ravageuses. Cette vie clivée débouche sur un asservissement accablant des hommes par les produits de leur activité devenus puissance étrangère (Sève, 2012b, p. 137) et cette impuissance aveugle est dangereuse : à « individus entravés d'un côté, sociétés déchaînées de l'autre » (2008, p. 506). Autre façon de dire ce que disait déjà *l'Idéologie allemande* : échappant à notre contrôle, contrecarrant nos attentes, réduisant à néant nos calculs, cette activité aliénée n'est autre que la nôtre mais retournée contre nous. C'est sans doute la puissance destructrice de ce genre de « rapports sociaux objectifs » que Sève a en vue dans sa critique de Vygotski.

Mais peut-être court-il alors le risque de durcir l'opposition que Vygotski ne durcit pas entre cette expérience historique hantée par l'aliénation et l'expérience sociale. Il a d'ailleurs souvent douché ce qu'il croyait être des illusions : « on ne changera pas la vie sans transformer la société » (Sève, 2008, p. 513)[13] ou encore, « on ne peut sortir en masse de la vie aliénée qu'en sortant de la société de classes » (2015, p. 48). N'est-ce pas sous-évaluer alors le renversement que nous avons déjà rencontré ? Car, si ce n'est pas la structure de classe qui peut tout expliquer de la vie aliénée, c'est bien en s'efforçant de sortir de la vie aliénée sans délai qu'on peut *s'expliquer avec* la structure de classe ; c'est donc le recul de la vie aliénée dans l'activité vivante – dans « l'expérience sociale » – qui peut seul permettre de se ressaisir du corps étranger de la puissance de classe capturant l'expérience historique. C'est la leçon qu'on peut sans doute tirer du retournement théorique que Vygotski fait subir aux rapports entre conscience et inconscient. Finalement, dans le mouvement qui va d'« expliquer » à « s'expliquer avec » se marque le primat de la transformation comme méthode de connaissance.

---

13 On trouve pourtant chez Sève des réflexions d'orientation opposée quand il évoque, au-delà de « la traditionnelle analyse en termes de classes » (2012b, p. 83), par exemple, « les efforts pour commencer à changer la vie sans attendre » (p. 90). Il faudrait étudier ce que ces hésitations doivent au problème examiné ici.

Si, comme on l'a vu, pour le dire comme Fischbach, « l'inconscient échappe à l'alternative de l'individuel et du collectif » (2005, p. 124) c'est par contre l'activité individuelle et collective vivante qui est comptable de l'effort qu'il faut produire et reproduire à l'infini pour s'approprier ce qui se soustrait à cette activité et finalement se retourne contre elle. Freud utilisait une métaphore pour désigner cet exercice du côté de l'individu. Il parlait de l'effort à fournir par le moi pour s'approprier des morceaux nouveaux du ça : « Là où était du ça, doit advenir du moi. Il s'agit d'un travail de civilisation un peu comme l'assèchement du Zuiderzee » (1984, p. 110). Il comparait ce travail de civilisation du réel au sort fait à cette région du Centre-Nord des Pays-Bas où la terre fut conquise sur la mer orageuse d'un golfe. C'est ce qu'il appelait aussi le *Kulturarbeit*, un travail de reconquête de ce qui, sinon, nous tient à sa merci ; un « travail de culture » bien éloigné d'une visée éducationnelle.

Où l'on retrouve la *pereživanie*

Dans cette perspective où se retrouve l'esprit de l'homologie structurelle proposée par Sève entre inconscient et « aliénation des rapports sociaux » (2012a, p. 85), j'ai suggéré que le travail de civilisation du réel, au plan social aussi, avait pour tâche de faire reculer les régions aliénées de l'expérience historique ; en développant justement l'expérience sociale vivante du présent contre ce qui s'y oppose (Clot, 2020 b ; Clot, Bonnefond, Bonnemain & Zittoun, 2021). L'exercice est rude surtout qu'il ne peut guère attendre. Cette production collective implique une vraie rupture avec l'idée d'une émancipation projetée dans le futur qui nous affranchirait enfin du « système », laissant penser que la liberté ne sera reconquise que dans un avenir lointain ; et qu'il est seulement question, en attendant, de dédommager la souffrance au meilleur prix. En réalité on ne peut guère « déclarer forfait » dans la conquête immédiate des libertés collectives contre les « structures » car la force de ces dernières tient justement aussi aux limites de notre propre activité. Marx lui-même avait en vue cette nécessaire transformation massive de soi au principe de l'action collective :

> La révolution n'est pas nécessaire seulement parce que la *classe dominante* ne peut être renversée d'aucune autre manière, mais aussi parce que *la classe qui renverse* ne peut en venir que par une révolution à se débarrasser de toute la merde ancienne qui lui colle à la peau, et se rendre capable de refonder la société. (Marx & Engels, 1968, p. 68)

La « classe qui renverse » doit donc se « révolutionner » aussi. Voilà qui précède et rend possible toute transformation de la société, ajoute Fischbach (2005, p. 84). Ou qui l'interdit, pourrait-on ajouter, quand ce n'est pas le cas.

Cette question du mode d'émancipation des « rapports sociaux objectifs » aliénés – et pour tout dire des rapports de classe – qu'on ne peut ici qu'évoquer, a toujours hanté Sève. Il faudrait à ce point évoquer la longue conversation poursui-vie des années durant avec Ivar Oddone sur la possibilité éprouvée et les tentatives réalisées dans le mouvement ouvrier italien de changer l'organisation du travail entre 1968 et 1975. Notre auteur imputait l'échec de cette stratégie, là encore, à la sous-estimation des « rapports sociaux objectifs ». Mais peut-être n'avait-il pas vu à quel point cet échec était d'abord imputable aux aliénations politiques endogènes de « la classe qui renverse » elle-même ; ou, plus justement, à la résistance de la culture léniniste militante des groupes dirigeants de la Gauche, prétendant que la liberté ne viendrait qu'après la « prise » du pouvoir, dans l'entreprise, dans le parti, dans l'État. Le dossier a finalement été instruit avec beaucoup de précision par Trentin (2012) qui savait de quoi il parlait (Sève, 2012b, pp. 139-144). Je ne le reprendrai pas ici, me contentant de reconnaître dans la critique formulée par Sève à l'égard de Vygotski la même veine théorique à l'œuvre dans la passionnante discussion qu'il entretient avec Oddone et les syndicalistes italiens à son retour de Turin (Sève, 2015, pp. 44-48).

Peut-être faut-il alors faire une dernière remarque. On ne peut que suivre Sève sur le fait que les rapports sociaux, jusqu'aux plus intersubjectifs, sont d'abord *subis* et ce, à l'insu même des sujets, ce dont aucun « libre arbitre » ni même aucune « bonne volonté » ne peut nous protéger. L'activité au cours de l'expérience sociale qu'on fait avec les autres s'en trouve bien structurellement affectée. La passivité, entendue comme activité diminuée et ravalée, guette donc toujours cette expé-rience sociale. Et finalement, tout le problème réside dans le travail à faire pour renverser ces *affects passifs* en *affects actifs* afin d'augmenter le pouvoir d'agir *actuel* des individus et des collectifs. C'est à Spinoza que l'on doit la définition de ces deux modalités de l'affect dans l'*Éthique* (Spinoza, 2020 ; Séverac, 2022). Et c'est sans doute pourquoi, à la fin de sa vie, Vygotski insistait tant, en dialogue avec le même Spinoza, sur le fait que la question centrale de toute psychologie était la question de la liberté, « affect dans le concept », écrivait-il (Vygotsky, 2018a, p. 209). Sans doute pourquoi aussi, comme le note Sève, on a raison de discuter autant du concept vygotskien de *pereživanie*, si proche du concept d'affect chez Spinoza (Clot, 2017, 2020b, 2023 ; Séverac, 2022 ; Veresov, 2014 ; Vygotski, 2018b). Mais c'est là une autre histoire que Sève nous aide durablement à comprendre et à vivre.

Références bibliographiques

Bakhtine, M. (1984). *Esthétique de la création verbale*. Gallimard.

Brossard, M. (2012). Le développement comme transformation par appropriation des œuvres de la culture. In Y. Clot (Ed.). *Vygotski maintenant* (pp. 95-116). La Dispute.

Clot, Y. (2017). L'affect et sa signification. Postface. In L. Vygotski, *Conscience, inconscient, émotions. Textes choisis.* (Deuxième édition augmentée ; pp. 153-204). La Dispute.

Clot, Y. (2020a). L. Sève, R. Bahro et L.Vygotski. *La Pensée, 402,* 19-29.

Clot, Y. (2020b). *Éthique et travail collectif.* Erès.

Clot, Y. (2023). Spinoza avec Vygotski : une psychologie des affects. *Revue philosophique, 2,* 201-215.

Clot, Y. (2024). *Découvrir Vygotski.* Éditions sociales.

Clot, Y., Bonnefond, J. Y., Bonnemain, A. & Zittoun, M. (2021). *Le prix du travail bien fait. La coopération conflictuelle dans les organisations.* La Découverte.

Fischbach, F. (2005). *La production des hommes. Marx avec Spinoza.* PUF.

Freud, S. (1972). *Introduction à la psychanalyse.* Payot.

Freud, S. (1984). *Nouvelles conférences d'introduction à la psychanalyse.* Gallimard.

Freud, S. (1986). *L'homme Moïse et la religion monothéiste. Trois essais.* Gallimard.

Freud, S. (1987). *L'interprétation des rêves.* PUF.

Friedrich, J. (2010). *Lev Vygotski : médiation, apprentissage et développement. Une lecture philosophique et épistémologique.* Carnets des sciences de l'éducation, Université de Genève.

Henrich, J. (2019). *L'intelligence collective. Comment expliquer la réussite de l'espèce humaine.* Markus Heller - Les arènes.

Kostulski, K. (2004). Développement de la pensée et du rapport à l'autre dans une interlocution : « est-ce que c'est un endroit pour poser un paquet de contre-rails ? ». *Cahiers de Linguistique Française, 26,* 113-131.

Marx, K. (1980). *Manuscrits de 1857-1858 (« Grundrisse » ; tome 1),* Éditions sociales.

Marx, K. & Engels, F. (1968). *L'Idéologie allemande.* Éditions sociales.

Rabardel, P. (2002). Le langage comme instrument ? Éléments pour une théorie instrumentale élargie. In Y. Clot (Ed.), *Avec Vygotski* (pp. 265-289). La Dispute.

Sève, L. (1974). *Marxisme et théorie de la personnalité.* Éditions sociales.

Sève, L. (2008). *« L'homme » ?* La Dispute.

Sève, L. (2012a). Psychologie en crise, personnalité en cause. In Y. Clot (Ed.), *Vygotski maintenant* (pp. 79-94). La Dispute.

Sève, L. (2012b). *Aliénation et émancipation.* La Dispute.

Sève, L. (2015). *Pour une science de la biographie.* Éditions sociales.

Sève, L. (2018). Où est Marx dans la pensée de Vygotski ? Communication au 7ᵉ Séminaire international Vygotski, Genève, juin 2018. Repéré à <https://www.unige.ch/SIV2018/files/Seve_2018_Vygotski-Marx.pdf> (voir également dans le présent volume).

Sévérac, P. (2022). *Puissance de l'enfance. Vygotski avec Spinoza.* Vrin.

Sigaut, F. (2022). *Comment Homo devint faber.* Biblis.

Spinoza, B., (2020). *Éthique* (trad. P.F. Moreau). PUF.

Stanislavski, C. (1997). *Notes artistiques* (trad. M. Zonina & J.P. Thibaudat). Circé.

Tosquelles, F. (2009). *Le travail thérapeutique en psychiatrie.* Erès.

Trentin, B. (2012). *La Cité du travail.* Fayard.

Veresov, N. (2014). Émotions, *perezhivanie* et développement culturel : le projet inachevé de L. Vygotski. In C. Moro & N. Muller Mirza (Eds.), *Sémiotique, culture et développement psychologique* (pp. 209-235). Presses universitaires du Septentrion.

Vygotsky, L. (1997a). *Educational psychology.* St. Lucie Press.

Vygotski, L. (1997b). *Pensée et langage.* La Dispute.

Vygotski, L. (1999). *La signification historique de la crise en psychologie.* Delachaux et Niestlé.

Vygotski, L. (2014). *Histoire du développement des fonctions psychiques supérieures.* La Dispute.

Vygotski, L. (2017). *Conscience, inconscient, émotions* (Textes choisis et commentés par Y. Clot). La Dispute.

Vygotsky, L. (2018a). *Vygotsky's Notebooks. A selection* (édités par E. Zavershneva & R. van der Veer). Springer.

Vygotski, L. (2018b). *La science du développement de l'enfant. Textes pédologiques (1931-1934)* (traduits par I. Leopoldoff-Martin, édités et introduits par I. Leopoldoff-Martin & B. Schneuwly). Peter Lang.

Jean-Paul Bronckart

Quel rôle attribuer à la sémiose langagière dans le cadre d'une « pensée du non-linéaire » ?[1]

Dans deux imposants ouvrages, *Sciences et dialectiques de la nature* (1998) et *Émergence, complexité et dialectique* (2005), Lucien Sève a présenté et discuté les orientations scientifiques relevant, selon sa formule, d'une « pensée du non-linéaire », en articulant trois phases argumentatives. Tout d'abord un rappel de la nécessité de contester et dépasser les conceptions héritées des *Principia* de Newton (1687-2005), selon lesquels la mécanique universelle constitue un système fermé au sein duquel les corps et les forces se conservent, les mouvements de transformation qui les animent sont naturellement réversibles. Ensuite de très amples présentations et commentaires de l'ensemble des courants des sciences de la nature qui, de Carnot et sa deuxième loi de la thermodynamique (1824/1990) à Prigogine (1998), en passant notamment par Boltzmann (1886) et Schrödinger (1956/1990), ont contesté la mécanique newtonienne et mis en évidence le caractère fondamentalement interactif et non prévisible (ou non linéaire) des processus naturels. Enfin, la présentation d'une diversité d'échafaudages argumentatifs à l'appui de sa thèse centrale selon laquelle cette orientation des sciences de la nature pouvait/devait trouver un cadre et un support philosophiques essentiels dans la dialectique, comme modalité de raisonnement qu'il convenait néanmoins de revitaliser sur la base d'un examen approfondi des œuvres de Hegel et Marx-Engels.

Dans ce qui suit, nous nous centrerons d'abord sur ce qui nous paraît constituer l'essentiel des propositions théoriques fondées sur des études et démonstrations mettant en évidence le caractère non linéaire, imprévisible et entropique de l'ensemble des processus naturels, y inclus les processus psychiques. Nous relèverons ensuite que les approches convoquées, si elles peuvent parfois évoquer le langage humain, ne procèdent jamais (sauf erreur ou omission) à des analyses approfondies des propriétés spécifiques de cette capacité centrale. Nous entreprendrons dès lors, en nous fondant sur certains composants de l'œuvre de Saussure

---

1   Les analyses présentées dans ce chapitre ayant trait à la pensée du non-linéaire et à l'œuvre saussurienne sont largement redevables de diverses études publiées par Bulea Bronckart (2005a, 2005b, 2009, et avec Fraga, 2016), ainsi bien sûr que de nos publications communes sur ces thèmes.

et sur l'analyse exhaustive des écrits de cet auteur à laquelle nous avons procédé (Bronckart & Bulea Bronckart, 2022), de relever et commenter les aspects fondamentaux des signes verbaux et de leur organisation, et d'interroger sur cette base, d'un côté la position qu'occupe cette instance dans le déploiement non linéaire des processus naturels, et d'un autre côté sa dimension spéculaire d'objet du savoir qui se trouve être le vecteur même (*sine qua non*) de l'expression de ce savoir. Ce qui nous conduira pour clore à mettre en évidence la pertinence de l'approche de Sève, visant à démontrer l'apport essentiel que peut fournir au traitement de cette lourde problématique le support/soutien philosophique d'une dialectique revivifiée.

De la « pensée du non-linéaire »

Cette expression est utilisée par Sève pour désigner « l'ensemble des vues théoriques multidisciplinaires sur la dynamique des systèmes qui relèvent du formalisme mathématique des équations non linéaires » (2005, p. 51), vues théoriques dont, dans les deux ouvrages cités plus haut, il a souligné en permanence qu'elles mettent en évidence les propriétés négatives des faits physiques ou naturels, que les entités que constituent ces faits sont irréductibles à la somme de leurs parties, et que leur devenir est en soi non-prédictible :

- « […] le tout, dans la perspective non-linéaire, s'avère […] *irréductible* à la somme des parties ; il est *plus* qu'elle, ou à tout le moins *différent* d'elle » (p. 57).

- « […] la non-prédictibilité traduit notamment le fait qu'apparaissent dans des systèmes d'équations différentielles, pour certaines valeurs des paramètres, une pluralité d'états stationnaires possibles, parfaitement déterminés mais entre lesquels tout système non linéaire réel va 'choisir' d'une manière qui n'est guère prédictible » (p. 56).

Nous situerons ci-après cette approche dans la cadre historique général dont elle émane.

Dans le domaine de la physique, s'était développée depuis Newton une conception de la mécanique qui présentait un caractère *pré-structuraliste*. Alors que la mécanique ancienne appréhendait les mouvements des corps en termes causaux, en l'occurrence en tant que résultats de chocs produits par un objet sur un autre, la mécanique moderne, ou newtonienne, s'est centrée sur la formulation des lois mathématiques qui permettraient de prévoir avec exactitude tout mouvement d'un corps dans le cadre d'un système donné. Dans cette approche, pour autant que l'on connaisse les paramètres relatifs à un corps (sa position, sa masse, sa vitesse, etc.) et son environnement physique (l'ensemble des forces régissant les interactions de ce corps avec d'autres), il paraissait possible de calculer tous les mouvements, aussi bien passés que futurs, qui seraient susceptibles d'affecter ce même corps. La mécanique universelle était ainsi conçue comme un *système fermé* au sein duquel les corps et les forces *se conservaient*, et les mouvements de transformation étaient en conséquence par principe *réversibles*, et transcendaient ainsi toute dimension proprement temporelle.

Au cours de la première moitié du XIXe, un ensemble de découvertes techniques ont été réalisées, dont les tentatives d'interprétation ont conduit à la remise en cause du cadre général de cette mécanique newtonienne. De manière inévitablement simplifiante nous n'en retiendrons que les apports décisifs de Carnot (1824/1990) et de Joule (1884-1887). Carnot s'intéressait au développement des machines à vapeur et a tenté d'élaborer une machine dont le rendement serait maximal, c'est-à-dire dans laquelle toute la chaleur produite serait convertie en travail, ce qui s'est traduit par une double démarche. Il a d'abord conçu un modèle de machine idéale, dans laquelle les transferts de chaleur s'effectueraient depuis deux sources de températures égales qui déverseraient leur chaleur par aller et retour entre les deux pôles, et il a soutenu qu'au sein de ce système fermé la quantité de chaleur se conserverait et engendrerait une activité complètement réversible et ce faisant parfaite et éternelle : un *perpetuum mobile*. Carnot a dû néanmoins reconnaître que ce moteur idéal était impossible à réaliser notamment parce que l'on observe, dans le fonctionnement de toute machine réelle, des déperditions de chaleur plus ou moins importantes, donc des quantités caloriques qui ne sont pas productrices de travail. Il a alors élaboré un double raisonnement d'une importance épistémologique décisive : d'un côté une approche théorique centrée sur le moteur idéal, *réversible*, qui devait permettre, dès qu'étaient fixés ses paramètres initiaux, d'analyser les conditions et les effets du travail issu de la transmission de chaleur ; d'un autre côté une approche concrète constatant les déperditions et l'*irréversibilité*, et ouvrant ainsi la voie à une nouvelle problématique. Carnot ne sut comment expliquer les phénomènes de ce type dans le cadre newtonien et ce fut James Prescott Joule qui allait résoudre ce problème en se centrant sur les conditions de production de la chaleur. Ce physicien anglais a mis en place une expérience consistant à faire tourner une roue à palettes plongée dans l'eau, et à mesurer, d'une part la quantité de travail nécessaire à la mise en œuvre de la rotation, d'autre part les changements de température de l'eau consécutifs à cette même rotation. Il a pu de la sorte identifier avec précision la quantité de travail mécanique nécessaire pour produire un accroissement donné de température, ce qui l'a conduit à identifier un équivalent mécanique de la chaleur, en tant que grandeur constante traduisant la relation entre la « *force vive* » issue du frottement (des palettes sur l'eau) et le différentiel de température produit. Ce qui l'a conduit plus généralement à considérer que cette force vive et la chaleur ne constituaient qu'une seule et même entité physique, de nature non substantielle, entité que Helmholtz (1847/1869) proposera de qualifier d'*énergie*.

C'est de la nécessité de rendre compte théoriquement de ces données qu'est né le paradigme thermodynamique, à la fois en tant que prolongement et récusation du paradigme newtonien. L'aspect de prolongement a consisté en une reformulation du principe de l'équilibre des systèmes, prenant en compte le paramètre nouveau d'énergie : au sein d'un système isolé, quels que soient ses mouvements internes, la quantité totale d'énergie demeure constante. C'est le *Premier principe de la thermodynamique* ou principe de la *conservation d'énergie*. Mais dans la Nature, aucun système n'est isolé, les systèmes sont en *interaction* les uns avec les autres, interactions caractérisées par des *transmissions* de chaleur entre corps, dont une part est productrice de travail, et dont une autre part semble perdue ou inutilisée. Comment dès lors concilier cette perte apparente avec le principe de la conservation de l'énergie ? La réponse à cette question fut fournie par Clausius (1868) dans le *Deuxième principe de la thermodynamique*, qui a fondé la véritable spécificité de cette approche. Pour Clausius, dans un système en interaction, ou système réel, deux processus simultanés sont à l'œuvre : un processus de conversion de la chaleur en travail, et un processus complémentaire de transmission ou de transfert de température d'un corps à un autre, ce dernier s'en trouvant ainsi plus ou moins profondément transformé. Ce second principe montre que dans un système réel, si, par les effets cumulés et compensatoires de la conversion et de la transmission, la quantité totale d'énergie demeure constante (*Premier principe*), le transfert produit en revanche un changement *irréversible* dans le système récepteur, et ce principe de l'irréversibilité de la transformation interne d'un système ne peut plus être pensé sans prise en compte effective de la *temporalité*, en l'occurrence des transformations successives qui s'y produisent au long de la « flèche du temps » chère à Eddington (1927).

Clausius a alors tenté de comprendre et rendre compte de « *ce qui change réellement quand en apparence tout redevient pareil* ». Cette formule signifie que lorsqu'un cycle d'interaction entre deux systèmes est achevé (que la transmission et la conversion se sont compensées), les paramètres physiques d'ensemble des systèmes concernés (volume, pression, température) sont revenus à leur état initial ; sous cet angle rien donc ne paraît avoir changé. Mais en fait, de la chaleur a néanmoins été perdue ou gagnée au cours de ce processus, et c'est dans le cadre d'une tentative de conceptualisation de ce changement énergétique sous-jacent que le concept d'*entropie* a été introduit : techniquement, l'entropie se définit comme une *fonction d'état* de tout système, fonction exprimée par le rapport Q/T, c'est-à-dire par le rapport entre la quantité de chaleur échangée et la température de l'ensemble des composants du système. Sur cette base, Clausius a développé un double raisonnement, analogue à celui de Carnot. Dans le cas du cycle théorique d'un système fermé ou idéal (dans lequel il n'y aurait ni usure, ni frottement, et donc aucune perte), l'entropie demeurerait stable, ce qui signifie que, dès lors que toute la chaleur est transformée en travail et qu'il n'y a donc pas de transmission de cette dernière d'un corps à un autre, l'état qualitatif de ces corps est en fin de cycle identique à ce qu'il était lors de son déclenchement. Mais dans le cas des cycles réels, dans lesquels la transmission de chaleur produit une transformation interne des composants, *l'entropie varie*, et plus précisément, selon la convention proposée par Clausius, *elle s'accroît*.

Ce raisonnement de Clausius débouche alors sur trois considérations. D'abord, dès lors qu'en nature il n'existe pas de systèmes idéaux, isolés ou fermés, mais seulement des systèmes en interaction et ouverts, la croissance d'entropie caractérise l'évolution naturelle ou spontanée de tout système au cours du temps. Ensuite, cette évolution présente un caractère *irréversible* : quels que soient les chemins parcourus ou les processus impliqués, elle conduit à un nouvel état d'équilibre du système, qui est oublieux de ses caractéristiques initiales et se caractérise par un taux d'entropie maximale (aucun processus susceptible d'accroître cette entropie ne pouvant plus se produire spontanément, ou sans intervention externe). Enfin, cette conception débouche sur une clarification épistémologique et méthodologique relative à la position de la démarche scientifique à l'égard de ce type de phénomènes : le contrôle des propriétés et transformations d'un système, tel que préconisé dans la logique newtonienne, ne peut s'effectuer que sur la base de cycles théoriques ou idéaux ; les cycles réels quant à eux, d'une part ne peuvent être appréhendés que *négativement* par rapport à ce cycle idéal (qu'en tant que perturbation de leur état, quand bien même celle-ci est naturelle) ; d'autre part, *le contrôle de leur évolution est impossible*, dans la mesure où aucun élément mesurable ne permet de prévoir à quel nouvel état d'équilibre aboutira l'évolution irréversible de la matière.

Restait alors à tenter d'identifier le statut des processus impliqués dans l'accroissement d'entropie, ainsi qu'à conceptualiser les rapports entre le niveau de la conservation globale de l'énergie (*Premier principe*) et celui de l'accroissement d'entropie (*Deuxième principe*). C'est à la résolution de ces problèmes que Boltzmann (1886) s'est attelé, sur la base d'une analyse des propriétés thermiques des gaz. Cet auteur a distingué l'état *macroscopique* d'un gaz, ou état global caractérisé par les paramètres de température, de volume et de pression, de son état *microscopique*, ou état moléculaire caractérisé notamment par le nombre de molécules qu'il comporte, par leur position et leur vitesse (dépendant elles-mêmes de leur masse et de leur énergie moyenne). À un même état macroscopique peuvent correspondre une pluralité d'états microscopiques divers (les variations de nombre, de vitesse et de position des molécules ne modifiant donc pas l'état macroscopique) et dans cette perspective l'entropie constitue une mesure rendant compte du nombre ou de la diversité des complexions microscopiques susceptibles de donner un même état macroscopique. Dans la mesure où, entre deux états macroscopiques, celui qui a le plus de probabilité de se produire est celui qui correspond au plus grand nombre de complexions microscopiques, la croissance d'entropie traduit alors l'évolution d'un système vers son état le plus probable, ou encore vers celui qui sera caractérisé par le plus grand *désordre moléculaire*.

En généralisant cette approche, on est amené à considérer :

- que l'entropie rend compte d'un désordre qualitatif interne, qui est plus précisément un indice de la *diversité* des complexions internes d'un système qui demeure néanmoins globalement (macroscopiquement) le même ;
- que la croissance d'entropie est une croissance de la diversité interne ;
- que les nouveaux *états d'équilibre* auxquels elle donne lieu sont des états caractérisés par le *maximum de diversité* eu égard à l'état initial.

Ces considérations conduisent alors à deux hypothèses qui continuent d'être débattues en physique contemporaine. La première, d'ordre ontologique, est que dès lors que dans tous les processus réels d'évolution de la matière, l'accroissement d'entropie est corrélatif aux pertes thermiques de la transmission, l'univers tendrait inéluctablement vers une *mort thermique*, c'est-à-dire vers l'épuisement complet de ses ressources énergétiques utilisables. La seconde, d'ordre gnoséologique, est que *l'information que peut nous fournir un système réel est inverse à son entropie*, dans la mesure où plus le désordre interne s'accroît, moins nous sommes aptes à en connaître son état qualitatif effectif.

En s'adossant aux principes philosophiques généraux développés par Spinoza (cf. 1954a ; 1954b), il semble permis d'interpréter ces acquis des deux derniers siècles selon le schéma qui suit.

a) L'appréhension de la matière ne doit pas se limiter à ses formes observables, mais prendre en compte également les principes non directement observables qui l'animent ; ce qui signifie, conformément à la thèse parallèliste de Spinoza, que toute substance matérielle comporte à la fois un attribut dynamique (ou psychique) et un attribut statique (ou physique au sens restreint du terme : inscrit dans l'espace), l'un n'étant que le pendant ou le corrélat nécessaire de l'autre.

b) Comme le montre la thermodynamique, l'attribut dynamique se manifeste en processus physiques irréversibles (associés à la flèche du temps), qui d'une part sont *réels* (et non seulement des produits de notre entendement), et qui d'autre part jouent le rôle de *constructeurs* de la Nature, en ce qu'ils donnent en permanence naissance à de nouveaux états d'équilibre ou de (ré)organisation.

c) L'astrophysique ayant démontré le caractère aléatoire de l'évolution de l'univers, elle a par ce fait même démontré son caractère *imprévisible* : les connaissances acquises sur le passé de cette évolution ne permettent pas de prévoir ce que sera son futur, et la connaissance idéale postulée par Newton est dès lors impossible, parce que ce à quoi elle s'adresse est un mouvement infini, temporalisé et irréversible.

d) Les processus réversibles postulés par la physique de Newton ne sont dans cette perspective que des *idéalisations* ; leurs lois ne peuvent être définies qu'au prix d'une abstraction des facteurs qui les rendent irréversibles (le mouvement idéal du pendule ne peut être conçu qu'en faisant abstraction de la friction qui, de fait, le ralentit et finit par l'éteindre).

> [...] nous pouvons affirmer aujourd'hui que c'est grâce aux processus irréversibles associés à la flèche du temps que la nature réalise ses structures les plus délicates et les plus complexes. La vie n'est possible que dans un univers loin de l'équilibre. Le développement remarquable de la physique et de la chimie de non-équilibre [renforce les conclusions qui suivent] :
>
> * Les processus irréversibles (associés à la flèche du temps) sont aussi *réels* que les processus réversibles décrits par les lois traditionnelles de la physique ; ils ne peuvent pas s'interpréter comme des approximations des lois fondamentales.
> * Les processus irréversibles jouent un rôle *constructif* dans la nature.
> * L'irréversibilité exige une extension de la dynamique. (Prigogine, 1998, pp. 31-32)

Sur ces bases, on peut alors considérer que la continuité même de l'évolution de la matière n'est rien d'autre qu'une *succession de ruptures ou de bifurcations*, en soi imprévisibles, mais dont on peut néanmoins viser, a posteriori, à reconstituer le parcours.

Au niveau des formes inertes (non vivantes), les composants physico-chimiques de l'univers sont animés par des forces (de gravité, d'attraction, etc.), dans le cadre de *systèmes globaux*, c'est-à-dire ne différenciant pas d'individus en leur sein. Si leur statut ontologique demeure partiellement mystérieux, ces forces existent bien : elles constituent les facteurs générant les diverses formes inertes successives, en même temps qu'elles sous-tendent leur organisation.

Un premier type de bifurcation majeure s'est opéré avec *l'émergence du vivant*, c'est-à-dire avec l'apparition d'organismes individués, dont l'existence est bornée par la naissance et la mort. Chaque organisme constitue un exemplaire d'une sorte de forme vivante ou *espèce*, et manifeste ou reproduit individuellement les propriétés de cette espèce ; sa vie implique en outre de multiples échanges avec les systèmes d'ordre physico-chimique, échanges qui sont réglés par les *processus d'interaction* évoqués par Piaget (1936 : assimilation, accommodation, équilibration) qui se surajoutent aux (et réorganisent les) processus dynamiques hérités de l'évolution antérieure, et qui donc, à la fois, sous-tendent en synchronie les comportements observables des membres d'une espèce donnée, et engendrent les transformations donnant naissance aux autres espèces, plus complexes.

Le second type de bifurcation majeure est alors *l'émergence de l'humain en tant qu'organisme vivant conscient*, qui s'est caractérisée :

- par un accroissement, d'origine vraisemblablement biologique, des capacités comportementales ;
- par le déploiement d'activités sociales particulièrement complexes ;
- par la création du langage comme moyen de régulation de ces activités, par application des processus hérités aux accords sociaux ;
- par l'intériorisation des signes et des structures de ce langage produisant une réorganisation radicale du psychisme hérité, se traduisant notamment par l'émergence d'une pensée consciente.

Du statut du langage et de la conscience dans la dynamique universelle

D'inévitables interrogations

Dans le cadre global de la « pensée du non-linéaire » se pose quasi nécessairement la question de la place, du statut et du rôle que jouent dans les processus globaux de la matière et du vivant, ces propriétés/capacités spécifiquement humaines que sont la pratique des langues naturelles et les processus de conscience. Quelques physiciens et/ou philosophes ont entrepris, de manière plus ou moins engagée, d'aborder ce questionnement et nous relèverons dans leurs écrits trois positions qui nous paraissent représentatives.

Prigogine et Stengers ont abordé à quelques reprises cette question, dans une perspective à la fois semi-morale et positive qui pose clairement que l'activité consciente humaine constitue naturellement une part de l'énergie naturelle, et qu'entre ces deux types d'activités existe une continuité évidente, d'ordre poétique et ce faisant non problématique.

L'activité humaine, créative et innovante, n'est pas étrangère à la nature. On peut la considérer comme une amplification et une intensification de traits déjà présents dans le monde physique, et que la découverte des processus loin de l'équilibre nous a appris à déchiffrer (Prigogine, 1998, p. 84). « [...] notre science occupe la position singulière d'écoute poétique de la nature – au sens étymologique où le poète est un fabricant –, exploration active, manipulatrice et calculatrice mais désormais capable de respecter la nature qu'elle fait parler » (Prigogine & Stengers, 1979, p. 281).

Ces deux auteurs ne se posent cependant nullement (sauf erreur ou omission) la question du statut et de l'éventuelle spécificité des propriétés du langage et de la conscience des humains, et s'ils abordent la problématique des conditions du dialogue des humains avec la nature, ils n'y donnent que la semi-réponse de l'existence, chez ces humains, de la double capacité d'être affecté par le monde et d'établir des liens entre le passé et le futur.

> La science est un dialogue avec la nature. [...] Toute prise de mesure, préalable à la création de connaissance, présuppose la possibilité d'être affectés par le monde [...]. Mais la connaissance ne présuppose pas seulement un lien entre celui qui connait et ce qui est connu, elle exige que ce lien crée une différence entre passé et futur. La réalité du devenir est la condition *sine qua non* à notre dialogue avec la nature. (Prigogine, 1998, p. 181)

Schrödinger a été l'un des rares auteurs à aborder explicitement et longuement, dans *L'esprit et la matière* (1956/1990), le problème du statut de la conscience humaine et de ses rapports avec la vie matérielle et son déploiement. Contrairement à Prigogine, le physicien autrichien pose qu'il existe une claire différence de statut entre le monde naturel, qu'il qualifie de « monde de l'énergie », et l'activité consciente des humains. Il en déduit que pour accéder à la connaissance de ce monde de l'énergie, il est nécessaire de faire abstraction des propriétés spécifiques des humains et de leur activité d'élaboration de ce savoir, et il en conclut surtout que les processus psychiques humains sont en essence différents des processus dynamiques naturels, en s'appuyant – de manière quelque peu cavalière – sur Spinoza :

> Un tableau modérément satisfaisant du monde n'a pu être obtenu qu'au prix élevé de notre propre exclusion du tableau, et de notre retour dans un rôle d'observateur non concerné. (Schrödinger, 1990, p. 185)

> [...] le sujet, s'il est quelque chose, est la chose qui sent et qui pense. Les sensations et les pensées n'appartiennent pas au « monde de l'énergie », elles ne peuvent pas produire de changement dans ce monde d'énergie, comme nous l'ont appris Spinoza et Charles Sherrington. (p. 195)

Les textes de Schrödinger abondent en formules qui, en dépit de leur stimulante vivacité métaphorique[2], sont certes en partie pertinentes, mais laissent néanmoins la problématique largement ouverte : « On pourrait dire, de façon métaphorique, que la conscience est le précepteur qui supervise l'éducation de la substance vivante, tout en laissant son élève accomplir seul les tâches pour lesquelles il est déjà suffisamment entrainé » (p. 158).

---

2   En voici un second exemple : « Le système nerveux est le lieu où notre espèce est toujours engagée dans la transformation phylogénétique ; pour parler métaphoriquement, il est le 'sommet végétal' (*Vegetationspitze*) de notre tronc » (Schrödinger, 1990, p. 160).

Le philosophe des sciences Michel Bitbol a quant à lui, dans deux textes à nos yeux fondamentaux, *L'élision* (1990) et *Physique et philosophie de l'esprit* (2000), longuement traité du statut et de la place qu'occupent le langage et la conscience dans leurs rapports interactifs avec le monde de l'énergie. Dans son approche, la conscience désigne d'un côté les structures mentales humaines dans lesquelles s'organisent les significations verbales, et d'un autre côté les processus mêmes de réflexion par lesquelles ces significations sont extraites des pratiques verbales et stockées dans les structures internes. S'agissant du langage, cet auteur souligne notamment la *dynamicité* essentielle des relations constitutives des signes langagiers, qu'il qualifie d'opérateurs des processus de construction des significations et des connaissances.

> [Une conception étroitement sémantique du langage] conduit à associer des référents fixes et universels aux termes intervenant dans les processus d'expression et d'interlocution, plutôt qu'à les reconnaître comme autant d'*opérateurs* momentanément requis par une dynamique d'action et d'échange qui les excèdent de toutes parts. (Bitbol, 2000, p. 329)

Pour Bitbol, cette dynamicité langagière se manifeste également au niveau de l'activité discursive ou textuelle, qui est à ses yeux le siège d'un processus permanent de reconstruction bijective, d'un côté des propriétés et dimensions des « formes de vie » chères à Wittgenstein et d'un autre côté des configurations de signes verbaux qui y sont mises en regard :

> [Le langage] intervient en tant qu'élément actif apte à altérer en retour le contexte performatif de son usage, et non pas en tant que dépositaire d'un réseau fixe de significations dont la définition supposerait un contexte performatif lui-même figé. Il fonctionne comme partie prenante du processus de refonte continuelle des formes de vie, plutôt que comme moyen sémantique de co-stabiliser définitivement un sujet neutre locuteur et un objet « vie humaine » désigné par lui. (pp. 327-328)

Ces approches du statut et du rôle de la conscience et du langage nous paraissent plus que pertinentes et nous conduisent, s'agissant du langage, à procéder à un examen approfondi des propriétés lui conférant cette dynamicité susceptible d'engendrer la « refonte continuelle des formes de vie ». Nous nous appuierons pour ce faire sur les analyses et positions de l'œuvre réelle de Saussure, que nous avons tenté de reconstituer avec Ecaterina Bulea Bronckart dans *Ferdinand de Saussure. Une science du langage pour une science de l'humain* (2022)[3].

---

3   Saussure n'a, on le sait, que très peu publié de son vivant et le *Cours de linguistique générale* (1916) s'il a été et demeure un texte essentiel, ne reflète qu'une part parfois simplifiée de ses analyses et réflexions complexes. Dans l'ouvrage évoqué, nous avons tenté de reconstruire cette pensée sur la base de l'ensemble de ses cours et de ses notes manuscrites, publiées ou non.

Des propriétés spécifiques des signes et des langues ; les apports de Saussure

Du statut des signes langagiers. S'agissant du statut des signes, Saussure a procédé à de multiples analyses, particulièrement profondes, que l'on pourrait résumer en indiquant que *les signes sont radicalement psychiques et radicalement sociaux.*

Pour le linguiste genevois, tout signe verbal comporte un versant sonore dans lequel on peut distinguer, d'une part la *figure vocale* qui désigne la dimension matérielle ou perceptible des sons et d'autre part *l'image acoustique,* comme forme mentale entrant dans la composition du signe, pour autant que lui soit associé un élément de signification. Cette analyse implique que ce qui fonctionne sémiotiquement sur le versant sonore, c'est une image psychique dégagée de la matérialité des sons, image qui ne se construit que dans et par son association à une signification. Sur le versant du sens, Saussure conteste que les contenus des signes puissent être donnés d'avance, au niveau des objets ou référents existant dans le monde, et il conteste aussi en conséquence que la structuration des signes s'effectue conformément à celle des objets auxquels ils renvoient. Il conteste aussi que les structures de pensée conditionnent la structuration des signes d'une langue, parce qu'il doute que puissent préexister aux signes de véritables idées, en tant qu'unités de pensée accessibles et opérationnelles. En outre, tout comme les images acoustiques ne s'élaborent que dans leur association aux significations, ces significations elles-mêmes sont des entités psychiques qui ne s'élaborent que dans et par leur association à une image acoustique.

> Psychologiquement, que sont nos idées, abstraction faite de la langue ? Elles n'existent probablement pas, ou sous une forme qu'on peut appeler amorphe. […] prise en elle-même, la masse purement conceptuelle de nos idées, la masse dégagée de la langue représente une espèce de nébuleuse informe où l'on ne saurait rien distinguer dès l'origine. (Saussure, in Constantin, 2005, p. 285)

Cette analyse conduit ainsi à une *désubstantialisation* du signe :

- sur le plan sonore, ce ne sont pas les figures vocales qui interviennent dans le signe, mais les images acoustiques en tant que formes psychiques dégagées de ces figures ;
- sur le plan idéel, les significations qui s'articulent à ces images ne sont pas conditionnées ni par les propriétés des référents mondains, ni par des unités ou opérations de pensée qui préexisteraient à la langue et ils constituent ainsi également des formes psychiques particulières à l'ordre sémiotique.

Les signes n'existent donc qu'en tant qu'*union* de ces deux formes psychiques, formes dont le substrat est hétérogène (sonore et idéel) mais qui deviennent homogènes par cette association, au sens où elles se constituent en une unité duale d'un nouvel ordre, qui est l'ordre sémiotique. Le signe est donc une entité fondamentalement *processuelle*, ou une sorte de *mécanisme psychique* d'engendrement d'entités signifiantes, qui est de nature *relationnelle et oppositive* :

> FORME = Non pas une certaine entité *positive* d'un ordre quelconque, et d'un ordre simple ; mais l'entité à la fois *négative* et *complexe* : résultant (sans aucune espèce de base matérielle) de la *différence* avec d'autres formes COMBINÉE avec la *différence* de signification d'autres formes. (Saussure, 2011, p. 138)

Saussure en conclura que les signes sont en réalité des *entités vides*, c'est-à-dire des entités dont l'essence même n'est constituée ni par des éléments physiques (les sons ou les objets externes), ni par les opérations cognitives d'un sujet. Mais ces entités ont néanmoins une positivité, ou acquièrent une valeur, qui ne procède cependant que de l'usage social ; cette valeur n'est que le produit des échanges ou des interactions sociales, en synchronie (dans les échanges quotidiens) ou en diachronie. Le signe, et la langue comme système de signes, sont donc fondamentalement sociaux, ou encore le social est le lieu de réalisation de la langue : *le social est une propriété interne de la langue*, et c'est même sa seule propriété positive.

> [La langue est] un système de signes proprement fait pour la collectivité comme le vaisseau pour la mer. [Ce système] n'est fait que pour s'entendre entre plusieurs ou beaucoup et non pour s'entendre à soi seul. C'est pourquoi à aucun moment, contrairement à l'apparence, le phénomène sémiologique quel qu'il soit ne laisse hors de lui-même l'élément de la collectivité sociale : la collectivité sociale et ses lois est un de ses éléments *internes* et non *externes*, tel est notre point de vue. (Saussure, 2002, pp. 289-290)

C'est en raison des propriétés qui viennent d'être mises en évidence que les signes, une fois intériorisés, sont à l'origine de l'émergence des processus et structures de la pensée humaine. Tout d'abord, les signes étant immotivés, leur intériorisation aboutit à la constitution d'entités psychiques qui ne sont plus dépendantes des conditions de renforcement du milieu, mais qui sont autonomes et potentiellement stables. Ensuite, le signifiant du signe étant constitué d'une image acoustique délimitée, le signifié qui y correspond se présente lui-même comme une entité mentale circonscrite qui fédère en une unité stable un ensemble d'images référentielles à caractère jusque-là idiosyncrasique. L'émergence de telles unités constitue alors la condition *sine qua non* du déploiement des opérations de pensée (les processus de classement, de sériation, de conservation, etc. requièrent en effet l'existence de termes stables auxquels s'appliquer). Enfin, les signes étant constitués d'enveloppes sociales qui fédèrent des ensembles d'images individuelles et dont la face sonore est perceptible et traitable, c'est cette accessibilité d'entités à pouvoir dédoublant qui rend possible le retour de la pensée sur elle-même, ou encore la capacité de conscience, comme propriété ultime du psychisme humain. En prolongeant cette analyse, on peut soutenir que l'émergence des signes verbaux constitue le lieu de transition, ou de *continuité / rupture*, entre monde animal et monde humain. D'un côté en effet, les processus mobilisés dans leur confection (association, assimilation, etc.) sont des processus élémentaires communs à l'humain et aux autres animaux, et la construction des signes n'implique donc que des processus hérités, en tant qu'éléments de la *continuité* évoquée. Mais d'un autre côté ces processus hérités s'appliquent désormais à des objets interactifs (à des mises en rapport, pratiques et conventionnelles, d'entités sonores et d'entités référentielles), alors que dans le monde animal ils s'appliquaient exclusivement à des entités d'ordre physique. Et c'est ce changement de statut des objets auxquels s'appliquent les processus élémentaires qui est constitutif de la *rupture* humaine : les signes ont cette propriété radicalement nouvelle dans l'évolution de constituer des *cristallisations psychiques d'unités d'échange social*, et de se trouver ce faisant porteurs de représentations qui sont toujours de l'ordre des significations partagées et / ou partageables.

Des divers niveaux de manifestation de « la langue ». Dans ses réflexions ayant trait à l'unité d'analyse centrale de la linguistique, Saussure a en permanence soutenu que celle-ci ne pouvait être le *langage*, entité complexe et hétérogène dont les diverses dimensions (organiques, comportementales, affectives, sociales, culturelles, etc.) constituent de potentiels objets d'étude pour la biologie, la psychologie, la sociologie et d'autres disciplines encore. Il a soutenu que cet objet de la linguistique était « LA LANGUE », qu'il a définie comme une entité principielle, à savoir *le langage saisi sous son angle sémiotique*, et il a d'emblée souligné que cette langue est une *entité active*, qui exerce une puissance et « travaille » constamment :

> [...] <la langue> passe son temps à interpréter et à décomposer ce qui est en elle de l'apport des générations précédentes – c'est là sa carrière ! – pour ensuite avec les sous-unités qu'elle a obtenues combiner de nouvelles constructions. (Saussure, 1996, p. 90)

Cette langue est aussi *fondamentalement sociale* dans la mesure où les signes qu'elle organise ne se soutiennent que des accords qui se sont instaurés au cours des échanges communicatifs des membres d'un groupe. Cette langue se donne cependant à voir sous deux modalités constitutives : elle se manifeste d'un côté sous forme de comportements observables (les activités de production/compréhension à l'œuvre dans les échanges sociaux), et elle se manifeste d'un autre côté sous forme d'ensembles structurés de ressources et connaissances langagières ayant leur siège, soit dans l'appareil psychique de chaque individu, soit dans les systèmes de représentations collectives d'une communauté.

La première modalité est celle des pratiques langagières, que Saussure désigne par les termes de *parole* et/ou de *discours* et qui désignent d'un côté les produits des actes phonatoires, à savoir les énoncés ou chaines d'énoncés observables, et d'un autre côté les procédés ou règles de constitution des signes et d'agencement des signes au sein des phrases :

> [...] le discours consiste, fût-ce rudimentairement et par des voies que nous ignorons, à affirmer un lien entre deux des concepts qui se présentent revêtus de la forme linguistique, pendant que la langue ne fait préalablement que réaliser des concepts isolés, qui attendent d'être mis en rapport entre eux pour qu'il y ait signification de pensée. (Saussure, 2002, p. 277)

La seconde modalité est celle des *états de langue*, expression qui désigne les « dépôts de formes entendues ou lues », c'est-à-dire des entités verbales d'abord produites dans l'activité de discours et qui, après avoir subi un élagage de leurs propriétés liées à ce type de fonctionnement, sont enregistrées et rangées dans deux lieux de stockage. Le premier lieu *est l'appareil psychique individuel* des sujets parlants, dans lequel ce rangement s'effectue de manière inconsciente et quasi automatique :

> [...] la langue entre d'abord dans notre esprit par le discursif, comme nous l'avons dit, et comme c'est forcé. Mais de même que le son d'un mot, qui est une chose entrée également dans notre for intérieur de cette façon, devient une impression complètement indépendante du discursif, de même notre esprit dégage tout le temps du discursif ce qu'il faut pour ne laisser que le mot. (Saussure, 1996, p. 118)

Le second lieu de stockage se situe dans les systèmes de représentations collectives des communautés humaines, et il a ainsi posé de fait qu'existait une *langue externe ou collective* : « La langue est l'ensemble des formes concordantes que prend ce phénomène chez une collectivité d'individus et à une époque déterminée » (Saussure, 2002, p. 129).

Dans une tentative de synthèse-résumé de la position de Saussure ayant trait à LA LANGUE, nous distinguerons les quatre niveaux d'analyse qui suivent. Le premier est constitué de cet objet principiel que constitue LA LANGUE, en tant que saisie globale du fait de langage sous le seul angle de ses manifestations proprement sémiotiques. Le deuxième est le composant des *pratiques textuelles*, qui est régi par des règles d'agencement morphologiques et syntaxiques. Le troisième est constitué de ces réceptacles individuels d'entités langagières que sont les *appareils psychiques* des personnes. Le quatrième est constitué des réceptacles localisés dans les *appareils socio-collectifs* et/ou culturels des diverses communautés.

Dans cette perspective, la vie de la langue se présente comme un circuit interactif dans lequel les individus :

– se constituent une langue interne par appropriation de signes entendus ou lus dans les productions discursives ;
– pour produire de nouveaux discours, extraient d'abord de leur langue interne des signes qu'ils organisent ensuite dans la linéarité textuelle, sous le contrôle des connaissances et normes établies au sein de la langue collective ;
– créent ainsi de nouvelles productions discursives, susceptibles de faire l'objet d'extraction individuelle et collective... et le processus se reproduit indéfiniment...

Pensée du non-linéaire, spécificités du langage et dialectique...

Comme nous l'indiquions dans notre introduction, le propos majeur de Sève dans les deux textes que nous avons choisi de commenter était que les orientations non linéaires des sciences de la nature contemporaines pouvaient trouver leur nécessaire support philosophique dans une dialectique revivifiée. Dans la mesure de nos compétences, nous adhérons à cette démarche et pensons qu'elle peut s'articuler à un examen approfondi des propriétés réelles du langage humain, plus particulièrement de l'essence même des signes et de la dynamique interactive caractérisant les rapports entre les dimensions praxéologiques et gnoséologiques de l'activité langagière.

Dans ce texte fondamental qu'est *La dialectique de la nature*, Engels avait soutenu que l'émergence de la pensée consciente humaine constitue fondamentalement le résultat du travail entrepris par l'espèce pour transformer certains aspects de la nature naturelle :

> Jusqu'ici la science de la nature, et de même la philosophie, ont absolument négligé l'influence de l'activité de l'homme sur sa pensée [...] Or c'est précisément la transformation de la nature par l'homme, et non la nature seule en tant que telle, qui est le fondement le plus essentiel et le plus direct de la pensée humaine, et l'intelligence de l'homme a grandi dans la mesure où il a appris à transformer la nature. (Engels, 1975, p. 233)

Sève a complété et enrichi cette approche en posant que le langage joue un rôle fondamental dans la construction de capacités cognitives conscientes susceptibles de dépasser les dimensions subjectives/contradictoires des processus d'interaction avec la nature, et susceptibles également de conceptualiser la *dialecticité des processus naturels* mise en évidence par les courants scientifiques issus de la thermodynamique.

> La dialectique reproduit [...] les [...] innombrables aspects enchevêtrés et évolutifs du réel en mettant en œuvre l'organicité complexe et mobile du langage au service d'une rationalité concrète capable de maîtriser les contradictions. Cette optique

authentiquement matérialiste nous donne à voir comment on peut défalquer dans nos savoirs l'apport subjectif de dialectique pour cerner toujours d'avantage la dialecticité *revenant en propre aux choses mêmes*. C'est-à-dire en fin de compte l'éclatante sponta-néité créatrice de la matière que tous les idéalismes rechignent franchement à admettre. (Sève, 2005, pp. 116-117)

Dans l'extrait ci-dessus, Sève met avec pertinence l'accent sur « l'organicité complexe et mobile » du langage, mais nous pensons que l'on peut, sur la base des analyses et conceptualisations saussuriennes résumées plus haut, prolonger son analyse en prenant en considération d'un côté la *vacuité-socialité intrin-sèque* des signes verbaux, et d'un autre la *dynamique interactive* permanente entre les dimensions productives et cognitives de la mise en œuvre des langues naturelles.

La démonstration de la vacuité intrinsèque des signes (que Saussure a pu qualifier de « bulles de savon ») n'est que le pendant de la mise en évidence de leur *socialité fondamentale*, à savoir que ces signes n'existent que comme produits d'un accord radicalement social, totalement indépendant de la teneur et des propriétés des faces signifiantes et signifiées. Cette analyse nous paraît constituer un complément utile et éclairant de l'approche vygotskienne (cf. 1997) des conditions de constitution de la pensée consciente humaine, en ce qu'elle fournit une hypothèse plausible sur les conditions de constitution de la socialité de cette pensée. La démonstration de la dynamicité permanente des rapports entre l'activité discursive, la langue interne individuelle et la langue interne sociale, complète en quelque sorte le premier complément à l'approche d'Engels, en ce qu'elle indique que la conscience humaine, si elle se constitue dans le cadre d'interactions avec la nature, se développe également ensuite de manière autonome, sans nécessaire rapport avec les faits de la nature, dans les processus d'aller-retour permanent entre les productions discursives et les unités sémiotiques stockées au sein des instances cognitives individuelles et collectives.

À première vue, les deux dimensions structurelles et processuelles du langage qui viennent d'être évoquées n'ont pas d'équivalents dans les processus mis en évidence dans les sciences contemporaines de la nature ; si c'est bien le cas, se pose alors la question de l'effet que pourrait produire la super-dialecticité du langage sur la dynamicité de la matière dont elle émane ; question pour laquelle nous ne disposons, on s'en doute, pas d'éléments de réponse.

Mais ces propriétés du langage humain n'ont-t-elles réellement aucun cor-respondant dans les processus de la dynamique naturelle ? Autre rude question à laquelle nous n'avons pas non plus de réponse, tant notamment, comme l'af-firment nos collègues des sciences naturelles s'adressant soit à la dynamique de l'infiniment petit (au CERN[4] de Genève), soit à celle de l'infiniment grand (à l'observatoire astronomique de Genève), la science contemporaine n'aurait identifié et compris que 5% environ des propriétés de l'univers.

Références bibliographiques

Bitbol, M. (1990). L'élision. In E. Schrödinger (Ed.), *L'esprit et la matière* (pp. 9-149). Seuil.

Bitbol, M. (2000). *Physique et philosophie de l'esprit*. Flammarion.

Boltzmann, L. (1886). *Die zweite Hauptsatz der mechanischen Wärmetheorie*. Akademie die Wissenschaften.

Bronckart, J.-P. (2005). Préface. Les démarches scientifiques confrontées à la dynamique développementale. In E. Bulea (Ed.), *Linguistique saussurienne et paradigme thermodynamique* (pp. 9-52) (Cahiers de la Section des sciences de l'éducation n° 104). Université de Genève.

Bronckart, J.-P. & Bulea Bronckart, E. (2022). *Ferdinand de Saussure. Une science du langage pour une science de l'humain*. Classiques Garnier.

Bulea [Bronckart], E. (2005a). *Linguistique saussurienne et paradigme thermodynamique* (Cahiers des Sciences de l'Éducation n° 104). Université de Genève.

Bulea [Bronckart], E. (2005b). Est-ce ainsi que les signes vivent ? *Texto !, X*(4) [En ligne]. Repéré à <http://www.revue-texto.net/index.php?id=1774>.

Bulea [Bronckart], E. (2009). Dynamique langagière et dynamique matérielle : attitudes épistémologiques face à un problème philosophique. *Texto !, XVI*(1) [En ligne]. Repéré à <http://www.revue-texto.net/index.php?id=2100>.

Bulea Bronckart, E. & Fraga, D. (2016). Apports de la thermodynamique à la réflexion sur le langage : Un entretien avec Ecaterina Bulea Bronckart. *ReVEL, 14*(27), 405-424. Repéré à <http://www.revel.inf.br/files/683f2d6e0778d-279fe49b6a69340e0be.pdf>.

Carnot, S. (1990). *Réflexions sur la puissance motrice du feu*. Jacques Gabay [Édition originale : 1824].

Clausius, R. (1868). Le second principe fondamental de la théorie mécanique de la chaleur. *Revue des cours scientifiques de la France et de l'étranger, 10*, 153-159.

Constantin, E. (2005). Linguistique générale. Cours de M. le professeur F. de Saussure. *Cahiers Ferdinand de Saussure, 58*, 71-289.

---

4   CERN : *Centre européen de recherche nucléaire*, étudiant la configuration des propriétés ultimes de la dynamique matérielle.

Eddington, A. S. (1927). *The nature of the physical world*. Everyman's Library.

Engels, F. (1975). *Dialectique de la nature*. Éditions sociales.

Helmholtz, H. (von) (1869). *Sur la conservation de la force*. Masson [Édition originale en allemand, 1847].

Joule, J. P. (1884-1887). The Scientific papers of James Prescott Joule (Published by the Physical society of London). Taylor & Francis.

Newton, I. (2005). *Principia. Principes mathématiques de la philosophie naturelle*. Dunod [Édition en latin, 1687].

Piaget, J. (1936). *La naissance de l'intelligence chez l'enfant*. Delachaux et Niestlé.

Prigogine, I. (1998). *La fin des certitudes. Temps, chaos et les lois de la nature*. Odile Jacob.

Prigogine, I. & Stengers, I. (1979). *La nouvelle alliance. Métamorphose de la science*. Gallimard.

Saussure, F. (de) (1916). *Cours de linguistique générale*. Payot.

Saussure, F. (de) (1996). *Premier cours de linguistique générale (1907) d'après les cahiers d'Albert Riedlinger*. Pergamon.

Saussure, F. (de) (2002). *Écrits de linguistique générale*. Gallimard.

Saussure, F. (de) (2011). *De la double essence du langage* (Édition établie par R. Amacker). Droz.

Schrödinger, E. (1990). *L'esprit et la matière*. Seuil [Cours donné en 1956].

Sève, L. (1998). *Sciences et dialectiques de la nature*. La Dispute.

Sève, L. (2005). De quelle culture logico-philosophique la pensée du non-linéaire a-t-elle besoin ? In L. Sève & J. Guespin-Michel (Eds.), *Émergence, complexité et dialectique* (pp. 49-210). Odile Jacob.

Spinoza, B. (1954a). *Traité de la réforme de l'entendement*. In *Œuvres complètes* (pp. 102-141). Gallimard.

Spinoza, B. (1954b). *L'Éthique*. In *Œuvres complètes* (pp. 309-596). Gallimard.

Vygotski, L. (1997). *Pensée et langage*. La Dispute.

Exploration

Ouvrages parus

Education: histoire et pensée

- Cristian Bota: *Pensée verbale et raisonnement. Les fondements langagiers des configurations épistémiques.* 260 p., 2018.
- Catherine Bouve: *L'utopie des crèches françaises au XIXe siècle. Un pari sur l'enfant pauvre.* Essai socio-historique. 308 p., 2010.
- Pierre Caspard : *La famille, l'école, l'État. Un modèle helvétique, XVIIᵉ–XIXᵉ siècles.* 236 p., 2021.
- Loïc Chalmel: *La petite école dans l'école – Origine piétiste-morave de l'école maternelle française.* Préface de J. Houssaye. 375 p., 1996, 2000, 2005.
- Loïc Chalmel: *Jean Georges Stuber (1722–1797) – Pédagogie pastorale.* Préface de D. Hameline, XXII, 187 p., 2001.
- Loïc Chalmel: *Réseaux philanthropinistes et pédagogie au 18e siècle.* XXVI, 270 p., 2004.
- Nanine Charbonnel: *Pour une critique de la raison éducative.* 189 p., 1988.
- Marie-Madeleine Compère: *L'histoire de l'éducation en Europe. Essai comparatif sur la façon dont elle s'écrit.* (En coédition avec INRP, Paris). 302 p., 1995.
- Jean-François Condette, *Jules Payot (1859–1940). Education de la volonté, morale laïque et solidarité. Itinéraire intellectuel et combats pédagogiques au coeur de la IIIe République.* 316 p., 2012.

- Lucien Criblez, Rita Hofstetter (Ed./Hg.), Danièle Périsset Bagnoud (avec la collaboration de/unter Mitarbeit von): *La formation des enseignant(e)s primaires. Histoire et réformes actuelles / Die Ausbildung von PrimarlehrerInnen. Geschichte und aktuelle Reformen*. VIII, 595 p., 2000.

- Daniel Denis, Pierre Kahn (Ed.): *L'Ecole de la Troisième République en questions. Débats et controverses dans le* Dictionnaire de pédagogie *de Ferdinand Buisson*. VII, 283 p., 2006.

- Marcelle Denis: *Comenius. Une pédagogie à l'échelle de l'Europe*. 288 p., 1992.

- Joëlle Droux & Rita Hofstetter (Éd.): *Internationalismes éducatifs entre débats et combats (fin du 19e – premier 20e siècle)*. 304 p., 2020.

- Patrick Dubois: *Le Dictionnaire de Ferdinand Buisson. Aux fondations de l'école républicaine (1878–1911)*. VIII, 243 p., 2002.

- Marguerite Figeac-Monthus: *Les enfants de l'*Émile*? L'effervescence éducative de la France au tournant des XVIIIe et XIXe siècles*. XVII, 326 p., 2015.

- Nadine Fink: *Paroles de témoins, paroles d'élèves. La mémoire et l'histoire de la Seconde Guerre mondiale de l'espace public au monde scolaire*. XI, 266 p., 2014.

- Philippe Foray: *La laïcité scolaire. Autonomie individuelle et apprentissage du monde commun*. X, 229 p., 2008.

- Jacqueline Gautherin: *Une discipline pour la République. La science de l'éducation en France (1882–1914)*. Préface de Viviane Isambert-Jamati. XX, 357 p., 2003.

- Daniel Hameline, Jürgen Helmchen, Jürgen Oelkers (Ed.): *L'éducation nouvelle et les enjeux de son histoire*. Actes du colloque international des archives Institut Jean-Jacques Rousseau. VI, 250 p., 1995.

- Béatrice Haenggeli-Jenni: *L'Éducation nouvelle : entre science et militance. Débats et combats au prisme de la revue* Pour l'Ère Nouvelle *(1920–1940)*. VIII, 361 p., 2017.

- Rita Hofstetter: *Les lumières de la démocratie. Histoire de l'école primaire publique à Genève au XIXe siècle*. VII, 378 p., 1998.

- Rita Hofstetter, Charles Magnin, Lucien Criblez, Carlo Jenzer (†) (Ed.): *Une école pour la démocratie. Naissance et développement de l'école primaire publique en Suisse au 19e siècle*. XIV, 376 p., 1999.

- Rita Hofstetter, Bernard Schneuwly (Ed./Hg.): *Science(s) de l'éducation (19e–20e siècles) – Erziehungswissenschaft(en) (19.–20. Jahrhundert). Entre champs professionnels et champs disciplinaires Zwischen Profession und Disziplin*. 512 p., 2002.

- Rita Hofstetter, Bernard Schneuwly (Ed.): *Passion, Fusion, Tension. New Education and Educational Sciences – Education nouvelle et Sciences de l'éducation. End 19th – middle 20th century Fin du 19e – milieu du 20e siècle*. VII, 397 p., 2006.

- Rita Hofstetter, Bernard Schneuwly (Ed.), avec la collaboration de Valérie Lussi, Marco Cicchini, Lucien Criblez et Martina Späni: *Emergence des sciences de l'éducation en Suisse à la croisée de traditions académiques contrastées. Fin du 19e – première moitié du 20e siècle*. XIX, 539 p., 2007.

- Rita Hofstetter & Érhise (Éd.) : *Le Bureau international d'éducation, matrice de l'internationalisme éducatif. (premier 20e siècle) Pour une charte des aspirations mondiales en matière éducative*. 650 p., 2022.

- Jean Houssaye: *Théorie et pratiques de l'éducation scolaire* (1): *Le triangle pédagogique*. Préface de D. Hameline. 267 p., 1988, 1992, 2000.
- Jean Houssaye: *Théorie et pratiques de l'éducation scolaire* (2): *Pratique pédagogique*. 295 p., 1988.
- Alain Kerlan: *La science n'éduquera pas. Comte, Durkheim, le modèle introuvable*. Préface de N. Charbonnel. 326 p., 1998.
- Francesca Matasci: *L'inimitable et l'exemplaire: Maria Boschetti Alberti. Histoire et figures de l'Ecole sereine*. Préface de Daniel Hameline. 232 p., 1987.
- Pierre Ognier: *L'Ecole républicaine française et ses miroirs*. Préface de D. Hameline. 297 p., 1988.
- Annick Ohayon, Dominique Ottavi & Antoine Savoye (Ed.): *L'Education nouvelle, histoire, présence et devenir*. VI, 336 p., 2004, 2007.
- Johann Heinrich Pestalozzi: *Ecrits sur l'expérience du Neuhof*. Suivi de quatre études de P.- Ph. Bugnard, D. Tröhler, M. Soëtard et L. Chalmel. Traduit de l'allemand par P.-G. Martin. X, 160 p., 2001.
- Johann Heinrich Pestalozzi: *Sur la législation et l'infanticide. Vérités, recherches et visions*. Suivi de quatre études de M. Porret, M.-F. Vouilloz Burnier, C. A. Muller et M. Soëtard. Traduit de l'allemand par P.-G. Matin. VI, 264 p., 2003.
- Viviane Rouiller: «*Apprendre la langue de la majorité des Confédérés*». *La discipline scolaire de l'allemand, entre enjeux pédagogiques, politiques, pratiques et culturels (1830–1990)*. XII, 390 p., 2020.
- Martine Ruchat: *Inventer les arriérés pour créer l'intelligence. L'arriéré scolaire et la classe spéciale. Histoire d'un concept et d'une innovation psychopédagogique 1874–1914*. Préface de Daniel Hameline. XX, 239 p., 2003.
- Jean-François Saffange: *Libres regards sur Summerhill. L'oeuvre pédagogique de A.-S. Neill*. Préface de D. Hameline. 216 p., 1985.
- Michel Soëtard, Christian Jamet (Ed.): *Le pédagogue et la modernité. A l'occasion du 250e anniversaire de la naissance de Johann Heinrich Pestalozzi (1746–1827)*. Actes du colloque d'Angers (9–11 juillet 1996). IX, 238 p., 1998.
- Alain Vergnioux: *Pédagogie et théorie de la connaissance. Platon contre Piaget?* 198 p., 1991.
- Alain Vergnioux (éd.): *Grandes controverses en éducation*. VI, 290 p., 2012.
- Yves Verneuil: *Une question « chaude ». Histoire de l'éducation sexuelle à l'école (France, XXe–XXIe siècle)*, 536 p., 2023.
- L.S. Vygotskij: *La science du développement de l'enfant. Textes pédologiques 1931–1934 de L.S. Vygotskij*. Traduits par Irina Leopoldoff Martin. Édités et introduits par Irina Leopoldoff Martin et Bernard Schneuwly. 432 p. 2018.
- Marie-Thérèse Weber: *La pédagogie fribourgeoise, du concile de Trente à Vatican II. Continuité ou discontinuité?* Préface de G. Avanzini. 223 p., 1997.

Recherches en sciences de l'éducation

- Sandrine Aeby Daghé: *Candide, La fée carabine et les autres. Vers un modèle didactique de la lecture littéraire*. IX, 303 p., 2014.

- Linda Allal, Jean Cardinet, Phillipe Perrenoud (Ed.): *L'évaluation formative dans un enseignement différencié.* Actes du Colloque à l'Université de Genève, mars 1978. 264 p., 1979, 1981, 1983, 1985, 1989, 1991, 1995.

- Claudine Amstutz, Dorothée Baumgartner, Michel Croisier, Michelle Impériali, Claude Piquilloud: *L'investissement intellectuel des adolescents. Recherche clinique.* XVII, 510 p., 1994.

- Bernard André: *S'investir dans son travail: les enjeux de l'activité enseignante.* XII, 289 p., 2013

- Guy Avanzini (Ed.): *Sciences de l'éducation: regards multiples.* 212 p., 1994.

- Daniel Bart: *Évaluation et didactique. Un dialogue critique.* 286 p., 2023.

- Daniel Bain: *Orientation scolaire et fonctionnement de l'école.* Préface de J. B. Dupont et F. Gendre. VI, 617 p., 1979.

- Jean-Michel Baudouin: *De l'épreuve autobiographique. Contribution des histoires de vie à la problématique des genres de texte et de l'herméneutique de l'action.* XII, 532 p., 2010.

- Alain Baudrit : *L'investigation collaborative : de la pratique d'enquête à la collaboration à distance.* 156 p., 2022.

- Véronique Bedin & Laurent Talbot (éd.): *Les points aveugles dans l'évaluation des dispositifs d'éducation ou de formation.* VIII, 211 p., 2013.

- Ana Benavente, António Firmino da Costa, Fernando Luis Machado, Manuela Castro – Neves: *De l'autre côté de l'école.* 165 p., 1993.

- Jean-Louis Berger: *Apprendre : la rencontre entre motivation et métacognition.* Autorégulation dans l'apprentissage des mathématiques en formation professionnelle. XI, 221 p., 2015

- Bertrand Bergier: *Retours gagnants. De la sortie sans diplôme au retour diplômant.* 234 p., 2022.

- Denis Berthiaume & Nicole Rege Colet (Ed.): *La pédagogie de l'enseignement supérieur: repères théoriques et applications pratiques. Tome 1: Enseigner au supérieur.* 345 p., 2013.

- Anne-Claude Berthoud, Bernard Py: *Des linguistes et des enseignants. Maîtrise et acquisition des langues secondes.* 124 p., 1993.

- Anne-Claire Blanc, Vincent Capt (Ed.): *La tête et le texte. Formation initiale des enseignants primaires en didactique de la lecture et de l'écriture.* 242 p., 2020.

- Pier Carlo Bocchi: *Gestes d'enseignement.* L'agir didactique dans les premières pratiques d'écrit. 378 p., 2015.

- Cecilia Brassier-Rodrigues & Pascal Brassier (Ed.): *Internationalisation at Home. A collection of pedagogical approaches to develop students' intercultural competences.* 240 p., 2021

- Dominique Bucheton: *Ecritures-réécritures – Récits d'adolescents.* 320 p., 1995.

- Melanie Buser: *Two-Way Immersion in Biel/Bienne, Switzerland: Multilingual Education in the Public Primary School Filière Bilingue (FiBi). A Longitudinal Study of Oral Proficiency Development of K-4 Learners in Their Languages of Schooling (French and (Swiss) German).* 302 p., 2020.

- Sandra Canelas-Trevisi: *La grammaire enseignée en classe.* Le sens des objets et des manipulations. 261 p., 2009.

- Vincent Capt, Mathieu Depeursinge et Sonya Florey (Dir.): *L'enseignement du français et le défi du numérique.* VI, 134 p., 2020.

- Jean Cardinet, Yvan Tourneur (†): *Assurer la mesure. Guide pour les études de généralisabi lité.* 381 p., 1985.

- Felice Carugati, Francesca Emiliani, Augusto Palmonari: *Tenter le possible. Une expérience de socialisation d'adolescents en milieu communautaire.* Traduit de l'italien par Claude Béguin. Préface de R. Zazzo. 216 p., 1981.

- Evelyne Cauzinille-Marmèche, Jacques Mathieu, Annick Weil-Barais: *Les savants en herbe.* Pré face de J.-F. Richard. XVI, 210 p., 1983, 1985.

- Vittoria Cesari Lusso: *Quand le défi est appelé intégration. Parcours de socialisation et de personnalisation de jeunes issus de la migration.* XVIII, 328 p., 2001.

- Nanine Charbonnel (Ed.): *Le Don de la Parole. Mélanges offerts à Daniel Hameline pour son soixante-cinquième anniversaire.* VIII, 161 p., 1997.

- Gisèle Chatelanat, Christiane Moro, Madelon Saada-Robert (Ed.): *Unité et pluralité des sciences de l'éducation. Sondages au coeur de la recherche.* VI, 267 p., 2004.

- Florent Chenu: *L'évaluation des compétences professionnelles. Une mise à l'épreuve expérimentale des notions et présupposés théoriques sous-jacents.* 347 p., 2015.

- Christian Daudel: *Les fondements de la recherche en didactique de la géographie.* 246 p., 1990.

- Bertrand Daunay: *La paraphrase dans l'enseignement du français.* XIV, 262 p., 2002. Jean-Marie De Ketele: *Observer pour éduquer.* (Epuisé)

- Mikaël De Clercq, Nathalie Roland, Florence Dangoisse, Mariane Frenay (dir.) : *La transition vers l'enseignement supérieur. Comprendre pour mieux agir sur l'adaptation des étudiants en première année.* 230 p., 2023.

- Jean-Louis Derouet, Marie-Claude Derouet-Besson (Ed.): *Repenser la justice dans le domaine de l'éducation et de la formation.* VIII, 385 p., 2009.

- Ana Dias-Chiaruttini: *Le débat interprétatif dans l'enseignement du français.* IX, 261 p., 2015.

- Joaquim Dolz, Jean-Claude Meyer (Ed.): *Activités métalangagières et enseigne ment du français. Actes des journées d'étude en didactique du français (Cartigny, 28 février – 1 mars 1997).* XIII, 283 p., 1998.

- Pierre Dominicé: *La formation, enjeu de l'évaluation.* Préface de B. Schwartz. (Epuisé)

- Pierre Dominicé, Michel Rousson: *L'éducation des adultes et ses effets. Problématique et étude de cas.* (Epuisé)

- Pierre-André Doudin, Daniel Martin, Ottavia Albanese (Ed.): *Métacognition et éducation.* XIV, 392 p., 1999, 2001.

- Andrée Dumas Carré, Annick Weil-Barais (Ed.): *Tutelle et médiation dans l'éducation scientifique.* VIII, 360 p., 1998.

- Jean-Blaise Dupont, Claire Jobin, Roland Capel: *Choix professionnels adolescents. Etude longitudinale à la fin de la scolarité secondaire.* 2 vol., 419 p., 1992.

- Vincent Dupriez, Jean-François Orianne, Marie Verhoeven (Ed.): De l'école au marché du travail, l'égalité des chances en question. X, 411 p., 2008.

- Raymond Duval: *Sémiosis et pensée humaine – Registres sémiotiques et apprentissages intellectuels.* 412 p., 1995. Eric Espéret: *Langage et origine sociale des élèves.* (Epuisé)

- Jean-Marc Fabre: *Jugement et certitude. Recherche sur l'évaluation des connaissances.* Préface de G. Noizet. (Epuisé)

- Georges Felouzis et Gaële Goastellec (Éd.): *Les inégalités scolaires en Suisse. École, société et politiques éducatives.* VI, 273 p., 2015.
- Barbara Fouquet-Chauprade & Anne Soussi (Ed.): *Pratiques pédagogiques et éducation prioritaire.* VIII, 218 p., 2018.
- Monique Frumholz: *Ecriture et orthophonie.* 272 p., 1997.
- Pierre Furter: *Les systèmes de formation dans leurs contextes.* (Epuisé)
- Monica Gather Thurler, Isabelle Kolly-Ottiger, Philippe Losego et Olivier Maulini, *Les directeurs au travail. Une enquête au coeur des établissements scolaires et socio-sanitaires.* VI, 318 p., 2017.
- André Gauthier (Ed.): *Explorations en linguistique anglaise. Aperçus didac tiques.* Avec Jean-Claude Souesme, Viviane Arigne, Ruth Huart-Friedlander. 243 p., 1989.
- Marcelo Giglio & Francesco Arcidiacono (Ed.): *Les interactions sociales en classe: réflexions et perspectives.* VI, 250 p., 2017.
- Marcelo Giglio / Francesco Arcidiacono (eds.): *Social Interactions in the Classroom: Thoughts and Perspectives.* 230 p., 2024.
- Patricia Gilliéron Giroud & Ladislas Ntamakiliro (Ed.): *Réformer l'évaluation scolaire: mission impossible.* 264 p. 2010.
- Michel Gilly, Arlette Brucher, Patricia Broadfoot, Marylin Osborn: *Instituteurs anglais instituteurs francais. Pratiques et conceptions du rôle.* XIV, 202 p., 1993.
- André Giordan: *L'élève et/ou les connaissances scientifiques. Approche didactique de la construction des concepts scientifiques par les élèves.* 3e édition, revue et corrigée. 180 p., 1994.
- André Giordan, Yves Girault, Pierre Clément (Ed.): *Conceptions et connaissances.* 319 p., 1994.
- André Giordan (Ed.): *Psychologie génétique et didactique des sciences.* Avec Androula Henriques et Vinh Bang. (Epuisé)
- Corinne Gomila: *Parler des mots, apprendre à lire. La circulation du métalangage dans les activités de lecture.* X, 263 p. 2011.
- Armin Gretler, Ruth Gurny, Anne-Nelly Perret-Clermont, Edo Poglia (Ed.): *Etre migrant. Approches des problèmes socio-culturels et linguistiques des enfants migrants en Suisse.* 383 p., 1981, 1989.
- Francis Grossmann: *Enfances de la lecture. Manières de faire, manières de lire à l'école maternelle.*
- Préface de Michel Dabène. 260 p., 1996, 2000.
- Michael Huberman, Monica Gather Thurler: *De la recherche à la pratique. Eléments de base et mode d'emploi.* 2 vol., 335 p., 1991.
- Jean-Marc Huguenin et Georges Solaux: *Évaluation partenariale des politiques publiques d'éducation. L'expérience d'un dispositif d'évaluation du fonctionnement de l'enseignement primaire.* 139 p., 2017.
- Institut romand de recherches et de documentation pédagogiques (Neuchâtel): Connaissances mathématiques à l'école primaire: J-F Perret: *Présentation et synthèse d'une évaluation romande;* F Jaquet, J Cardinet: *Bilan des acquisitions en fin de première année;* F Jaquet, E George, J-F Perret: *Bilan des acquisitions en fin de deuxième année;* J-F Perret: *Bilan des acquisitions en fin de troisième année;* R Hutin, L-O Pochon, J-F Perret: *Bilan des acquisitions en fin de quatrième année;* L-O. Pochon: *Bilan des acquisitions en fin de cinquième et sixième année.* 1988–1991.

- Daniel Jacobi: *Textes et images de la vulgarisation scientifique*. Préface de J. B. Grize. (Epuisé)

- Marianne Jacquin, Germain Simons, Daniel Delbrassine (Ed.): *Les genres textuels en langues étrangères : entre théorie et pratique*. 372 p, 2019

- René Jeanneret (Ed.): *Universités du troisième âge en Suisse*. Préface de P. Vellas. 215 p., 1985.

- Samuel Johsua, Jean-Jacques Dupin: *Représentations et modélisations: le «débat scientifique» dans la classe et l'apprentissage de la physique*. 220 p., 1989.

- Constance Kamii: *Les jeunes enfants réinventent l'arithmétique*. Préface de B. Inhelder. 171 p., 1990, 1994.

- Albina Khasanzyanova & Eric Mutabazi (Eds.) : *School, family and community against early school leaving. International perspectives*. 236 p., 2023.

- Helga Kilcher-Hagedorn, Christine Othenin-Girard, Geneviève de Weck: *Le savoir grammatical des élèves. Recherches et réflexions critiques*. Préface de J.-P. Bronckart. 241 p., 1986.

- Vanessa Lentillon-Kaestner et Valérian Cece (dir.): *Les différences entre élèves en éducation physique : un regard à 360 degrés !* 184 p., 2024.

- Georges Leresche (†): *Calcul des probabilités*. (Epuisé)

- Francia Leutenegger: *Le temps d'instruire. Approche clinique et expérimentale du didactique ordinaire en mathématique*. XVIII, 431 p., 2009.

- Olivia Lewi et Blandine Longhi (dir.) : *Connecter et segmenter à l'écrit. Ponctuation et opérateurs linguistiques : deux défis pour l'enseignement*. 208p., 2022.

- Even Loarer, Daniel Chartier, Michel Huteau, Jacques Lautrey: *Peut-on éduquer l'intel li gence? L'évaluation d'une méthode d'éducation cognitive*. 232 p., 1995.

- Brigitte Louichon, Marie-France Bishop, Christophe Ronveaux (Ed.): *Les fables à l'école. Un genre patrimonial européen?* VII, 279 p., 2017.

- Georges Lüdi, Bernard Py: *Etre bilingue*. 4e édition. XII, 223 p., 2013.

- Valérie Lussi Borer: *Histoire des formations à l'enseignement en Suisse romande*. X, 238 p., 2017.

- Pierre Marc: *Autour de la notion pédagogique d'attente*. 235 p., 1983, 1991, 1995.

- Jean-Louis Martinand: *Connaître et transformer la matière*. Préface de G. Delacôte. (Epuisé)

- Jonas Masdonati: *La transition entre école et monde du travail. Préparer les jeunes à l'entrée en formation professionnelle*. 300 p., 2007.

- Marinette Matthey: *Apprentissage d'une langue et interaction verbale*. XII, 247 p., 1996, 2003.

- Paul Mengal: *Statistique descriptive appliquée aux sciences humaines*. VII, 107 p., 1979, 1984, 1991, 1994, 1999 (5e + 6e), 2004.

- Isabelle Mili: *L'oeuvre musicale, entre orchestre et écoles*. Une approche didactique de pratiques d'écoute musicale. X, 228 p., 2014.

- Henri Moniot (Ed.): *Enseigner l'histoire. Des manuels à la mémoire*. (Epuisé)

- Cléopâtre Montandon, Philippe Perrenoud: *Entre parents et enseignants: un dialogue impossible?* Nouvelle édition, revue et augmentée. 216 p., 1994.

- Christiane Moro, Bernard Schneuwly, Michel Brossard (Ed.): *Outils et signes. Perspectives actuelles de la théorie de Vygotski*. 221 p., 1997.

- Christiane Moro & Cintia Rodríguez: *L'objet et la construction de son usage chez le bébé. Une approche sémiotique du développement préverbal*. X, 446 p., 2005.

- Lucie Mottier Lopez: *Apprentissage situé. La microculture de classe en mathématiques.* XXI, 311 p., 2008.

- Lucie Mottier Lopez & Walther Tessaro (éd.): *Le jugement professionnel, au coeur de l'évaluation et de la régulation des apprentissages.* VII, 357 p., 2016.

- Gabriel Mugny (Ed.): *Psychologie sociale du développement cognitif.* Préface de M. Gilly. (Epuisé)

- Maurice Niwese (Éd.): *L'écriture du primaire au secondaire : du déjà-là aux possibles : Résultats de recherche du projet ECRICOL,* 276 p., 2022.

- Romuald Normand: *Gouverner la réussite scolaire. Une arithmétique politique des inégalités.* XI, 260 p., 2011.

- Sara Pain: *Les difficultés d'apprentissage. Diagnostic et traitement.* 125 p., 1981, 1985, 1992.

- Sara Pain: *La fonction de l'ignorance.* (Epuisé)

- Christiane Perregaux: *Les enfants à deux voix. Des effets du bilinguisme successif sur l'apprentissage de la lecture.* 399 p., 1994.

- Jean-François Perret: *Comprendre l'écriture des nombres.* 293 p., 1985.

- Anne-Nelly Perret-Clermont: *La construction de l'intelligence dans l'interaction sociale.* Edition revue et augmentée avec la collaboration de Michèle Grossen, Michel Nicolet et Maria-Luisa Schubauer-Leoni. 305 p., 1979, 1981, 1986, 1996, 2000.

- Edo Poglia, Anne-Nelly Perret-Clermont, Armin Gretler, Pierre Dasen (Ed.): *Pluralité culturelle et éducation en Suisse. Etre migrant.* 476 p., 1995.

- Jean Portugais: *Didactique des mathématiques et formation des enseignants.* 340 p., 1995.

- Laetitia Progin: *Devenir chef d'établissement. Le désir de leadership à l'épreuve de la réalité.* 210 p., 2017.

- Nicole Rege Colet & Denis Berthiaume (Ed.): *La pédagogie de l'enseignement supérieur: repères théoriques et applications pratiques. Tome 2. Se développer au titre d'enseignant.* VI, 261 p., 2015

- Yves Reuter (Ed.): *Les interactions lecture-écriture.* Actes du colloque organisé par THÉODILE-CREL (Lille III, 1993). XII, 404 p., 1994, 1998.

- Philippe R. Richard: *Raisonnement et stratégies de preuve dans l'enseignement des mathématiques.* XII, 324 p., 2004.

- Marielle Rispail et Christophe Ronveaux (Ed.): *Gros plan sur la classe de français. Motifs et variations.* X, 258 p., 2010.

- Yviane Rouiller et Katia Lehraus (Ed.): *Vers des apprentissages en coopération: rencontres et perspectives.* XII, 237 p., 2008.

- Guy Rumelhard: *La génétique et ses représentations dans l'enseignement.* Préface de A. Jacquard. 169 p., 1986.

- El Hadi Saada: *Les langues et l'école. Bilinguisme inégal dans l'école algérienne.* Préface de J.-P. Bronckart. 257 p., 1983.
- Jean-Pascal Simon, Francis Grossmann (Ed.): *Lecture à l'Université. Langue maternelle, seconde et étrangère.* VII, 289 p., 2004.
- Muriel Surdez: *Diplômes et nation. La constitution d'un espace suisse des professions avocate et artisanales (1880–1930).* X, 308 p., 2005.
- Marc Surian: *Didactique du français et accueil des élèves migrants. Objets d'enseignement, obstacles et régulation des apprentissages.* 242 p., 2018.
- Valérie Tartas: *La construction du temps social par l'enfant.* Préfaces de Jérôme Bruner et Michel Brossard XXI, 252 p., 2008.
- Joris Thievenaz, Jean-Marie Barbier et Frédéric Saussez (Dir.): *Comprendre/Transformer.* 292 p., 2020.
- Sabine Vanhulle: *Des savoirs en jeu aux savoirs en «je». Cheminements réflexifs et subjectivation des savoirs chez de jeunes enseignants en formation.* 288 p., 2009.
- Gérard Vergnaud: *L'enfant, la mathématique et la réalité. Problèmes de l'enseignement des mathématiques à l'école élémentaire.* V, 218 p., 1981, 1983, 1985, 1991, 1994.
- Ingrid Verscheure & Isabelle Collet (dir.) : *Genre : didactique(s) et pratiques d'enseignement. Perspectives francophones.* 230 p., 2023.
- Joëlle Vlassis: *Sens et symboles en mathématiques. Etude de l'utilisation du signe «moins» dans les réductions polynomiales et la résolution d'équations du premier degré à inconnue.* XII, 437 p., 2010.
- Sylvain Wagnon: *Le manuel scolaire, objet d'étude et de recherche : enjeux et perspectives.* X, 310 p., 2019.
- Sylvain Wagnon (Éd.): *Normes, disciplines et manuels scolaires.* 232 p., 2022.
- Nathanaël Wallenhorst: *L'école en France et en Allemagne. Regard de lycéens, comparaison d'expériences scolaires.* IX, 211 p., 2013.
- Jacques Weiss (Ed.): *A la recherche d'une pédagogie de la lecture.* (Epuisé)
- Martine Wirthner: *Outils d'enseignement : au-delà de la baguette magique. Outils transformateurs, outils transformés dans des séquences d'enseignement en production écrite.* XI, 259 p., 2017.
- Richard Wittorski, Olivier Maulini & Maryvonne Sorel (Ed.). *Les professionnels et leurs formations. Entre développement des sujets et projets des institutions.* VI, 237 p., 2015.
- Tania Zittoun: *Insertions. A quinze ans, entre échec et apprentissage.* XVI, 192 p., 2006.
- Marianne Zogmal: *«Savoir voir et faire voir». Les processus d'observation et de catégorisation dans l'éducation de l'enfance.* 258 p., 2020.

Vygotskij – oeuvres et études

- David Auclair : *Moralité, autorité, normalité. Critique des courants organicistes du développement de l'enfant.* 283 p., 2022.
- Michel Brossard, Yves Clot et Bernard Schneuwly (Eds.) : *Lucien Sève et Lev Vygotski. Un dialogue à poursuivre.* 186 p., 2025.
- Soraya De Simone : *Des médiations au cœur de la transmission du métier enseignant.* Préface de Rita Hofstetter et Bernard Schneuwly. 360 p., 2023.
- Yannick Lémonie : *Transformer & Comprendre. Une Introduction à la Théorie Historico-Culturelle de l'Activité.* 480 p., 2025.
- Yannick Lémonie : *Transforming & Understanding. An Introduction to Cultural-Historical Activity Theory.* 460 p., 2025.
- Bruno Védrines : *L'expérience de la subjectivité dans l'enseignement littéraire.* 388 p., 2023.
- L. S. Vygotskij : *Imagination. Textes choisis. Avec des commentaires et des essais sur l'imagination dans l'oeuvre de Vygotskij.* Édité par Bernard Schneuwly, Irina Leopoldoff Martin, Daniele Nunes Henrique Silva. 604 p., 2022.

www.peterlang.com